Globalisierung

Europäische Hochschulschriften
Publications Universitaires Européennes
European University Studies

Reihe XXII
Soziologie

Série XXII Series XXII
Sociologie
Sociology

Bd./Vol. 383

PETER LANG
Frankfurt am Main · Berlin · Bern · Bruxelles · New York · Oxford · Wien

Sebastian Schief

Globalisierung

Entwicklungspfade der Internationalisierung deutscher Konzerne

PETER LANG
Europäischer Verlag der Wissenschaften

Bibliografische Information Der Deutschen Bibliothek
Die Deutsche Bibliothek verzeichnet diese Publikation in der Deutschen Nationalbibliografie; detaillierte bibliografische Daten sind im Internet über <http://dnb.ddb.de> abrufbar.

Zugl.: Trier, Univ., Diss., 2001

Drucklegung mit freundlicher Unterstützung der Hans-Böckler-Stiftung.

D 385
ISSN 0721-3379
ISBN 3-631-50787-9

www.peterlang.de

Vorwort

Die vorliegende Arbeit wurde im Dezember 2001 an der Universität Trier im Fach Soziologie als Dissertation angenommen.

Ich möchte mich an dieser Stelle herzlich bei Herrn Professor Dr. Paul Windolf bedanken, der diese Arbeit betreut hat und an dessen Lehrstuhl ich mehrere Jahre tätig war. Ich möchte ihm für seine Unterstützung herzlich danken und dafür, daß er mir bei Bedarf mit Rat und Tat zur Seite stand, jedoch nicht ohne mir große Freiräume zu lassen.

Ebenso bedanke ich mich bei Herrn Prof. Dr. Dr. hc Bernd Hamm, der Zweitgutachter meiner Dissertation war, und bei Herrn Prof. Dr. Hartmut Wächter, der den Prüfungsvorsitz in der Disputation übernommen hat. Ihnen vielen Dank für ihre kritischen Anregungen.

Für die Unterstützung meiner Arbeit möchte ich mich zudem bei Professor Dr. Dieter Sadowski und dem IAAEG an der Universität Trier bedanken.

Außerordentlich möchte ich mich auch bei der Hans-Böckler-Stiftung und ihren MitarbeiterInnen und StipendiatInnen bedanken, ohne deren materielle und ideelle Unterstützung diese Arbeit nicht möglich gewesen wäre. Wohl dem, der diese Stiftung hinter sich hat!

Viele Menschen haben mich während der Arbeit an der Dissertation auf vielerlei Arten unterstützt. Natürlich kann ich nicht alle nennen, die mir hilfreich zur Seite standen, aber einige sollen doch Erwähnung finden. Ich möchte mich bedanken bei Jürgen Beyer, Ulrich Brinkmann, Brigitte Dobrewski, Frank-Peter Hopp, Dieter Kulke, Alexandra Uhly und Thomas Zimmermann. Ganz besonderer Dank gilt aber Anita Wagner, ohne die ich diese Arbeit wohl kaum zu Ende gebracht hätte. Danke, Anita!

Bedanken möchte ich mich schließlich noch bei meiner Familie, die mich mehr als einmal in kritischen Situationen darauf aufmerksam gemacht hat, daß es – man mag es kaum glauben – deutlich Wichtigeres gibt als eine Dissertation.

Inhaltsverzeichnis

TEIL C: MOTIVE, STRATEGIE UND INTERNATIONALISIERUNG – FALLBEISPIELE

Tabellenverzeichnis

Teil A

Teil B

Teil C

Appendix

Abbildungsverzeichnis

Teil A

Teil B

Teil C

„Ohnehin wird die Nähe zum jeweiligen Markt, die Produktion vor Ort, mehr und mehr zu einem wichtigen Wettbewerbsfaktor. Vor allem die Märkte im asiatisch-pazifischen Raum und in Latein- und Mittelamerika, Regionen der Welt, die sich auch weiterhin durch ein sehr dynamisches Wachstum auszeichnen werden, erfordern aufgrund ihrer jeweiligen Bedarfsstruktur andere, neuartige Produktkonzepte."
Daimler-Benz AG Geschäftsbericht 1994, S. 4

„Wir können jetzt wirklich von einer Welt-AG sprechen."
Jürgen Schrempp, Vorstandsvorsitzender der Daimler-Chrysler AG,
am 28.3.2000 auf der Pressekonferenz zur vereinbarten Allianz mit Mitsubishi Motors

„Zur Zeit glauben viele Konzerne, die Größe sei das entscheidenden Kriterium. Vor zehn Jahren hieß es, wer als Autohersteller nicht in andere Geschäftsfelder expandiert, wie etwa Luftfahrtindustrie, kann nicht überleben. Vielleicht werden wir in zehn Jahren über das Immer-größer-Werden genauso kritisch urteilen wie heute über Diversifikation."
Bernd Pischetsrieder, Ex-Vorstandsvorsitzender der BMW AG im Nachrichtenmagazin „Der Spiegel" 01/99

Einleitung

Wenn Fusionen und Akquisitionen von Unternehmen und durch Unternehmen Thema der ersten Seiten der meisten Gazetten werden, selbst eines Boulevardblatts wie der Bildzeitung, dann zeigt sich ein Phänomen, welches zu untersuchen das Ziel einer größeren Arbeit sein kann. „Shell und DEA zusammen Deutschlands Nr. 1" (Bildzeitung 28.3.2001) ist ein Beispiel, „Allianz schluckt Dresdner Bank" (Bildzeitung 5.4.2001) ein weiteres für Überschriften auf der Titelseite, die Zeit (5.4.2001) schreibt „Himmelsstürmer Allianz. Mit dem Kauf der Dresdner Bank besiegelt die Versicherung das Ende der Deutschland AG" und nimmt solcherlei Ereignisse zum Anlaß, eine Serie zum Thema „Umbau der Deutschland AG" zu verfassen. Eingebettet ist das Thema der Fusionen und Akquisitionen in ein größeres, im wahrsten Sinne des Wortes globales Sujet, die Globalisierung der Wirtschaft. Gibt man die Suchworte „Globalisierung", „globalisation“ und „globalization“ in eine Internet-Suchmaschine[1] ein, erhält man weltweit rund 950.000 Treffer, zum Vergleich, das Suchwort „Beatles“ kommt am selben Tage mit derselben Suchmaschine weltweit auf 1.260.000 Treffer. Ein großer Unterschied existiert bezüglich der Trefferhäufigkeit also nicht zwischen der wohl populärsten Popband der Welt und einem der populärsten Begriffe in- und außerhalb der scientific community.

Diese beiden Themen, zum einen die Übernahmen, Beteiligungen und Neugründungen deutscher Unternehmen im In- und Ausland, zum anderen der größere Rahmen der Globalisierung der Wirtschaft, sind der inhaltliche Kern der vorliegenden Arbeit. Ein solch breites und vielfach bearbeitetes Thema muß im Rahmen seiner Behandlung auf einige wenige Fragestellungen eingegrenzt werden, um es für eine Untersuchung handhabbar zu machen.

Vor dem Hintergrund der Globalisierung der Wirtschaft wird hier auf ihre Hauptakteure fokussiert, die Konzerne, und eben deren Internationalisierung soll im Mittelpunkt des Interesses stehen. Man kann nun zwei hauptsächliche Formen der Internationalisierung von Konzernen unterscheiden, auf der einen Seite Internationalisierung durch Handel, also Export und Import von Gütern und Dienstleistungen, auf der anderen Seite Internationalisierung durch Direktinvestitionen, also Übernahmen, Beteiligungen oder Neugründungen von beziehungsweise an Unternehmen. Im Mittelpunkt dieser Arbeit steht die empirische Analyse der Internationalisierung deutscher Konzerne durch Direktinvestitionen. Gerade die Direktinvestitionen stehen in der öffentlichen Diskussion um Standortwettbewerb und Verlagerung der Produktion im Vordergrund.

Unbestritten ist, daß die Direktinvestitionen seit Beginn der achtziger Jahre weltweit stark zugenommen haben. Hirst/Thompson (1996) gehen von einem Wandel weg von einer primär handelsorientierten Weltwirtschaft hin zu einem direktinvestitionsorientiertem System aus. Strittige Fragen sind dagegen:

- Handelt es sich um ein weltumspannendes Phänomen?
- Gibt es eine neue Qualität der Verflechtung der Weltökonomie?
- Ist eine grundsätzlich neue oder doch eine kontinuierliche Entwicklung zu beobachten?

Die an den Anfang gestellten Zitate verdeutlichen die unterschiedliche Einschätzung bezüglich der neuen Qualität der Verflechtung aus der Perspektive der Konzerne. Die „Daimler-Position“ betont die Notwendigkeit der weltweiten Präsenz und sieht sich auf dem Wege zur Welt-AG, während der ehemalige BMW-Vorstandsvorsitzende Pischetsrieder der Unvermeidlichkeit dieser Entwicklung ein gehöriges Maß an Skepsis entgegen bringt und sie keineswegs als unvermeidlich akzeptiert.

Es schließt sich die Frage an, welcher Art die Motive sind, die Konzerne dazu bewegen, im Ausland zu investieren, denn der Kauf eines Unternehmens im Ausland zur Versorgung des Marktes hat offensichtlich andere Implikationen für

[1] Es wurde in diesem Fall www.google.de verwendet, um diese Begriffe am 25.4.2001 zu suchen.

die deutsche Wirtschaft als die Verlagerung der Produktion aus Kostengründen. Die vorliegende Arbeit hat zum Ziel, diese Kernfragen der Internationalisierung deutscher Konzerne zu beantworten. Es wird untersucht, wo und in welchem Ausmaße die Internationalisierung deutscher Konzerne durch Direktinvestitionen stattgefunden hat. Des weiteren wird untersucht, welcher Art die Motive der Übernahmen, Beteiligungen und Neugründungen sind.
Die vorliegende Arbeit wurde inhaltlich wie auch in der empirischen Vorgehensweise in drei Teile gegliedert, die im weiteren vorgestellt werden.

TEIL A trägt den Titel „Globalisierung deutscher Konzerne – Theoretische Grundlagen und quantitative Analyse" und hat folgende Frage zum Thema:

Wo und in welchem Maße hat die Internationalisierung deutscher Konzerne im Zeitraum der Jahre 1985 bis 1995 durch Direktinvestitionen stattgefunden?

Insbesondere wird bei der Analyse die Relation inländischer zu ausländischen Investitionen ins Blickfeld gerückt, sowie der Zusammenhang zwischen dem Status Quo von Konzernen im Jahre 1995 und dem des Jahres 1985, es wird also auch die Pfadabhängigkeit der Entwicklung von Konzernen überprüft. Inhaltlich soll untersucht werden, ob es seit Beginn der achtziger Jahre einen Globalisierungsschub gegeben hat, ob Multinationale oder Transnationale Unternehmen im Sinne von Hirst/Thompson die vorherrschenden Akteure der Weltwirtschaft sind, und es soll die Frage beantwortet werden, ob es sich bei dieser Weltwirtschaft um eine inter-nationalisierte oder eine globalisierte (Hirst/Thompson 1996) handelt.

Zu Beginn werden theoretische Grundlagen der Globalisierung dargelegt, um auf ein Modell hinzuführen, welches dann im weiteren Vorgehen überprüft wird. Nach der Erläuterung von Aufbau und Methode des quantitativen Datensatzes der Beteiligungen und seiner Analyse folgt ein Überblick über die Direktinvestitionen weltweit und diejenigen deutscher Unternehmen. Die empirische Analyse erfolgt auf drei Ebenen, beginnend mit der Analyse aller Beteiligungen aller Unternehmen (Unternehmen gesamt). Es schließt sich an eine Analyse auf Branchenebene, dann folgt die Empirie auf der Unternehmensebene, also der einzelnen untersuchten Konzerne. Zuletzt wird in TEIL A die Diversifizierung der Konzerne untersucht, um Zusammenhänge und Abhängigkeiten bezüglich der Internationalisierung überprüfen zu können.

TEIL B ist überschrieben mit „Parameter der Investitionsentscheidung – Theoretische Grundlagen und qualitative Analyse" und konzipiert, um die Frage zu beantworten, welcher Art die wesentlichen Motive der Übernahmen, Beteiligungen und Neugründungen deutscher Konzerne im In- und Ausland sind. Anhand der qualitativen Untersuchung von Geschäftsberichten werden auf der Basis der Dunningschen Typologie der Direktinvestitionen die vorherrschenden Typen ermittelt. Neben der Darstellung der Motive in Beispielen soll insbesondere ein Vergleich zwischen den Motiven für inländische und ausländische Investitionen erfolgen.

Das erste Kapitel des Teiles B enthält einen kurzen Abriß der Entstehung und Entwicklung multinationaler Unternehmen, es folgt die Entwicklung eines theoretischen Rahmens für die Parameter der Investitionsentscheidung, welche mit der Vorstellung der Typen der Direktinvestitionen von Dunning abgeschlossen wird. Nach einer kurzen Beschreibung der Vorgehensweise bezüglich der qualitativen Analyse der Geschäftsberichte folgt die Analyse der Begründungszusammenhänge für einzelne Beteiligungen, Übernahmen und Neugründungen in den Geschäftsberichten im Ausland, die von einer Darstellung einzelner Beispiele abgeschlossen wird. Analog dazu werden die Begründungszusammenhänge für inländische Beteiligungen, Übernahmen und Neugründungen analysiert. Abschließend ist ein Vergleich der Ergebnisse vorgesehen, der in einer theoretischen Einordnung münden soll.

TEIL C der Arbeit hat zum Thema „Motive, Strategie und Internationalisierung – Fallbeispiele" und versucht, anhand zweier Fallbeispiele eine Verbindung zwischen Motiven für Beteiligungen, Übernahmen und Neugründungen, der Strategie eines Konzerns und seiner tatsächlichen Entwicklung herzustellen. Auch unter Berücksichtigung der Diversifizierung der untersuchten Konzerne werden ihre Entwicklungspfade dargelegt, die für den Erhebungszeitraum, aber auch darüber hinaus Einblick geben in das komplexe Zusammenspiel von Motiven, Strategien und der Entwicklung des Konzerns.

Es werden die Konzerne RWE AG und Allianz AG auf der Basis des folgenden Schemas untersucht: Anfangs wird die Situation des Konzernes im Jahre 1985 dargelegt, um dann die Entwicklung im Erhebungszeitraum in bezug auf Strategie und deren Umsetzung zu prüfen. Ferner wird die Situation am Ende des Erhebungszeitraumes im Jahre 1995 entwickelt und anschließend der weitere Verlauf des Konzernes untersucht. Schließlich werden die Entwicklungspfade des Konzernes in einem idealtypischen Modell verortet.

Die vorliegende Dissertation entsprang dem Projekt „Unternehmensverflechtung in der Europäischen Union"[2], das Unternehmensnetzwerke einzelner Länder wie zum Beispiel West-Deutschland, Großbritannien, Frankreich oder auch Ost-Deutschland untersuchte. In diesem Projekt wurden jeweils die größten Unternehmen eines Landes als Grundlage gewählt und deren Verflechtung qua Beteiligungen oder Personen, die in Gremien zweier Unternehmen sitzen, untersucht. Die nationale Beschränkung wurde in dieser Dissertation durchbrochen, indem nun keine feste Gruppe von Unternehmen und deren interne Verflechtung untersucht wurde, sondern für jedes Unternehmen des Samples alle Beteiligungen ab einer gewissen Größe in einen Datensatz der Beteiligungen aufgenommen wurden. Es handelt sich hierbei gewissermaßen um einen Perspektivenwechsel, denn Ausgangspunkt ist jetzt der einzelne Mutterkonzern.

2 Siehe Windolf/Beyer 1995, Beyer 1998 oder auch Windolf/Schief 1999.

Es gilt, einige Einschränkungen das Thema betreffend zu erwähnen, die auch mit dem Entspringen der Dissertation aus dem oben erwähnten Projekt verbunden werden können, so ist es zum Beispiel plausibel, daß, dem Modell der Kapitalverflechtung von Unternehmen folgend, nur Internationalisierung durch Beteiligungen, Übernahmen und Neugründungen untersucht wird. Des weiteren ist vorab zu bemerken, daß in die Untersuchung nur die größten ***Aktien***gesellschaften aufgenommen wurden, da nur hier von geeignetem Datenmaterial bezüglich der Beteiligungsverhältnisse auszugehen ist. Es besteht eine Beschränkung auf die oben genannten Themen und Fragestellungen, wobei man selbstverständlich immer Bereiche finden könnte, deren zusätzliche Analyse nützlich erschiene, aus diesem Grunde soll hier noch einmal deutlich gemacht werden, daß zum einen die Diversifizierung der untersuchten Konzerne lediglich als erklärende Variable der Internationalisierung der Konzerne, also als immer im Zusammenhang mit der Internationalisierung stehend interpretiert wird. Aus diesem Grunde wird kein Wert darauf gelegt, eine eigenständige Untersuchung dieses Themas durchzuführen.

Zum anderen wird weitestgehend die interne Struktur, also der organisatorische Aufbau des Konzerns ausgeblendet. Die Berücksichtigung dieses Aspekts hätte schlicht den ohnehin schon breiten Rahmen der Arbeit gesprengt. Auch hier ist dem Autor bewußt, daß man mit gutem Recht auf die Behandlung auch dieser Unterfrage bestehen könnte, aber wissenschaftliches Arbeiten bedeutet eben auch immer eine klare Beschränkung auf einzelne Fragestellungen bezüglich des Themas.

TEIL A: Globalisierung deutscher Konzerne – Theoretische Grundlagen und quantitative Analyse

1. Einführung

Der vorliegende Teil A ist in zwei Blöcke aufgeteilt. Im ersten Block werden die theoretischen Grundlagen der Globalisierung diskutiert. Dabei liegt der Schwerpunkt auf den Modernisierungstheorien, Dependenztheorien und der Welt-System-Theorie und deren Weiterentwicklungen. Anschließend werden unterschiedliche Positionen im derzeitigen Diskurs um Globalisierung erläutert. Zuletzt werden zwei Idealtypen der Weltökonomie vorgestellt, die als analytisches Instrument dienen mögen.

Der zweite Block des Teils A hat die quantitative Analyse der Internationalisierung deutscher Konzerne zum Ziel. Beginnend mit der Beschreibung der Methode und dem Aufbau der Untersuchung, wird anschließend die Entwicklung der Direktinvestitionen weltweit und speziell in Deutschland dargestellt. Es folgt die quantitative Analyse des Datensatzes der in- und ausländischen Beteiligungen deutscher Konzerne. Diese quantitative Analyse teilt sich wiederum auf in eine detaillierte Darstellung des Ist-Zustandes für die Jahre 1985 und 1995 und eine multivariate Analyse verschiedener Indikatoren der Internationalisierung im Vergleich mit Indikatoren nationaler Beteiligungsverhältnisse für die Jahre 1985 und 1995. Die Analyse des Ist-Zustandes gibt einen Überblick über die Entwicklung der Internationalisierung deutscher Konzerne, wobei hier immer auch die Relation zu den inländischen Beteiligungen berücksichtigt wird. Des weiteren wird die weltweite geographische Verteilung der Direktinvestitionen deutscher Konzerne untersucht.

Die multivariate Analyse versucht hauptsächlich zwei Fragen zu klären. Zum einen wird untersucht, inwiefern Internationalisierung und inländisches Wachstum zusammenhängen. Zum anderen soll geklärt werden, ob eine Pfadabhängigkeit in der Entwicklung der Konzerne existiert. Es wird untersucht in welcher Form der Zustand des Jahres 1985 Einfluß auf den Zustand des Jahres 1995 hat. Abschließend wird ein Vergleich zwischen den Modellen der Internationalisierung und dem inländischen Investitionsverhalten und einem Modell zur Diversifizierung der untersuchten Konzerne durchgeführt und diskutiert.

2. Theoretische Grundlagen der Globalisierung

Grundsätzlich lassen sich für die Analyse des sozialen Wandels von Gesellschaften, bzw. der Entwicklung und Unterentwicklung von Gesellschaften, zwei dominierende theoretische Perspektiven unterscheiden. Auf der einen Seite sind dies Modernisierungstheorien, welche die Welt als aus weitgehend autonomen Gesellschaften bestehend interpretieren, die sich entlang eines universellen Entwicklungspfades bewegen. Wir werden im weiteren sehen, daß sich inzwischen Modernisierungstheorien entwickelt haben, die von einer begrenzten Anzahl (Zapf 1996) von Entwicklungspfaden ausgehen.

Demgegenüber stehen die unterschiedlichen Ausprägungen der Dependenz-Theorie und der Welt-System-Theorie, deren Grundaussagen in klarer Abgrenzung zur Modernisierungstheorie entwickelt wurde. Diese soziologische Sichtweise des Weltsystems geht davon aus, daß nationale Entwicklung nicht aus sich selbst und durch eine Betrachtung einzelner Länder befriedigend erklärt werden kann, sondern daß die unterschiedliche Position von Ländern im Rahmen der Zentrum-Peripherie-Arbeitsteilung in der Weltwirtschaft zumindest ebenfalls, wenn nicht sogar von entscheidener Bedeutung für die Erklärung nationaler Entwicklung ist (vgl. Bornschier 1980).

2.1. Modernisierungstheorien

Die neueren Modernisierungstheorien entstanden nach dem Zweiten Weltkrieg auf der Grundlage der von Parsons entwickelten Sichtweise des Systems moderner Gesellschaften. Modernisierung bezeichnet allgemein den Prozeß der Aneignung von gemeinsamen Charakteristika entwickelter Gesellschaften durch weniger entwickelte Gesellschaften.

Parsons beschreibt das Konzept der Evolutionären Universalien der Gesellschaft. Diese sind Komplexe von Strukturen, deren Ausbildung die langfristige Anpassungskapazität von lebenden Systemen einer bestimmten Klasse derartig steigert, daß nur diejenigen Systeme, die diesen Komplex entwickeln, höhere Niveaus der generellen Anpassungskapazität erreichen (vgl. Parsons 1969).
Gesellschaften sind also nur dann in der Lage zu modernen Gesellschaften zu reifen, wenn sie sich durch Innovation oder Diffusion bestimmte Evolutionäre Universalien angeeignet haben, die es ihnen erlauben, auf eine höhere Stufe der Entwicklung zu springen. Das bedeutet nicht, daß Gesellschaften, die nicht über diese Universalien verfügen, zum Aussterben verurteilt sind, aber sie bleiben auf einer bestimmten Stufe der Entwicklung stehen.

Am Beispiel der Evolutionären Universalien Geld und Marktorganisation macht Parsons deutlich, warum unterentwickelte Gesellschaften in ihrer Entwicklung stagnieren. Die Durchsetzung eines Marktsystems, welches langfristig zu gesteigerter Flexibilität führen würde, scheitert an der politischen Macht der Bürokratie, welche nicht auf kurzfristige Vorteile verzichten möchte.

Da diese Gesellschaften also nicht in der Lage sind, den evolutionären Universalien Geld und Marktorganisation zum Durchbruch zu verhelfen, werden sie sich nicht zu modernen Gesellschaften weiterentwickeln. Deutlich wird sowohl die unilineare wie auch die einzelgesellschaftliche Perspektive dieser Theorie. Auf der Suche nach Gründen, warum Entwicklungsländer unterentwickelt sind, werden nur intragesellschaftliche oder nationale Erklärungen in Betracht gezogen.

Noch deutlicher wird der unilineare, auf einzelne Gesellschaften konzentrierte Charakter der Modernisierungstheorie, führt man sich die Bendixsche Diffusions- und Aufholtheorie (Bendix 1969) vor Augen. Bendix definiert Modernisierung folgendermaßen:

„Unter Modernisierung verstehe ich einen Typus des sozialen Wandels, der seinen Ursprung in der englischen Industriellen Revolution und in der politi-

schen Französischen Revolution hat. (...). Er besteht im wirtschaftlichen und politischen Fortschritt einiger Pioniergesellschaften und den darauf folgenden Wandlungsprozessen der Nachzügler" (Bendix 1969, S. 506, 510).

Auch in diesem Beispiel wird noch einmal offenbar, daß „Nachzügler", so sie sich zu einer modernen Gesellschaft entwickeln wollen, die Entwicklungen der „Pioniergesellschaften" nachholen müssen. Der gegenseitige Einfluß von Staaten aufeinander besteht nur darin, daß schon modernisierte Staaten den nicht modernisierten Staaten als Beispiel dienen (sollten).

Im neueren modernisierungstheoretischen Ansatz von Zapf (1995) wird davon ausgegangen, daß die Modernisierungstheorien der 50er und 60er Jahre in bezug auf den raschen Institutionenübergang und Entwicklungssteuerung gescheitert sind. Die optimistische Einschätzung dieser Theorien, daß sich moderne Institutionen entwickeln und unterentwickelte Staaten durch eine gesteuerte Unterstützung der Entwicklung eine zügige Modernisierung durchlaufen würden, haben sich nicht bewahrheitet. Trotzdem hält Zapf die Modernisierungstheorie für die Erklärung tiefgreifenden, gerichteten Wandels moderner Gesellschaften weiterhin für geeignet.

Der Autor unternimmt den Versuch, *„...die evolutionäre Perspektive konvergierender Entwicklungen mit der Perspektive unterschiedlicher Entwicklungspfade zu verbinden (Zapf 1996, S. 63).* Zapf sieht aber *„...eher unterschiedliche Entwicklungspfade in Richtung auf ähnliche Ziele als fundamental alternative Ziele für fundamental alternative Zukunftsentwürfe" (Zapf 1996, S. 72).*

Die Modernisierungstheorie wird in diesem Punkt also relativiert, weil mehrere Entwicklungspfade zu einem vorgegebenen Ziel führen können. Das Ziel selbst aber, eine Gesellschaft mit den Basisinstitutionen Konkurrenzdemokratie, Marktwirtschaft, Wohlstandsgesellschaft mit Massenkonsum und Wohlfahrtsstaat, steht außer Frage. Die teleologische Perspektive der Modernisierungstheorie wird also auch in dieser neueren Weiterentwicklung beibehalten.

In puncto einzelgesellschaftlicher Perspektive der Modernisierungstheorie sieht Zapf den Nationalstaat auch weiterhin als den dominanten Akteur:

„Wer die Globalisierung (von Kapital, Information) als Megatrend begreift, der sowohl die Aktionsfähigkeit von Nationalstaaten als auch die Unterscheidungskraft von Zivilisationen untergräbt (...), wird die modernisierungstheoretische ‚Zeitdiagnose' ablehnen, daß die Nationalstaaten auch im 21.Jahrhundert die dominanten Akteure sein und durch supranationale Zusammenschlüsse nicht etwa entmachtet, sondern sogar konsolidiert werden" (Zapf 1996, S. 75).

Allerdings konzediert Zapf auch, daß unterentwickelte Länder im Kampf um „Zivilisationsminima" sehr wohl unter dem Einfluß *„dichter internationaler Verflechtung und unter konkurrierender Einflußnahme von Vorbildgesellschaften und von internationalen Großorganisationen (stehen)" (Zapf 1996, S. 72).*

Wie wir aber im Zitat oben gesehen haben, sind das für Zapf externe Einflüsse auf Nationalstaaten, die keineswegs zu einer Entmachtung dieser Staaten führen. Nationalstaaten bleiben die dominanten Akteure. Gelingt die *„kapitalistische Durchdringung" (Zapf 1995, S. 172)* autoritärer Gesellschaften, führt dies keineswegs zu Stagnation und Dependenz. Sind die unterentwickelten Länder zu einer produktiven Aneignung und Nacherfindung in der Lage, dann entsteht eine sich selbst tragende Entwicklung.

Berger (1996) faßt die Modernisierungstheorien in vier forschungsleitenden Überzeugungen zusammen:

1. Modernisierung ist eine interne Leistung der in diesem Prozeß begriffenen Gesellschaften.
Wie schon Parsons und Zapf verweist er darauf, daß Modernisierung eher endogener als exogener Natur ist. Die Umwelt nehme zwar Einfluß auf die Entwicklung eines Systems, diese sei aber primär eine Eigenleistung des Systems.

2. Die einzelnen Züge der Modernisierung unterstützen sich wechselseitig.
Die strukturellen Innovationen der Moderne sind prinzipiell miteinander kompatibel. Das heißt nicht, daß all diese Innovationen eintreten müssen, aber im Falle der Koinzidenz unterstützen sie sich gegenseitig.

3. Die Vorläufer behindern nicht die Nachzügler.
Die weniger entwickelten Nationen können von den entwickelten lernen. Berger spricht von einem fairen Wettbewerb der Nationen, in dem die entwickelten Nationen die Rolle des Schrittmachers einnehmen. Diese Betrachtungsweise der „Pioniere" und „Nachzügler" wurde oben von Parsons, Bendix und Zapf schon dargestellt.

4. Modernisierungsprozesse konvergieren in einem gemeinsamen Ziel.
Weniger entwickelte Gesellschaften durchlaufen einen „catching up" Prozeß. Dieser führt auf lange Sicht zu einer Konvergenz von Entwicklungsniveaus.

Wie ich im weiteren zeigen werde, sind besonders die unter Punkt 1 genannte einzelgesellschaftliche Perspektive und die unter Punkt 3 beschriebene These des fairen Wettbewerbs der Nationen diejenigen Annahmen, aus deren Kritik heraus sich die Dependenz-Theorie und die Welt-System-Analyse entwickelt haben. Berger formuliert das folgendermaßen:

„Die Weltwirtschaft ist kein Nullsummenspiel. Wie bei einem Wettrennen beeinträchtigt der, der zuerst gestartet ist oder schneller läuft, seine Konkurrenten nicht. Er befindet sich eher in der Rolle des Schrittmachers. Ein schärferer Gegensatz dieses durch und durch ‚liberalen' Weltbilds zu der ‚Vision' der Dependenz-Theorie und der Weltsystemanalyse bezüglich des Charakters der internationalen Beziehungen läßt sich kaum denken" (Berger 1996, S. 57).

2.2. Dependenz-Theorien und Welt-System-Theorie

In der Auseinandersetzung mit der oben skizzierten Modernisierungstheorie entstanden die Dependenz-Theorien und die Welt-System-Theorie. Wesentliche Grundlagen für diese Sichtweise der Weltwirtschaft hat die lateinamerikanische Dependencia-Schule entwickelt. Dies impliziert insbesondere, daß die Entstehung dieser Strömung sehr stark geprägt ist von der Sichtweise der sogenannten unterentwickelten Länder auf die Weltwirtschaft.

Die Grundaussage dieser Sichtweise des Weltsystems ist, daß nationale Entwicklung nicht aus sich selbst und durch eine Betrachtung einzelner Länder befriedigend erklärt werden kann, sondern daß die unterschiedliche Position von Ländern im Rahmen der Zentrum-Peripherie-Arbeitsteilung in der Weltwirtschaft ebenfalls von Bedeutung für die Erklärung nationaler Entwicklung ist (vgl. Bornschier 1980). Die einzelgesellschaftliche Perspektive der Modernisierungstheorie wird zugunsten einer Perspektive der Interdependenz von Nationalstaaten aufgegeben.

Auch Chase-Dunn betont die Relevanz von zwischenstaatlichen Beziehungen für die Entwicklung von Staaten, aber er setzt den Schwerpunkt der Argumentation auf strukturelle Elemente der Weltwirtschaft:

„It challenges the assumption that national societies (or tribes or city states) constitute independent units whose development can be understood without taking into account the systematic ways in which societies are linked to one another in the context of a larger network of material exchanges" (Chase-Dunn 1990, S. 2).

Anhand der Positionen von Bornschier und Chase-Dunn kann man die Unterschiede zwischen der Welt-System-Theorie und den Dependenz-Theorien festmachen. Während im Welt-System-Ansatz transnationale und eigentliche Welt-System-Charakteristika in den Vordergrund gestellt werden, tendiert die Dependencia-Schule dahin, den Nationalstaat immer noch als die hauptsächliche Einheit der Analyse zu betrachten und die Beziehungen zwischen „internen" und „externen" Prozessen zu untersuchen (vgl. Bornschier 1980).

Theorien des Welt-Systems schließen aus den Strukturen der Weltwirtschaft auf bestimmte Rollen innerhalb dieser Strukturen, die verantwortlich für die Entwicklung und Unterentwicklung von Staaten sind. Dependenz-Theorien betrachten die Abhängigkeitsverhältnisse einzelner Länder voneinander und erklären daraus die Entwicklung und Unterentwicklung von Ländern. Auf diese beiden, in ihrer Grundaussage ähnlichen, in ihrer Perspektive unterschiedlichen Theorie-Schulen wird nun näher eingegangen.

2.2.1. Dependenz-Theorie

Ein wichtiger dependenztheoretischer Erklärungsansatz ist Johan Galtungs (1971) strukturelle Theorie des Imperialismus. Galtungs Ausgangspunkt ist die Beobachtung, daß sowohl innerhalb von Nationen als auch zwischen diesen enorme Ungleichheit herrscht. Des weiteren stellt er fest, daß diese Ungleichheit über die Zeit eine große Stabilität aufweist.

Galtung unterscheidet in der arbeitsteiligen Weltwirtschaft zwischen privilegierten Zentrumsnationen und unterprivilegierten Peripherienationen. Jede einzelne Nation wiederum ist auch in Zentrum und Peripherie unterteilt.

Das Verhältnis, in dem Staaten des Zentrums und der Peripherie zueinander stehen, nennt Galtung *Imperialismus*, wobei dieser eine Dominanzbeziehung zwischen Nationen bezeichnen soll. Dieser Imperialismus führt nicht nur zu Ungleichheit zwischen den Nationen, sondern auch zu Ungleichheit innerhalb der

Nationen. Nach Galtung ist das Zentrum der Peripherie-Nationen der Brückenkopf des Zentrums der Zentrums-Nationen innerhalb der Peripherie-Nationen. Begründet wird dies mit der Gemeinsamkeit der Interessen („harmony of interest“) dieser beiden Gruppen.

Der Imperialismus und die damit verbundene Ungleichheit fußt nach Galtung auf zwei grundlegenden Mechanismen: dem *vertikalen Handel* und den *feudalen Interaktionsstrukturen*. Unter *vertikalem Handel* versteht Galtung, daß die zentralen Nationen primär Fertigwaren, Industriegüter und Know-how exportieren, während sie Agrarprodukte und Rohstoffe importieren. Für die peripheren Länder ist es im ganzen umgekehrt. Das Konzept des vertikalen Handels findet sich später auch in der Welt-System-Theorie als Konzept des ungleichen Tauschs wieder.

Der Hauptgrund, warum dieser vertikale Handel den reichen Industrieländern nützt und den armen „Entwicklungsländern“ schadet, liegt im großen Unterschied in der Tiefe des Fertigungsprozesses. Während die Produktion von anspruchsvollen Fertigwaren in den Industrieländern eine Reihe von positiven Nebenwirkungen („spin-offs“) zeitigt, wie zum Beispiel positive Ausbildungseffekte, sind derartige Effekte durch Agrarproduktion und bei der Ausbeutung von Bodenschätzen nur in geringem Maße zu erwarten. Nach Galtung wird eine arbeitsteilige Weltwirtschaft, in der die wohlhabenden Industrieländer ihre Fertigwaren gegen Primärprodukte der Entwicklungsländer tauschen, die Ungleichheit der Einkommen und Wachstumschancen stabilisieren.

Den zweiten Mechanismus des Imperialismus, die *feudalen Interaktionsstrukturen*, erklärt Galtung anhand von vier Regeln der Interaktion zwischen Zentren und Peripherien:

(1) Die Interaktion zwischen Zentrum und Peripherie ist vertikal im oben erklärten Sinne.

(2) Interaktion zwischen zwei Regionen der Peripherie existiert nicht.

(3) Multilaterale Interaktion zwischen Zentrum und zwei Regionen der Peripherie existiert nicht.

(4) Die Interaktion peripherer Regionen mit der Außenwelt wird ausschließlich über die vorherrschende Zentrumsnation geführt.

Dies führt zu:

> (4a) Interaktion einer peripheren Region mit anderen Zentrumsnationen existiert nicht.
>
> (4b) Interaktion von Zentrums- und Peripherie-Nationen mit Peripherie-Nationen, die von einer anderen Zentrums-Nation abhängig sind, existiert nicht. (vgl. Galtung 1971)

Diese Interaktionsstruktur hat nach Galtung zwei wesentliche ökonomische Konsequenzen. Zum einen führt diese zu einer *Partnerkonzentration im Außenhandel*. Nach dem oben entworfenen Schema sind Entwicklungsländer immer in der wirtschaftlichen Einflußsphäre einer bestimmten Zentrum-Nation. Die Folge ist, daß diese Entwicklungsländer den größten Teil ihres Außenhandels mit dieser einen Zentrum-Nation abwickeln, während die Zentrum-Nation ihren Außenhandel grundsätzlich mit jedem Partner ihrer Wahl durchführen kann.

Zum anderen entwickelt sich als Folge dieser Interaktionsstruktur eine *Güterkonzentration im Außenhandel*. Nach Galtung orientieren sich die Exporte der Peripherie-Nation ausschließlich an der Nachfrage der Zentrum-Nation. Die Peripherie-Nation wird zur „Dependence“ der Zentrum-Nation und produziert vor allem für deren Bedürfnisse.

Diese beiden ökonomischen Konsequenzen führen zur Abhängigkeit der Peripherie vom Zentrum, da der Handel zwischen diesen für die Peripherie immer einen Hauptteil des Bruttosozialprodukts ausmacht, während er für das Zentrum nur einen kleinen Teil darstellt. Die Peripherie-Nation ist in dieser Konstellation extrem von der Nachfrage der Zentrum-Nation abhängig, die somit auch aufgrund ihres Nachfragemonopols die Preise diktieren kann.

Johan Galtungs strukturelle Theorie des Imperialismus gewährt einen guten Einblick in die Entwicklung von Ungleichheit durch Strukturen der Weltwirtschaft, wie die Dependenz-Theorie sie beschreibt. Wie wir aber im weiteren sehen werden, muß diese Perspektive in bezug auf diese Arbeit um zwei Punkte erweitert werden. Insbesondere die feudalen Interaktionsstrukturen, als einer der zwei hauptsächlichen Mechanismen des Imperialismus, verweisen auf die Interaktionen einzelner Staaten untereinander. Da innerhalb dieser Arbeit aber die Entwicklung deutscher Konzerne in einen Bezugrahmen der Struktur der gesamten Weltwirtschaft gesetzt werden soll, richten wir unseren Blick im Verlauf auch auf die Welt-System-Theorien, die den Schwerpunkt stärker auf den strukturellen Aspekt der kapitalistischen Weltwirtschaft setzen.

Im Rahmen der Dependenz-Theorien wird jetzt auf die Modifikation von Volker Bornschier (1980) eingegangen, da dieser zwar in weiten Teilen der Argumentation von Galtung folgt, aber diesen Ansatz in bezug auf Multinationale Konzerne erweitert.

2.2.2. Organisationeller Imperialismus als Weiterentwicklung der Dependenz-Theorie

„Weltwirtschaft bedeutet im Kern, daß Staaten keine wirtschaftlich geschlossenen Teile der Welt sind, sondern daß die Produktion und die Verteilung von Gütern und Leistungen in einem arbeitsteiligen System organisiert werden. Dieses System wird durch Märkte (Weltmarkt) und Kontrolle in und durch Organisationen (multinationale Konzerne) gesteuert“ (Bornschier 1980, S. 26).

Während für Galtung wie auch für die internationale oder Weltwirtschaftstheorie seit Ricardo der Außenhandel der Gegenstandsbereich der Untersuchung ist, nehmen für Bornschier die Multinationalen Unternehmen eine zentrale Position in der internationalen Arbeitsteilung ein. Bornschier spricht sogar von einer neuen Organisationsform der Arbeitsteilung. Durch die Vielzahl oligopolistischer Weltkonzerne in der Weltwirtschaft kommt es zu einer Zunahme der organisationellen Steuerung im Vergleich zu derjenigen über den Markt in der

Weltwirtschaft. Die ökonomischen Beziehungen werden innerhalb der multinationalen Unternehmen internalisiert. Diese Entwicklung führt zu einer Konzentration der Produktivkräfte, die eine Zentralisierung der Kontrolle über diese zur Folge hat. Bornschier zieht daraus die folgende Schlußfolgerung:

„Wenn man von den Staatshandelsländern (sogenannte sozialistische Staaten) in der Weltgesellschaft absieht, dann kann man überspitzt formulieren, daß die multinationalen Konzerne nicht nur beherrschende Akteure in der Weltwirtschaft sind, sondern mit der Gesamtheit ihres organisationellen Geflechts, ihres Kapital-, Finanz- und Technologietransfers sowie ihren unternehmerischen Entscheiden dieses System konstituieren" (Bornschier 1980, S. 28).

Der Autor vollzieht in diesem Punkt einen Perspektivenwechsel, der der Dependenz-Theorie eine neue Richtung gibt. Waren bei Galtung noch die *Staaten* des Zentrums die Nutznießer des von ihm geschilderten Imperialismus, so stellt Bornschier die multinationalen Unternehmen als Gewinner eines neuen, *organisationellen Imperialismus* dar:

„In dem Maße, wie die führenden Konzerne über eine wachsende Kontrolle gegenüber Marktkräften auch in der Weltwirtschaft verfügen, ist es wahrscheinlich, daß sie auch an den Staatsapparaten vorbei ihre Interessen in der Weltwirtschaft selbst organisieren. Dies ist genau eine der Ausdrucksformen eines neuen, nämlich organisationellen Imperialismus" (Bornschier 1980, S. 29).

Diese neue Form der internationalen Arbeitsteilung mit oligopolistischen Konzernen als Hauptakteuren der Weltwirtschaft sieht zwar neue Nutznießer des Imperialismus, die Auswirkungen auf die Länder der Peripherie sind für Bornschier aber dieselben wie bei Galtung:

„Allerdings wird hier die wichtige Leithypothese vertreten, daß die periphere Position eines Landes innerhalb der von multinationalen Konzernen strukturierten Weltwirtschaft eine bedeutende Ursache für Unterentwicklung ist" (Bornschier 1980, S. 22).

Bornschiers Konzept des organisationellen Imperialismus sieht Multinationale Unternehmen im Zentrum einer neuen internationalen Arbeitsteilung. Um die Struktur dieser von Multinationalen Unternehmen beherrschten Weltwirtschaft zu verstehen, muß man also auch die Investitionsentscheidungen dieser Konzerne und die zugrundeliegenden Ursachen untersuchen, worauf im weiteren noch ausführlich eingegangen wird.

2.2.3. Welt-System-Theorie

Wie eingangs schon beschrieben, unterscheiden sich die Ansätze der Dependenz-Theorie und der Welt-System-Theorie hauptsächlich in der Perspektive, mit der die Weltwirtschaft betrachtet wird. Im Gegensatz zur Dependenz-Theorie stellt die Welt-System-Theorie transnationale und Welt-System-Charakteristika in den Vordergrund. Argumentiert wird also aus einer makrosoziologischen Perspektive, der Schwerpunkt des Interesses dieser Theorie-Schule liegt auf den strukturellen Bedingungen der gesamten Weltwirtschaft und ihren Auswirkungen. Wie bei der Dependenz-Theorie gilt die Grundaussage, daß die

Entwicklung oder Unterentwicklung von Staaten von der Position innerhalb der internationalen Arbeitsteilung abhängt.

Die Theorie des Welt-Systems ist vor allem mit dem Namen Immanuel Wallerstein verbunden. Er, André Gunder Frank u.a. haben in Abgrenzung zur Dependenz-Theorie eine Welt-System-Perspektive des globalen Kapitalismus entwickelt. Zusätzlich zu dieser globalen Perspektive wird auch die historische Dimension - die Entwicklung des Welt-Systems - untersucht.
Das Grundthema von Wallersteins Analyse ist der Übergang von den großen Imperien mit internem Wirtschaftskreislauf zu einem System der Nationalstaaten im Rahmen eines sich globalisierenden Wirtschaftssystems. (vgl. Brock 1997, S. 783)

Wallerstein benennt das ‚lange 16. Jahrhundert' als Phase der Entstehung des Modernen Weltsystems. Während alle bis dahin existierenden Welt-Systeme, die aus Weltwirtschaften hervorgegangen waren, äußerst instabile Strukturen aufwiesen und entweder zur Umgestaltung in Weltimperien tendierten oder zur Desintegration, konnte das Moderne Weltsystem nach Wallerstein 500 Jahre überdauern, ohne in ein Weltimperium verwandelt zu werden. Dabei steht der Begriff Welt-System nicht für ein die ganze Welt umfassendes System, sondern für eines, das eine größere Anzahl politischer Einheiten verbindet. Die Verbindung zwischen den Teilen des Systems ist vor allem eine ökonomische.

Zentrale Logik des Modernen Welt-Systems ist nach Wallerstein der Kapitalismus als vorherrschende Produktionsweise des *ganzen* Systems. Dies bedeutet, daß die Produktion von Waren für den Verkauf auf dem Weltmarkt unter dem Prinzip der Profitmaximierung stattfindet. Das Moderne Welt-System ist also eine kapitalistische Weltökonomie, dessen Wesen und Stärke darin besteht, daß mehrere Gesellschaften und politische Systeme sich durch eine einzige internationale ökonomische Arbeitsteilung verbinden. Die zuvor existierenden Imperien hatten das Bestreben, den gesamten Wirtschaftskreislauf dem eigenen Reich einzuverleiben. Durch den hohen Aufwand für die Verwaltung, Verteidigung und Infrastrukturentwicklung immer größerer Territorien wurden immer mehr Kräfte gebunden. Mit der Entstehung der kapitalistischen Weltökonomie können sich nationale Volkswirtschaften auf bestimmte wirtschaftliche Aktivitäten konzentrieren und andere Produkte über den internationalen Handel beziehen. Die Zentrum-Staaten gewinnen über die internationale Arbeitsteilung und den internationalen Handel die Möglichkeit zu spezialisierter Produktion. In den Zentrum-Staaten kommt es zu Freisetzungseffekten, da arbeitsintensive und unwirtschaftliche Tätigkeiten durch vergleichsweise kostengünstige Ressourcen ersetzt werden können. Die Länder der Peripherie stellen diese kostengünstigen Ressourcen zur Verfügung, indem sie die arbeitsintensiven und unwirtschaftlichen Tätigkeiten ausführen. Dies führt zu Produktion mit hohen Gewinnspannen im Zentrum und Produktion mit niedrigen Gewinnspannen in der Peripherie. Die Semiperipherie weist eine Mischung aus zentralen und peripheren Wirtschaftsaktivitäten auf. Wallerstein nennt dies den Mechanismus des ungleichen Tauschs. ‚Mechanismus des ungleichen Tauschs' bedeutet, daß sich die Länder des Zentrums den volkswirtschaftlichen Überschuß der gesamten Weltwirtschaft zu Ungunsten der Staaten der Peripherie und teilweise der Semi-Peripherie aneignen können. Die Staaten im Zentrum dominieren die gesamte Weltwirtschaft, die peripheren Gegenden sind von den Staaten des Zentrums abhängig und die Staaten der Semi-Peripherie nehmen eine intermediäre Stellung ein, da sie sowohl vom Zentrum ausgebeutet werden als auch selbst die Peripherie ausbeuten. Die kapitalistische Weltökonomie gliedert sich nach Wallerstein also hierarchisch in die Regionen Zentrum, Semi-Peripherie und Peripherie.

Die Durchsetzung des Modernen Welt-Systems mit internationaler Arbeitsteilung, der Etablierung von Zentrum, Peripherie und Semi-Peripherie und des Mechanismus des ‚ungleichen Tauschs' kann nach Wallerstein die Entwicklung des Welt-Systems insgesamt und die Unterentwicklung der Peripherie erklären:

„ If we think of the exchange between the core and the periphery of a capitalist system being that between high-wage products and low-wage products, there then results an unequal exchange in Emmanuel's conception, in which a peri-pheral worker needs to work many hours, at a given level of productivity, to obtain a product produced by a worker in a core country in one hour. And vice versa. Such a system is necessary for the expansion of a world market if the primary consideration is profit. Without unequal exchange, it would not be profitable to expand the size of the division of labor. And without such expansion, it would not be profitable to maintain a capitalist world-economy, which would then either desintegrate or revert to the form of a redistributive world-empire" (Wallerstein 1979, S. 71).

Anhand dieses Zitats kann man nun Ähnlichkeiten und Unterschiede zwischen Dependenz- und Welt-System-Theorie hervorheben. Während im Rahmen der Galtungschen Dependenz-Theorie eine Betonung der Abhängigkeitsverhältnisse einzelner Länder im Vordergrund steht, bettet Wallerstein das Konzept des ungleichen Austauschs in den makrosoziologischen Rahmen des Modernen Welt-Systems, der kapitalistischen Weltökonomie, ein. Das Konzept des ungleichen Tauschs mit Hochlohn-Produktion im Zentrum und Niedriglohn-Produktion in der Peripherie begegnete uns bei Galtung schon als ein Mechanismus des Imperialismus, dem vertikalen Handel.

2.2.4. Die Neue Internationale Arbeitsteilung als Entwicklungsphase des kapitalistischen Weltsystems

Fröbel et al. (1977) entwickeln in Auseinandersetzung mit dem Konzept des ungleichen Tauschs, von ihnen als „klassische internationale Arbeitsteilung" bezeichnet, ihr Modell der „Neuen Internationalen Arbeitsteilung". Die klassische internationale Arbeitsteilung ist gekennzeichnet durch auf der einen Seite einige kapital- und konsumgüterproduzierende Industrieländer, auf der anderen Seite die Mehrheit der unterentwickelten Länder, die hauptsächlich als Lieferanten von Rohstoffen in der kapitalistischen Weltökonomie dienen.

Zentrale These ist, daß die von Wallerstein postulierte „klassische internationale Arbeitsteilung" seit den sechziger Jahren von der neuen internationalen Arbeitsteilung abgelöst wurde, die sich insbesondere durch einen Weltmarkt für

Arbeitskraft und einen Weltmarkt für Produktionsstandorte kennzeichnen läßt. Sie definieren Neue Internationale Arbeitsteilung als die *„Tendenz, welche a) die traditionelle Aufspaltung der Welt in einige wenige Industrieländer einerseits, den großen Rest lediglich als Rohstofflieferanten in die kapitalistische Weltökonomie einbezogener Entwicklungsländer andererseits zur Disposition stellt und welche b) zur zunehmenden Aufspaltung von Fertigungsprozessen in verschiedene Teilfertigungen an verschiedenen Standorten weltweit zwingt (...)" (Fröbel 1977, S. 62).*

Fröbel et al. gehen davon aus, *„...daß die heutigen Randbedingungen der Verwertung und Akkumulation des Kapitals fundamentale qualitative Änderungen erfahren haben" (Fröbel 1977, S. 51).*

Die wesentlichen Randbedingungen sind nach Fröbel et al. (1) die Entwicklung eines weltweiten Reservoirs potentieller Arbeitskräfte (weltweite industrielle Reservearmee), (2) die Entwicklung und Verfeinerung von Technologie und Arbeitsorganisation zur Zerlegung komplexer Produktionsprozesse in elementare Einheiten und (3) die Entwicklung einer Technologie, die industrielle Standortwahl und Steuerung der Produktion zunehmend weniger von geographischen Entfernungen abhängig macht.

Solange diese drei Randbedingungen nicht voll ausgebildet waren, existierte die klassische internationale Arbeitsteilung. Mit der vollen Entfaltung der neuen Randbedingungen der Kapitalverwertung und -akkumulation in den sechziger Jahren wurde ein Weltmarkt für Arbeitskraft und ein Weltmarkt für Produktionsstandorte hervorgebracht, der sowohl Industrie- als auch unterentwickelte Länder umfaßt.

Daß sich diese Randbedingungen voll entfaltet haben, machen die Autoren an verschiedenen Entwicklungen der kapitalistischen Weltökonomie fest. Sie konzedieren eine weitreichende Verlagerung von verarbeitender Industrie vom Zentrum zur Peripherie. Des weiteren sehen sie steigende strukturelle Arbeitslosigkeit in den industriellen Branchen des Zentrums. Schließlich benennen sie noch die steigende exportorientierte Industrialisierung der Peripherie als eine dieser Entwicklungen.

Wie wirken sich diese Randbedingungen auf die Kapitalverwertung und -akkumulation im einzelnen aus?

(1) Entwicklung eines weltweiten Reservoirs potentieller Arbeitskräfte

Nach Meinung der Autoren hat sich eine weltweite industrielle Reservearmee herausgebildet, deren potentielle Arbeitskräfte den Arbeitern in den traditionellen Industrieländern auf dem globalen Arbeitsmarkt „erfolgreich" Konkurrenz machen. Diese industrielle Reservearmee zeichnet sich durch Eigenschaften aus, die ihre Nutzung im Verwertungsprozeß ökonomisch sinnvoll machen. Erstens sind die Löhne in den Ländern der Peripherie deutlich niedriger als in den traditionellen kapitalistischen Industrieländern. Zweitens sind die Arbeitszeiten wesentlich länger. Drittens entspricht die Produktivität in der Tendenz derjenigen der Industrieländer. Viertens kann die Arbeitskraft beliebig angeheuert und wieder abgestoßen werden. Und fünftens erlaubt die Größe der industriellen Reservearmee eine „optimale“ Auswahl besonders geeigneter Arbeitskräfte. Diese fünf Eigenschaften lassen eine Produktion in Niedriglohnländern ökonomisch rational erscheinen.

(2) Entwicklung und Verfeinerung von Technologie und Arbeitsorganisation zur Zerlegung komplexer Produktionsprozesse.
Die Zerlegung komplexer Produktionsprozesse ermöglicht es, die Arbeitskraft von Facharbeitern mit hohen Löhnen durch ein entsprechendes Vielfaches an Arbeitskraft un- oder angelernter Arbeiter mit niedrigen Löhnen zu ersetzen. Die Nutzung einer sehr billigen, niedrig qualifizierten Arbeitskraft ermöglicht nach dem Prinzip von Babbage[3] eine bessere Verwertung des Kapitals.

(3) Entwicklung einer Technologie, die industrielle Standortwahl und Steuerung der Produktion selbst zunehmend weniger von geographischen Entfernungen abhängig macht.
Hier nennen die Autoren moderne Transporttechnologien, Telekommunikations- und Datenverarbeitungssysteme als diejenigen Bereiche der technologischen Entwicklung, welche die Verteilung der Produktion über die ganze Welt zunehmend leichter machen.

Nach Fröbel et al. erzwingen die neuen Randbedingungen der Kapitalverwertung und -akkumulation die Neue Internationale Arbeitsteilung:

„Diese neue internationale Arbeitsteilung ist also eine ‚institutionelle' Innovation des Kapitals selbst, erzwungen durch die neuen Randbedingungen und nicht etwa das Ergebnis geänderter Entwicklungsstrategien einzelner Länder oder willkürlicher Entschlüsse sogenannter multinationaler Konzerne“ (Fröbel et al. 1977, S. 63).

Die von Fröbel et al. postulierte Neue Internationale Arbeitsteilung, die Produktion prinzipiell überall auf der Erde möglich macht, läßt die Autoren zu folgendem Schluß kommen:

„Aber ebenso wie die ‚Krise des 17. Jahrhunderts' bei genauerem Zusehen nur den Niedergang Mittel- und Südosteuropas als Zentren der Kapitalverwertung und -akkumulation besiegelte, (...) so könnten heute die ersten deutlichen Ansätze zu einer neuen internationalen Arbeitsteilung eine Phase der Stagnation der Kapitalverwertung im ‚Zentrum‘ und des absoluten und relativen Anstiegs der Kapitalverwertung und -akkumulation in Teilen der ‚Peripherie' einleiten“ (Fröbel et al. 1977, S. 65).

Die hier angedeutete Krise des Zentrums ist aber keineswegs auch eine des weltweit operierenden Kapitals. Sie ist es deshalb nicht, weil *„...es gerade dieses Kapital ist, das sich in diesen Verlagerungen den geänderten Randbedingungen seiner Verwertung und Akkumulation anpaßt“ (Fröbel et al. 1977, S. 65).* Vielmehr werden dabei nach Fröbel einzelne Länder, und zwar gerade im Zentrum, eine negative Entwicklung beschreiten.

---

[3] Für eine nähere Beschreibung dieses Prinzips empfiehlt sich der Exkurs von Fröbel et al. (1977, S.54ff.)

2.3. Neue Internationale Arbeitsteilung und organisationeller Imperialismus

Für die weitere Bearbeitung der Forschungsfragen ist eine Verbindung des Konzepts des *organisationellen Imperialismus* (Bornschier 1980) und der *Neuen Internationalen Arbeitsteilung* (Fröbel et al. 1977) aus folgendem Grunde sinnvoll: Während Bornschier den Schwerpunkt seiner Theorie auf die Akteure der Weltwirtschaft - Multinationale Unternehmen - setzt, stehen bei Fröbel et al. die Strukturen der Weltwirtschaft, wie sie durch die Neue Internationale Arbeitsteilung entstehen, im Vordergrund. Diese Differenz beruht auf der unterschiedlichen theoretischen Herkunft der beiden Konzepte. Nach Meinung des Autors greifen aber beide Konzepte zu kurz.

Fröbel et al. betonen, daß die Neue Internationale Arbeitsteilung **nicht** Ergebnis von Entscheidungen Multinationaler Unternehmen, sondern eine „institutionelle" Innovation des Kapitals ist, erzwungen durch die neuen Randbedingungen der Kapitalverwertung und –akkumulation.

Bornschier dagegen sieht die Multinationalen Unternehmen im Zentrum einer neuen internationalen Arbeitsteilung. Sie sind die Nutznießer des neuen organisationellen Imperialismus. Die multinationalen Konzerne sind nicht nur beherrschende Akteure in der Weltwirtschaft, sondern sie konstituieren mit der Gesamtheit ihres organisationellen Geflechts, ihres Kapital-, Finanz- und Technologietransfers sowie ihrem unternehmerischen Entscheiden dieses System.

Während Fröbel et al. in der Tradition der Welt-System-Theorien von der Struktur des kapitalistischen Weltsystems auf die Akteure (Multinationale Unternehmen) schließen, ist Bornschiers Herangehensweise umgekehrt. Er schließt in der Tradition der Dependenztheorien von den Akteuren auf die Struktur. Diese unterschiedlichen Herangehensweisen haben Auswirkungen auf die Erklärung, warum Unternehmen im Ausland produzieren. Fröbel et al. sehen in der Veränderung der Randbedingungen der Kapitalverwertung und -akkumulation den Hauptgrund für weltweite Produktion von Unternehmen. Bornschier sieht als Hauptgrund der Internationalisierung von Unternehmen das Wachstum dieser und die Konzentration der Produktivkräfte innerhalb dieser.

Die Synthese dieser Ansätze soll die beiden oben beschriebenen Einflüsse auf die Investitionsentscheidungen berücksichtigen, da sowohl die Einschätzung von Bornschier als auch von Fröbel et al. in der Diskussion um Internationalisierung deutscher Konzerne für relevant gehalten wird. Auf die unterschiedlichen Parameter der Investitionsentscheidung wird im weiteren noch näher eingegangen (vgl. Teil B).

Die unterschiedliche Herangehensweise und die Differenzen in der Einschätzung der Parameter der Investitionsentscheidung führen zu einem Gegensatz in der Bewertung der Folgen internationaler Produktion. Bornschier kommt zu dem Schluß, daß die periphere Position eines Landes innerhalb der von multinationalen Konzernen strukturierten Weltwirtschaft eine bedeutende Ursache für Unterentwicklung ist. Dies begründet er mit dem Konzept der abhängigen Industrialisierung, das innerhalb von multinationalen Unternehmen praktiziert wird:

„Es besteht eine ältere und viel statischere Form der Hierarchie zusammen mit einer jüngeren und viel dynamischeren. Die ältere beinhaltet eine Spaltung zwischen dem Zentrum, das sich auf Industrieprodukte, und der Peripherie, die sich auf agrarische und mineralische Rohstoffe spezialisiert. Diese Hierarchie beinhaltet die klassische wirtschaftliche Abhängigkeit der Peripherie, die auch häufig mit dem sogenannten Export-Enklaven-Syndrom auftritt. Die neue Form der Hierarchie beinhaltet hingegen eine Zentrum-Peripherie-Spaltung innerhalb der Industrieproduktion selbst. (...) Das Zentrum spezialisiert sich auf die Kontrolle über die Technologie und den Innovationsprozeß sowie auf die Produktion der Produkte am Anfang des Produktzyklus und die komplizierten Kapitalgüter, während die standardisierte und routinisierte Industrieproduktion für den lokalen wie auch den Weltmarkt in die Peripherie verlagert wird. Die damit gegebene Abhängigkeit wird abhängige Industrialisierung genannt" (Bornschier 1980, S. 33).

Fröbel et al. gehen dagegen von weitreichenden Konsequenzen sowohl für die Peripherie als auch für das Zentrum aus. Ihrer Meinung nach kann die Neue Internationale Arbeitsteilung als Anzeichen für eine Phase der Stagnation der Kapitalverwertung im Zentrum und des absoluten und relativen Anstiegs der Kapitalverwertung und -akkumulation in Teilen der Peripherie interpretiert werden. Mit anderen Worten, die Neue Internationale Arbeitsteilung führt insbesondere zu steigender struktureller Arbeitslosigkeit in den Ländern des Zentrums, während die Industrialisierung in den Ländern der Peripherie voranschreitet. Die Neue Internationale Arbeitsteilung ist also mit negativen Effekten für die Länder des Zentrums und möglicherweise mit positiven Effekten für die Länder der Peripherie verbunden.

Zusammenfassend kann man die Unterschiede der hier dargestellten Theorien anhand dreier Punkte festmachen:

- **Perspektive:** Fröbel et al. schließen von der Struktur auf den Akteur, Bornschier von den Akteuren auf die Struktur.
- **Parameter:** Fröbel sieht strukturelle Elemente als zentrale Parameter der Investitionsentscheidung, Bornschier betont interne Aspekte der Entwicklung multinationaler Unternehmen als handlungsleitend.
- **Prognose:** Fröbel et al. prognostizieren negative Auswirkungen für die Länder des Zentrums und positive für die Länder der Peripherie. Das Kapital wird nur insofern tangiert, als es sich den geänderten Randbedingungen der Kapitalverwertung und -akkumulation anpaßt. Bornschier prognostiziert negative Auswirkungen für die Länder der Peripherie und positive für die Länder des Zentrums. Eigentliche Nutznießer der Entwicklung des organisationellen Imperialismus sind aber die multinationalen Unternehmen.

Aus den Überschneidungen und Unterschieden der beiden Theorien in bezug auf Parameter und Prognose lassen sich zwei Hypothesen formulieren:

(1) Die Neue Internationale Arbeitsteilung und der zunehmende Einfluß der multinationalen Unternehmen hat positive oder negative Effekte, insbesondere in bezug auf Beschäftigung, für die Länder des Zentrums, je nachdem, welche Parameter der Investitionsentscheidung vorrangig wirken.

(2) Die Neue Internationale Arbeitsteilung und der zunehmende Einfluß der multinationalen Unternehmen hat positive Effekte für das Kapital bzw. die multinationalen Unternehmen, deren Zentralen sich größtenteils im Zentrum befinden.

Aus These 1 der Zusammenführung beider Theorien geht hervor, daß die Parameter der Investitionsentscheidung Multinationaler Konzerne entscheidenden Einfluß auf die Auswirkungen der Internationalisierung auf die Länder des Zentrums haben. Deswegen wird den möglichen Parametern der Investitionsentscheidung ein eigener Teil der Arbeit gewidmet (siehe Teil B).

2.4. Derzeitiger Globalisierungsdiskurs

In der derzeitigen Diskussion um die Globalisierung der Wirtschaft lassen sich zwei grundsätzliche Positionen unterscheiden. Die einen, sie werden mit Klaus Dörre (Dörre et al. 1997) im weiteren Globalisten genannt, sehen in der Entwicklung seit Anfang der achtziger Jahre einen enormen Globalisierungsschub. Die anderen, die Anti-Globalisten, relativieren diese Entwicklungen und bezweifeln das grundsätzlich Neue daran. Im weiteren werden die Positionen der Globalisten und der Anti-Globalisten dargelegt.

2.4.1. Globalisierung ? - Globalisierung ! - Globalisierung ?!

2.4.1.1. Globalisten

Einerseits läßt sich das Argument der zunehmend verflochtenen Weltökonomie (Narr / Schubert 1994) analog zu Fröbel et al. immer wieder finden. Im Mittelpunkt dieser verflochtenen Weltökonomie stehen transnationale Unternehmen als Hauptakteure (Hirsch-Kreinsen 1997). Die exponierte Stellung der transnationalen Unternehmen hat Bornschier in seinem Konzept des organisationellen Imperialismus herausgearbeitet. Andererseits ist neu an der Globalisierungsdiskussion, daß von einem ökonomischen Globalisierungsschub seit Beginn der 80er Jahre gesprochen wird, der sich beständig intensiviert (Hirsch 1995, Altvater/Mahnkopf 1996). Dieser Globalisierungsschub führt zu einem veränderten Verhältnis von Staat und Ökonomie.

Als exemplarisch für die Einschätzung des Verhältnisses von Staat und Ökonomie im Rahmen der Dependenz- und Welt-System-Theorie kann die Position bei Bornschier und Fröbel et al. gelten. Bornschier bezieht sich in seiner Analyse des Staates explizit auf Wallerstein, der das politische Handeln durch ökonomische Strukturen determiniert sieht. Das internationale System der Staaten ist demnach lediglich eine Konsequenz des Prozesses der kapitalistischen Akkumulation. Diese Einschätzung brachte ihm den Vorwurf des Ökonomismus von KritikerInnen ein, die im Interstaatensystem ein eigenständiges und autonomes System sehen, welches auch ohne die Analyse der weltwirtschaftlichen Strukturen verstanden werden kann (vgl. Skocpol 1979, Zolberg 1981).

Chase-Dunn (1990) versucht in Auseinandersetzung mit dem Ökonomismus-Vorwurf, Staaten und das Inter-Staaten-System stärker in die Welt-System-Theorie zu integrieren. Chase-Dunn betont die Wichtigkeit von Staaten für die kapitalistische Weltökonomie. Wie Wallerstein sieht er in dem internationalen System der Staaten und dem Kapitalismus zwei Seiten einer Medaille:

„It is argued that the interstate system of unequally powerful and competing states is the political body of capitalism, and that capitalist institutions are central to the maintenance and reproduction of the interstate system, as well as vice versa“ (Chase-Dunn 1990, S. 107).

Ökonomie und Politik stehen also in einem Abhängigkeitsverhältnis zueinander. Chase-Dunn hebt nun hervor, daß für ein Verständnis des Unterschiedes zwischen früheren Welt-Systemen und dem Modernen Welt-System die Interaktion zwischen Staaten und der kapitalistischen Produktion von Gütern („capitalist commodity production“) untersucht werden muß:

„The thing which distinguishes a capitalist world-economy from earlier world-systems is the extent to which states in the core rely on comparative advantage in production for the world market instead of political-military power“ (Chase-Dunn 1990, S. 111).

Und an anderer Stelle:

„Here I will argue that the capitalist mode of production exhibits a single logic in which both political-military power and the appropriation of surplus value through production of commodities for sale on the world market play an integrated role“ (Chase-Dunn 1990, S. 131).

Chase-Dunn argumentiert also, daß im Kampf um Anteile am Welt-Surplus nicht mehr die politisch-militärische Macht im Vordergrund steht, sondern der Versuch, durch komparative Vorteile Anteile am Weltmarkt zu gewinnen. Der politisch-militärische Wettbewerb und der Wettbewerb um Anteile am Weltmarkt sind zwei verschiedene Wege zum selben Ziel der Aneignung von Anteilen am Welt-Surplus. In der kapitalistischen Weltwirtschaft steht nun der Wettbewerb um Anteile am Weltmarkt im Vordergrund. Die gegenseitige Abhängigkeit von Staaten und kapitalistischer Produktion kennzeichnet deren Verhältnis.

Nach Chase-Dunn sind Staaten Organisationen, die von den kontrollierenden Klassen genutzt werden, um sich Teile des Welt-Surplus anzueignen. Entscheidend für die Charakteristik eines Staates ist es, ob die herrschenden politischen Kräfte ein gewisses Maß an Autonomie gegenüber der Ökonomie haben, oder ob und in welchem Ausmaß ökonomische Interessen den Staatsapparat beherrschen. Da die meisten Staaten aber im modernen Interstaaten-System von Kapitalisten kontrolliert werden, rücken die Ziele der Marktprotektion und Marktexpansion in den Vordergrund.

Politische Organisationen befinden sich wie ökonomische Produzenten nach Chase-Dunn in einem „competing down“-Prozeß. Dieser Prozeß ist für eine sehr schnelle Wandlung der Produktionsprozesse und der politischen Organisation durch den Kapitalismus verantwortlich. Ähnlich dem „competing-down"-Prozeß der Ökonomie, nach dem Firmen in einem Preiswettbewerb gezwungen sind, sich den Gesetzen des Marktes zu unterwerfen, sehen sich staatliche Strukturen einem solchen Prozeß ausgesetzt. Ineffiziente staatliche Strukturen, welche zu hohe Steuern erheben oder die öffentlichen Einnahmen nicht im Sinne einer Unterstützung des politisch-ökonomischen Wettbewerbs in der Weltwirtschaft verwenden, verlieren den Kampf um Vorherrschaft im Welt-System.

Das Kräftegleichgewicht zwischen den einzelnen Staaten innerhalb des Interstaaten-Systems verhindert nun, daß ein einzelner Staat die Weltwirtschaft kontrolliert. Das Kapital unterliegt zwar einer gewissen Kontrolle durch einzelne Staaten, aber es kann von Regionen mit niedrigem Profit zu Regionen mit hohem Profit fließen. Die Produktionsfaktoren können nicht so stark kontrolliert werden, wie es der Fall wäre, würde ein Weltstaat existieren. Das wiederum erlaubt dem Kapital, den politischen Zwängen, die ausgebeutete Klassen ausüben, zu entkommen:

„Class struggles are most often oriented toward and constrained within particular territorial state structures. Thus the interstate system provides the political underpinning of the mobility of capital, and also the institutional basis for the continuing expansion of capitalist development. States which successfully prevent domestic capital from emigrating do not necessarily solve this problem, because foreign competitors are likely to take advantage of less costly production opportunities outside the national boundaries, and thus push the domestic products out of the international market. The implication of the above is that capitalism is not possible in the context of a single world state, as Weber claimed" (Chase-Dunn 1990, S. 141f.).

Das obige Zitat verdeutlicht das Dilemma, in dem Staaten innerhalb des Interstaaten-Systems nach Chase-Dunn stecken. Folgen die einzelnen Staaten den Anforderungen des Kapitals in bezug auf die Rahmenbedingungen, kommt es zum „competing down"-Prozeß zwischen ihnen. Versuchen sie, das heimische Kapital innerhalb des Staates zu halten, sind die heimischen Produkte auf dem Weltmarkt nicht mehr wettbewerbsfähig, da andere Produzenten sich die besseren Produktionsbedingungen zunutze machen werden. Chase-Dunn schließt daraus, daß der Kapitalismus im Kontext eines Weltstaates nicht möglich wäre. Das Interstaaten-System ist also eine notwendige Bedingung des Kapitalismus, weil es die Einflußmöglichkeiten der einzelnen Staaten auf das Kapital auf ein Minimum reduziert.

Ditmar Brock (1997) hat die Machtasymmetrie zwischen Staat und Ökonomie klar herausgearbeitet. Globale Akteure stellen die Frage nach dem staatlichen Preis-Leistungsverhältnis:

„Unter diesen Bedingungen (der Globalisierung, Anm. S.Sch.) können Standortmerkmale wie Infrastruktur, Arbeitskräftepotential, Steuergesetzgebung und andere staatliche Rahmenbedingungen verglichen und zum Gegenstand selektiver Entscheidungen gemacht werden. Zwischen den Volkswirtschaften findet ein

Wettbewerb um Anlagemöglichkeiten und Modernisierungschancen statt. Dies relativiert natürlich alle Möglichkeiten einer nationalen Wirtschafts-, Sozial- oder Beschäftigungspolitik" (Brock 1997, S. 787).

Hier findet sich das obengenannte Argument der relativen Bedeutungslosigkeit staatlicher Rahmenbedingungen wieder. Brock führt weiter aus, wie es zu dieser Bedeutungslosigkeit kommt.

Ausgehend von einem Modell der nationalen Volkswirtschaft, die als Machtgeflecht analysiert wird und deren Grundlage die Organisationsmacht von Interessen ist, analysiert er, warum diese Organisationsmacht zugunsten einer Selektionsmacht an Bedeutung verliert. Prämisse des Modells der Organisationsmacht war eine Übereinstimmung aller Beteiligten des korporatistischen Dreiecks, daß um die Verteilung des nationalen Sozialprodukts gerungen wird, ohne die Funktionsfähigkeit des Wirtschaftskreislaufs in zu starke Mitleidenschaft zu ziehen. Nach Brock entziehen sich nun die globalen Akteure diesem Konsens durch die Anwendung von Selektionsmacht. Die Ergebnisse nationaler Interessenauseinandersetzung sind für globale Akteure nur noch Parameter für selektive Entscheidungen. Sollten die ausgehandelten Rahmenbedingungen den Interessen der Unternehmen zuwider laufen, können diese sich durch Produktionsverlagerungen den Rahmenbedingungen entziehen.

Das Argument, wonach die Selektionsmacht der multinationalen Unternehmen die Oberhand über die Organisationsmacht alter Prägung gewinnt, findet sich in der derzeitigen Diskussion um die Globalisierung der Wirtschaft immer wieder. Auch nach der Brockschen Konzeption sind die Rahmenbedingungen nicht Parameter der Investitionsentscheidung, sondern die Investitionsentscheidungen sind Parameter der Rahmenbedingungen.

Unabhängig davon, ob von der Perspektive der Akteure, wie Bornschier und Brock, oder von der Struktur her, wie Fröbel et al. und Chase-Dunn, argumentiert wird, ähnelt sich die Einschätzung in bezug auf den Einfluß der Rahmenbedingungen auf die Investititionsentscheidung. Nach einhelliger Meinung der weiter oben beschriebenen Positionen der Autoren sehen sich Staaten und gesellschaftliche Großgruppen bei Strafe des Standortwechsels dem Zwang ausgesetzt, für das Kapital bzw. die multinationalen Unternehmen optimale Produktionsbedingungen zu schaffen. Die Definitionsmacht, wie optimale Rahmenbedingungen auszusehen haben und durchgeführt werden, liegt bei den multinationalen Unternehmen bzw. dem Kapital. Diese Einschätzung deckt sich mit weiten Teilen der Positionen, die in der derzeitigen Globalisierungsdiskussion bezogen werden.

Einige Autoren attestieren den Nationalstaaten einen zunehmenden Verlust an Handlungs- und Steuerungskapazitäten in einem globalen Umfeld (Narr /Schubert 1994, Altvater/Mahnkopf 1996, Martin/Schumann 1996). Der Staat des späten 20. Jahrhunderts hat sich danach zu einem „Wettbewerbsstaat" (Hirsch 1995) entwickelt, der sich zunehmend darauf konzentriert, einem global immer flexibler agierenden Kapital in Konkurrenz mit anderen Staaten günstige Verwertungsvoraussetzungen zu verschaffen. Aus dieser Perspektive ist der

Staat lediglich ein Dienstleister für Marktoptimierung, der Transparenz, Fairness und den Zugang zu den Märkten garantiert und Regelverstöße rechtlich sanktioniert (Boyer/Drache 1996).

Eine empirische Unterstützung dieser Position (wider Willen) gibt Susanne Lütz in ihrer Untersuchung der Internationalisierung von Finanzmärkten (Lütz 1997). Lütz argumentiert, *„...daß die ökonomische Internationalisierung die Fähigkeit zu kollektiver Selbstregulierung der Marktteilnehmer schwächt. Netzwerken zwischenstaatlicher Kooperation auf der anderen Seite mangelt es an Kapazitäten, die Einhaltung von Vereinbarungen zu garantieren. Beide Entwicklungen führen zu neuen Aufgaben der Marktüberwachung für den Nationalstaat“ (Lütz 1997, S. 475).*

Zwei Entwicklungen auf dem internationalen Finanzmarkt leisten dieser „Rückkehr des Nationalstaats“ Vorschub. Zum einen setze die Internationalisierung die Marktteilnehmer unter erheblichen Wettbewerbsdruck, welcher das kollektive Handeln erheblich erschwere. Zum anderen sei eine erhebliche zwischenstaatliche Kooperation in Fragen der Wertpapierregulierung entstanden. Diese beiden Entwicklungen führen zu folgendem Ergebnis:

„Der Staat kehrt zurück (...) in das Modell sektoraler Regulierung - allerdings in sehr eingeschränkter Form. Als ‚Hüter des Rechts' überwacht er die neuen Spielregeln des globalen Wettbewerbs und sanktioniert deren Mißachtung“ (Lütz 1997, S. 477).

Lütz zeigt im weiteren sehr deutlich, daß sowohl die Initiative für eine stärkere Regulierung des Finanzmarktes als auch die angestrebten Ziele wesentlich von den Marktakteuren bestimmt wurden:

„Unter Bedingungen internationalisierter Märkte konnten hohe regulatorische Standards zu Wettbewerbsnachteilen für amerikanische Investmentfirmen werden. Genau dies war der Grund dafür, daß die SEC (amerikanische Börsenaufsichtsbehörde, Anm. S.Sch.) seit Anfang der 1980er Jahre darauf hinwirkte, das Netzwerk der Kooperation zwischen nationalen Regulierungsbehörden auszudehnen“ (Lütz 1997, S. 484).

Die Initiative für eine internationale Regulierung der Finanzmärkte geht also von Investmentfirmen aus, die Umsetzung ist Sache staatlicher Behörden. Ziel ist es, Wettbewerbsnachteile für amerikanische Investmentfirmen zu verhindern. Mit Hilfe der Marktmacht amerikanischer Investoren und der politischen Macht der amerikanischen Regulierungsbehörde wurde durchgesetzt, daß ein hoher Standard des Anlegerschutzes zu einer Determinante internationaler Wettbewerbsfähigkeit wurde. Nachdem sich diese Determinante entwickelt hatte, wurden die deutschen Großbanken aktiv:

„Aus Sicht der deutschen Großbanken war auch der regulative Rahmen des Börsenhandels zu einem kritischen Faktor geworden, der den internationalen Rang des eigenen Finanzplatzes maßgeblich definierte. Genau an diesem Punkt waren die Marktakteure auf den Staat angewiesen und betrieben aktive Lobbyarbeit, um diesen in das Modell sektoraler Steuerung zu integrieren“ (Lütz 1997, S. 491).

Wieder waren es also die Marktakteure, die die Initiative ergriffen, um ihre Ziele zu erreichen. Der Staat diente als Organ der Ausführung.

In ihrem Fazit verweist Lütz einmal darauf, „...*daß Nationalstaaten auch unter Bedingungen zugespitzter Internationalisierung zentrale Funktionen für ihre nationalen Ökonomien übernehmen“ (Lütz 1997, S. 492).*

Und weiter:

„Der Staat ‚springt insofern für die Kapitalseite ein' als er deren Schwäche zur Selbstregulierung durch Einbringung ureigener Ressourcen kompensiert. Damit stellt er die internationale Kompatibilität des nationalen sektoralen Regimes sicher und ermöglicht seinen heimischen Produzenten die gleichberechtigte Teilnahme am internationalen Wettbewerb“ (Lütz 1997, S. 493).

Der Staat überwacht ausgehandelte Regeln vor Ort und sanktioniert Regelverstöße. Im Endeffekt beschreibt Lütz die Aufgabe von Staaten mit einer Deutlichkeit, die nichts zu wünschen übrig läßt:

„Der Nationalstaat füllt die Lücke, die ihm das (Finanz-)Kapital und das internationale Staatensystem zuweisen. Er kehrt zurück als Teil einer international verflochtenen Expertokratie mit spezialisierten, operativen Aufgaben, welche gleichwohl im staatlichen Namen und mit staatlichen Ressourcen operiert“ (Lütz 1997, S. 494f.).

In dieser sehr präzisen Analyse der internationalen Regulierung der Finanzmärkte finden sich die obengenannten Argumente bestätigt. Unabhängig davon, ob es *organisationeller Imperialismus (Bornschier), der Zwang neuer Rahmenbedingungen der Kapitalverwertung und –akkumulation (Fröbel)*, der *„competing-down“-Prozeß (Chase-Dunn)* oder die *Selektionsmacht (Brock)* ist, hinter all diesen Begriffen verbirgt sich ein fundamentaler Verlust staatlicher Steuerungs- und Handlungskapazitäten. Wie Lütz sehr anschaulich zeigt, dient der Staat sehr wohl noch als Dienstleister für Marktoptimierung, aber sowohl die Initiative als auch die Ziele staatlichen Handelns sind nach Meinung sämtlicher AutorInnen vom Kapital bzw. den multinationalen Unternehmen bestimmt.

2.4.1.2. Anti-Globalisten

„Die Ansicht, daß Nationen wie andere große Unternehmen im Wettbewerb zueinander stehen, ist innerhalb der abendländischen Eliten (...) mittlerweile allgemein anerkannt. Unter praktischen Gesichtspunkten jedoch ist die Doktrin der ‚Wettbewerbsfähigkeit' schlicht falsch. Weder konkurrieren die weltweit führenden Länder wirtschaftlich in einem Maße miteinander, das von Belang wäre, noch können ihre wesentlichen wirtschaftlichen Schwierigkeiten darauf zurückgeführt werden, daß sie auf den Weltmärkten ‚verlieren'. Dies trifft insbesondere auf die Vereinigten Staaten zu. Wettbewerbsfähigkeit ist ein verführerische Idee, die einfache Antworten auf komplexe Probleme verspricht. Aber im Ergebnis führt diese Wahnvorstellung zur Fehlleitung von Ressourcen, Störungen im internationalen Handel und einer verfehlten Wirtschaftspolitik im eigenen Land“ (Krugman 1996, S. 37).

Das Zitat von Paul Krugman macht einen fundamentalen Einwand des Autors deutlich. Er bestreitet schlicht, daß es so etwas wie einen Wettbewerb zwischen Nationen geben kann. Dies macht er am Beispiel der Handelsbilanz als Indikator für die Wettbewerbsfähigkeit einer Nation fest. Nach Krugman kann ein Außenhandelsüberschuß sowohl ein Zeichen für die Schwäche als auch für die Stärke eines Landes sein (vgl. Krugman 1996, S. 41). Krugman kommt zu dem Schluß, daß die binnenwirtschaftlichen Faktoren, insbesondere die Produktivität, den Lebensstandard einer Region primär bestimmen, nicht die Position im Wettbewerb auf den Weltmärkten.

Zwar verkaufen die führenden Industrieländer Produkte, die miteinander im Wettbewerb stehen, aber sie sind eben auch die Hauptexportmärkte für die jeweiligen anderen Länder. Ein wirtschaftlich prosperierendes Europa muß nicht auf Kosten der USA gehen, im Gegenteil: Eine florierende Wirtschaftslage in Europa bietet der US-Wirtschaft wachsende Märkte und hochwertige Güter zu niedrigen Preisen. Der Welthandel ist nach Krugman also kein Nullsummenspiel. Des weiteren bestreitet Krugman, daß das Lohnniveau in den einzelnen Weltregionen Einfluß auf die anderen hat.

Krugman sieht – auf die USA bezogen - in der „These von der Wettbewerbsfähigkeit“ vielmehr drei reale Gefahren verborgen:

„Erstens könnte es zur Vergeudung von Haushaltsmitteln führen, die vermeintlich der Stärkung der Wettbewerbsfähigkeit der USA dienen. Zum zweiten könnte es Protektionismus und Handelskriege zur Folge haben. Schließlich, und dies ist der gravierendste Aspekt, könnte daraus eine verfehlte staatliche Politik in einer Reihe wichtiger Politikfelder resultieren“ (Krugman 1996, S. 47).

Dies läßt ihn zu folgendem Schluß kommen:

„Beginnen wir also damit, die Wahrheit auszusprechen: Wettbewerbsfähigkeit ist ein bedeutungsleeres Wort, wenn sie auf Volkswirtschaften angewandt wird. Die fixe Idee der Wettbewerbsfähigkeit ist sowohl falsch als auch gefährlich“ (Krugman 1996, S. 49).

Die Position von Krugman steht in krassem Gegensatz zu den oben beschriebenen Positionen. De facto kann es nach Krugman keinen Wettbewerb zwischen Nationen geben. Krugman stellt aber fest, daß die These von der Wettbewerbsfähigkeit weit verbreitet und besonders im politischen Diskurs hegemonial ist. Dies führt er darauf zurück, daß sich die Rhetorik der Wettbewerbsfähigkeit bestens dazu eignet, *„unangenehme Entscheidungen zu legitimieren oder zu umgehen“ (Krugman 1996, S. 47).* Für ihn handelt es sich hierbei um eine These, die jenseits jeglicher Faktenlage aufrecht erhalten wird.

Neben der grundsätzlichen Kritik am Konzept der Wettbewerbsfähigkeit von Nationen argumentiert Krugman auch in bezug auf das Ausmaß und die Art der Globalisierung der Wirtschaft. Krugman untersucht in seinem Artikel „Does Third World Growth Hurt First World Prosperity?“ (Krugman 1994) die Auswirkungen des Wirtschaftswachstums von Nationen der sogenannten „Dritten Welt“ auf die sogenannte „Erste Welt“. Insbesondere geht er auf die Auswirkungen von Investitionen durch Unternehmen aus den Industriestaaten in Entwicklungsländer ein. Theoretisch würde die Mobilität des Kapitals von den westlichen Ökonomien zu den Entwicklungsländern zu einer Verschärfung des Beschäftigungsproblems führen. Real aber, so führt Krugman aus, sind die aktuellen Investitionsströme von Nord nach Süd seit 1990 so gering, daß sich keine fundamentalen Auswirkungen zeigen (vgl. Krugman 1994, S. 118). Geht man davon aus, daß Kapital, welches in die „Dritte Welt" exportiert wird, gerade nicht in den Heimatländern investiert wird, so führen diese Nord-Süd-Investitionen zu einem Rückgang der Produktivität und der Löhne im Norden. Auch Krugman geht also davon aus, daß Investitionen in die „Dritte Welt" **im Prinzip** auf Kosten der Industriestaaten gehen können. Die entscheidende Frage ist aber, wie groß dieser Fluß von Investitionen ist:

„Before we jump to the conclusion that the development of the Third World has come at First World expense, however, we must ask not merely whether economic damage arises in principle but how large it is in practice" (Krugman 1994, S. 119).

Krugman macht am Beispiel der Direktinvestitionen des Jahres 1993 den geringen Einfluß dieser auf die entwickelten Nationen deutlich. Zwar gab es 1993 Kapitalströme von in der Summe 100 Mill $ von den entwickelten Nationen zu den NIC (Newly Industrializing Countries), aber ihr Anteil am Gesamtaufkommen der Erste-Welt-Investitionen betrug lediglich drei Prozent. Die Investitionen in die Nationen mit wachsenden Märkten seit 1990 haben den Kapitalstock der entwickelten Nationen nur um circa 0,5 % reduziert. Krugman führt des weiteren aus, daß die Direktinvestitionsströme seit 1990 die Reallöhne in der entwickelten Welt um ungefähr 0,15 % reduziert haben (vgl. Krugman 1994, S. 119). Dies läßt ihn zu folgendem Schluß kommen:

„The conventional wisdom among many policymakers and pundits is that we live in a world of incredibly mobile capital and that such mobility changes everything. But capital isn't all that mobile, and the capital movements we have seen so far change very little, at least for advanced countries" (Krugman 1994, S. 120).

Ähnliche Zweifel an Ausmaß und Auswirkungen der Globalisierung hegen Paul Hirst und Grahame Thompson (Hirst/Thompson 1996). Sie versuchen den Globalisierungsschub in eine historische Kontinuität einzubetten und zu relativieren.

Hirst und Thompson nennen fünf Punkte, die sie zu diesem Schluß kommen lassen. Zum ersten ist die derzeitige, stark internationalisierte Ökonomie keineswegs ohne Beispiel. Sie argumentieren, daß vor 1914 eine wesentlich stärker verflochtene Weltökonomie existierte als Ende des 20. Jahrhunderts. Ein zweiter Punkt, der sie das Modell einer globalen Ökonomie in Zweifel ziehen läßt, ist die nur sehr geringe Verbreitung von Transnationalen Unternehmen (TNC). Hirst und Thompson zeigen in ihrer empirischen Arbeit, daß es sich bei den meisten internationalen Unternehmen um Multinationale Unternehmen (MNC) handelt. Transnationale Konzerne sind „footloose enterprises" ohne spezifische nationale Identifikation und mit internationalisiertem Kapital. Diese könnten allen nationalen regulatorischen Standards entkommen. Tatsächlich aber gibt es nach Meinung der Autoren im wesentlichen nur Multinationale Unternehmen. Diese sind zwar international tätig, haben aber eine klare Heimatbasis, sind der nationalen Regulierung unterworfen und werden vom jeweiligen Heimatland aus kontrolliert.

Zum dritten bezweifeln die Autoren, daß die zunehmende Kapitalmobilität zu einer radikalen Verschiebung von Investitionen und Arbeit von den entwickelten zu den weniger entwickelten Nationen führt. Wie schon Krugman, können Hirst und Thompson in ihren empirischen Untersuchungen diese oftmals beschriebene Entwicklung nicht feststellen. Dies hängt stark mit dem vierten Punkt ihrer Kritik am Modell der neuen globalen Ökonomie zusammen. Die Autoren ziehen sowohl das behauptete Tempo als auch die weltweite Verteilung von Handels-, Produktions- und Finanzbeziehungen in Zweifel. Diese drei Beziehungsarten sind nach Meinung der Autoren innerhalb der Triade-Staaten[4] konzentriert.

Schließlich vertreten die Autoren noch die Meinung, daß nationalstaatlicher Einfluß auf Ökonomie und multinationale Unternehmen keineswegs so gering ist, wie es in den beschriebenen Positionen der „Globalisten" vertreten wird. Die G3 haben durchaus die Kapazitäten, um auf Finanzmärkte und andere ökonomische Tendenzen Druck auszuüben.

Aufgrund dieser Einschätzungen verwerfen die Autoren das Modell einer neuen globalen Ökonomie und zeichnen ihrerseits das Bild einer internationalen Ökonomie:

„Moreover, we should remember that an inter-national economy is one in which the major nationally based manufacturers and the major financial trading and service centres are strongly externally oriented, emphasizing international trading performance. The opposite of a globalized economy is thus not a nationally inward-looking one, but an open world market based on trading nations and regulated to a greater or lesser degree both by the public policies of nation states and by supra-national agencies. Such an economy has existed in some form or another since the 1870s, and has continued to re-emerge despite major setbacks, the most serious being the crisis of the 1930s. The point is that it should not be confused with a global economy" (Hirst/Thompson 1996, S. 16).

2.4.1.3. Zwei Idealtypen der Weltökonomie

Die im vorangegangenen Kapitel beschriebenen Positionen werden nun abschließend in einer Gegenüberstellung zweier Idealtypen der Weltökonomie zusammengefaßt. Auf der einen Seite steht die inter-nationale Ökonomie, auf der anderen die globalisierte Ökonomie. Die Idealtypen basieren auf der Unterscheidung von Hirst und Thompson (1996). Diese Positionen sind in ihrer reinen Form in der derzeitigen Diskussion nicht wiederzufinden, aber anhand dieser Typisierungen läßt sich darstellen, zwischen welchen Positionen der derzeitige Diskurs verortet ist.

---

[4] USA, Kanada, West-Europa und Japan.

Tabelle 1: Gegenüberstellung: Kriterien inter-nationaler und globalisierter Ökonomie

	Inter-nationale Ökonomie	Globalisierte Ökonomie
Analyseeinheit	• Wesentliche Einheiten sind die Nationalökonomien	• Getrennte nationale Ökonomien werden abgelöst von einem System internationaler Transaktionen und Prozesse
Konkurrenz	• Kein Nullsummenspiel zwischen Nationen*	• Nullsummenspiel zwischen Nationen • Wettbewerb der Nationen
Verbindung	• Wachsende Verbindung zwischen Ökonomien durch Handel und Investitionen	• Internationales System wird sozial entbettet • Märkte und Produktion werden global
Unternehmen	• Entstehung vieler Multinationaler Unternehmen, aber mit klarer Heimatbasis • Sind der nationalen Regulierung unterworfen • Werden vom Heimatland aus kontrolliert	• Transformation von MNC** zu TNC*** als Hauptakteure in der Weltökonomie. • „Footloose capital" ohne spezifische nationale Identifikation und mit internationalisiertem Management
Governance	• Interdependenzen zwischen Nationen bleiben strategisch. D.h., relative Unterscheidung zwischen nationalen und internationalen Rahmen des Politik-Machens und des Managements der Ökonomie und der ökonomischen Effekte.	• Politik der Nationen muß die internationalen Determinanten immer im Auge behalten. • Nationales Handeln wird von internationalem Handeln abgelöst. • Fundamentales Problem der Governance. Schwieriges Entwickeln von aufeinander abgestimmten Mustern der nationalen und internationalen Politik.
Strategie	• Handelsbeziehungen führen zu nationaler Spezialisierung und internationaler Arbeitsteilung. Aber Handelsbeziehungen werden zunehmend abgelöst durch Investitionsbeziehungen.	• TNC werden sich in erster Linie auf Direktinvestitionen stützen und die Produktion in die Märkte verlagern.

Quelle: Hirst/Thompson 1996, Krugman 1996

* Krugman 1996
** Multinational Corporation (Multinationales Unternehmen)
*** Transnational Corporation (Transnationales Unternehmen)

Ziel ist es, zu einer klaren Unterscheidung zwischen diesen beiden Modellen zu kommen, um analysieren zu können, welcher Art die beobachteten Veränderungen in der Weltökonomie sind. Der grundsätzliche Unterschied zwischen diesen beiden Modellen ist nach Hirst und Thompson folgender:

„Globalization in its radical sense should be taken to mean the development of a new economic structure, and not just conjunctural change toward greater international trade and investment within an existing set of economic relations" (Hirst/Thompson 1996, S. 7).

Um die Differenzen der beiden Modelle klar herauszuarbeiten, wurden Kriterien definiert, welche in Tabelle 1, auf Hirst und Thompson sowie Krugman (1996) basierend, dargestellt werden.

Im Zentrum dieser Untersuchung stehen folgende Fragen:

(1) Welches dieser beiden Modelle erweist sich als erklärungskräftiger?

(2) Entsprechen die untersuchten Konzerne eher dem Modell des Transnationalen Unternehmens (TNC) oder dem des Multinationalen Unternehmens (MNC)?

Die Fragen eins und zwei bedingen einander, denn Hirst und Thompson sehen die Existenz von TNCs als wesentliches Kriterium für eine globalisierte Ökonomie an. *„The TNC would be the main manifestation of a truly globalized economy" (Hirst/Thompson 1996, S. 12).* Den Unterschied zwischen TNCs und MNCs definieren sie folgendermaßen:

„The TNC would be genuine footloose capital, without specific national identification and with an internationalized management, and at least potentially willing to locate and relocate anywhere in the globe to obtain either the most secure or the highest returns. (...) In the case of primarily manufacturing companies the TNC would source, produce and market at the global level as strategy and opportunities dictated" (Hirst/Thompson 1996, S. 7).

Gibt es eine Entwicklung hin zu TNCs, so müßten sich Verlagerungen der Produktion in weite Teile der Erde nachweisen lassen. Diese müßten des weiteren in Relation zu inländischen Standorten fundamental an Bedeutung gewinnen.

2.5. Resümee

Unter Globalisierung soll eine zunehmend verflochtene Weltwirtschaft verstanden werden, deren Hauptakteure multinationale Unternehmen sind und die geprägt ist von der Neuen Internationalen Arbeitsteilung. Wie gezeigt wurde, sind die Rahmenbedingungen nach allen hier behandelten theoretischen Ansätzen der „Globalisten" Ergebnis und nicht Ursache der Investitionsentscheidungen. Über alle skizzierten Theorien hinweg wird ein fundamentaler Verlust staatlicher Steuerungs- und Handlungskapazitäten beschrieben. Staaten dienen als Marktoptimierer, die dem Kapital möglichst günstige Verwertungsvoraussetzungen schaffen. Die „Anti-Globalisten" ziehen dagegen sowohl Ausmaß als auch Auswirkungen der Globalisierung auf staatliches Handeln in Zweifel. Schließlich wurden mit einer Gegenüberstellung der inter-nationalen und der globalisierten Ökonomie die Aspekte der unterschiedlichen Standpunkte zusammengefaßt, wobei der Schwerpunkt insbesondere auf der Unterscheidung zwischen Transnationalen und Multinationalen Unternehmen im Sinne von Hirst /Thompson liegt.

3. Quantitative Analyse – Aufbau und Methode

Im weiteren Verlauf wird nun die Frage nach Ausmaß und Ziel der Internationalisierung deutscher Konzerne untersucht. Dabei wird insbesondere auf die Unterscheidung zwischen Multinationalen und Transnationalen Unternehmen, sowie auf die damit einhergehende Unterscheidung zwischen inter-nationaler und globalisierter Ökonomie eingegangen.

Grundlage der Untersuchung sind die Listen der größten deutschen Unternehmen nach Umsatz.[5] Aus dieser Grundgesamtheit wurden die größten Aktiengesellschaften zur Analyse herangezogen[6]. Außerdem wurden jene Aktiengesellschaften nicht berücksichtigt, deren Angaben zu den Beteiligungen unzureichend waren[7]. Das Größenkriterium wurde für alle drei Zeitpunkte der Datenerhebung, 1985, 1990 und 1995, überprüft, um Verzerrungen hinsichtlich der Performance von Unternehmen zu verhindern. Es ist unmittelbar einsichtig, daß die alleinige Berücksichtigung des Zeitpunktes 1995 dazu geführt hätte, daß Unternehmen, die relativ im Erhebungszeitraum zurückfielen, nicht in den Datensatz aufgenommen worden wären. Setzt man voraus, daß dieser „Mißerfolg" mit der Internationalisierung dieser zusammenhängen könnte, hätte dies zu Verzerrungen im Ergebnis geführt.

Da insbesondere auf eine breite Streuung über alle Branchen Wert gelegt wurde, sind in die Analyse sowohl Unternehmen des Verarbeitenden Gewerbes, des Handels, sowie Banken und Versicherungen eingeschlossen. Auf der Basis dieser Vorgaben wurden insgesamt 125 Aktiengesellschaften[8] analysiert.

Für diese 125 Aktiengesellschaften wurde ein Datensatz der **wesentlichen Beteiligungen, Neugründungen und Übernahmen** erstellt (Beteiligungsdatensatz). Beteiligungen, Neugründungen und Übernahmen[9] im In- und Ausland wurden ab einer gewissen Größe, gemessen an der Kapitalausstattung[10], in diesen Datensatz aufgenommen. Der Datensatz beinhaltet also nur große Beteili-

[5] Als Grundlage dienten die Listen „Deutschlands Große 500", „Deutschlands 50 größte Banken" und „Deutschlands 20 größte Versicherungen" der Jahre 1985, 1990 und 1995 der Tageszeitung „Die Welt". Es wurden neben Unternehmen des Verarbeitenden Gewerbes auch Banken und Versicherungen mit in die Analyse einbezogen. Die aktuellen Listen sind im Internet unter der Adresse „www.welt.de" erhältlich.

[6] Kriterium war, daß die Unternehmen schon 1985 Aktiengesellschaften waren.

[7] Dies galt insbesondere für solche Aktiengesellschaften, die keine Angaben zur Kapitalausstattung der Beteiligungen machten.

[8] Eine Auflistung der Aktiengesellschaften ist in Tabelle1 des Appendix abgelegt.

[9] Diese drei Begriffe werden im weiteren Beteiligungen genannt. Falls nicht anders ausgewiesen, sind dabei also immer alle drei Begriffe gemeint.

[10] Beteiligungen wurden aufgenommen, sofern sie mehr als 5% des Grundkapitals des Mutterunternehmens aufwiesen oder absolut über 40 Mio. DM Grundkapital hatten.

gungen, dadurch soll vermieden werden, daß mit der unterschiedlichen Veröffentlichungspraxis der untersuchten Konzerne Verzerrungen im Datensatz entstehen. Es wird angenommen, daß die untersuchten Konzerne Beteiligungen, die in das Größenkriterium des Datensatzes fallen, veröffentlichen. Als Quelle wurden Handbücher[11] über deutsche Unternehmen und Geschäftsberichte benutzt. Für jede Beteiligung wurde die Kapitalausstattung, der Umsatz, die Zahl der Beschäftigten, die Branche, die Funktion und das Land, in dem sich die jeweilige Beteiligung befindet, aufgenommen. Es war allerdings nicht möglich, für alle ausländischen Beteiligungen die vollständigen Informationen zu erheben. Die Untersuchung der Entwicklung der Beteiligungen über die Zeit ließ ein Längsschnitt-Design geeignet erscheinen, das heißt, es wurden die Beteiligungen der Konzerne für die Zeitpunkte 1985, 1990 und 1995 aufgenommen. Zusätzlich wurden Merkmale der 125 Aktiengesellschaften erhoben. Diese sind im einzelnen die Branche(n), in denen diese Konzerne tätig sind, der Gesamtumsatz, der Umsatz aufgeteilt auf einzelne Weltregionen, die Beschäftigtenzahl und die Beschäftigtenzahl aufgeteilt auf die einzelnen Weltregionen für die Jahre 1985, 1990 und 1995.

Die aufgenommenen Variablen der Beteiligungen und der Aktiengesellschaften wurden nun in einem Datensatz zusammengefaßt. Das heißt, jeder Beteiligung wurden die Variablen der dazugehörigen Muttergesellschaft zugeordnet. Insgesamt wurde damit ein Datensatz mit ca. 2.400 Beteiligungen erstellt, in denen die Beteiligungen als Fälle fungieren. Dieser Datensatz wird mit quantitativen Methoden bearbeitet.

Anhand verschiedener öffentlicher Statistiken wird zu Anfang die Entwicklung der Direktinvestitionen weltweit dargestellt. Im Anschluß werden die Direktinvestitionen deutscher Unternehmen im Ausland untersucht (Outward-Direktinvestitionen). Ziel ist es, einen ersten generellen Überblick über die Entwicklung der Direktinvestitionen zwischen 1985 und 1995 zu erhalten (Kapitel 4. Entwicklung der Direktinvestitionen). Anschließend wird der Beteiligungsdatensatz in bezug auf Ausmaß und regionale Verteilung hin untersucht. Diese Analyse erfolgt auf drei Ebenen:

1. **Unternehmen insgesamt**
2. **Ebene der Branchen**
3. **Ebene der Unternehmen**

---

[11] Mehrere Jahrgänge der folgenden Handbücher wurden benutzt: Handbuch der deutschen Aktiengesellschaften (Hoppenstedt); Konzerne in Schaubildern (Hoppenstedt); Die großen 500 (Schmacke und Luchterhand); Wer gehört zu wem? (Commerzbank); Deutschlands große 500 (Die Welt, Internet)

Die Analysen verfolgen als Ziel, die drei oben aufgeworfenen Fragestellungen zu bearbeiten:

1. Ist seit Anfang der achtziger Jahre ein quantitativer Schub der Internationalisierung in bezug auf Direktinvestitionen zu beobachten?
2. Läßt die Entwicklung im Erhebungszeitraum auf eine globalisierte oder eine inter-nationalisierte Ökonomie im Sinne von Hirst/Thompson schließen?
3. Sind die untersuchten Konzerne Transnationale Unternehmen oder Multinationale Unternehmen?

Neben der Untersuchung der absoluten Entwicklung der Beteiligungen deutscher Konzerne wird insbesondere die relative Internationalisierung untersucht. Das heißt, die innerdeutschen Beteiligungen werden zu den ausländischen in Beziehung gesetzt, um ermessen zu können, ob es sich um Wachstum des ganzen Unternehmens handelt, oder lediglich um Wachstum im Ausland.

4. Entwicklung der Direktinvestitionen

Internationalisierung oder Globalisierung auf Konzernebene kann auf unterschiedliche Weise vonstatten gehen. Genannt werden vier **Phasen der Internationalisierungssequenz** (vgl. Schoppe 1991):
a) **Exporte/Importe**
b) **Lizenzverträge**
c) **Joint Ventures**
d) **Direktinvestitionen**

Im Zentrum dieser Arbeit steht die Internationalisierung durch Direktinvestitionen. Schoppe (1991) definiert diese folgendermaßen:

„Hierbei handelt es sich um Kapitalanlagen privater Unternehmen im Ausland, die der Gründung, Erweiterung oder dem Erwerb von Unternehmen bzw. der maßgeblichen Beteiligung an ihnen dienen. Entscheidend hierbei ist, daß neben dem Ertragsmotiv auch noch das Kontrollmotiv hinzukommt. Das unterscheidet diese Kapitalbewegung von Portfolioinvestitionen, die der (meist kurzfristigen) Finanzanlage liquider Mittel dienen. Hier sind einzig Rendite/Risiko-Erwägungen ausschlaggebend. Portfolioinvestitionen sind daher relativ zinsempfindlich, Direktinvestitionen dagegen kurzfristig irreversibel" (Schoppe 1991, S. 50).

Innerhalb der Direktinvestitionen kann man zwei Arten unterscheiden: Direktinvestitionen von ausländischen Unternehmen in Deutschland und Direktinvestitionen deutscher Unternehmen im Ausland. Diese Arbeit legt das Augenmerk auf dem letztgenannten Aspekt. Im weiteren wird zuerst die Entwicklung der Direktinvestitionen auf Weltebene beschrieben, um dann auf die Outward-Direktinvestitionen aus Deutschland einzugehen.

4.1. Globale Entwicklung der Direktinvestitionen

Um sich der steigenden Bedeutung multinationaler Unternehmen bewußt zu werden, muß man sich folgende Zahlen vor Augen führen. Der Weltumsatz aller ca. 251.000 Tochterunternehmen multinationaler Unternehmen betrug 1992 ca. 5200 Mrd. $. Im Vergleich dazu erreichte die gesamte Weltausfuhr im selben Jahr ‚nur' 4.900 Mrd. $. Davon entfiel ca. ein Drittel auf internen Firmenhandel. Diese 251.000 Tochtergesellschaften verteilten sich auf etwa 38.500 Muttergesellschaften (UNCTAD.1995, S.4ff.). Der Gesamtbestand an ausländischen Direktinvestitionen (FDI Outward Stock) wird von der UNCTAD[12] mit 2,4 Billionen $ am Ende des Jahres 1994 angegeben. Der durchschnittliche Anstieg betrug zwischen 1981 und 1985 5,4% pro Jahr, zwischen 1986 und 1990 19,8% pro Jahr und schwächte sich dann zwischen 1991 und 1993 wieder auf 7,2% pro Jahr ab. Der Bestand internationaler Direktinvestitionen hat sich seit 1980 also nahezu verfünffacht. Im Jahre 1980 betrug der weltweite Bestand an Direktinvestitionen noch ca. 500 Mrd. $. (UNCTAD 1991).

Anhand dieser Zahlen sieht man, daß in den letzten zwanzig Jahren ein enormer Zuwachs der Direktinvestitionen zu verzeichnen war. Eine in unserem Zusammenhang entscheidende Frage ist aber, woher die Direktinvestitionen kommen und in welche Länder sie investiert werden. Einen ersten Hinweis darauf gibt die Anzahl der Mutter- und Tochterunternehmen, aufgeschlüsselt nach ihrem Heimatland bzw. nach dem Land, in dem die Tochterunternehmen ihren Sitz haben. Von 38.451 Mutterunternehmen haben 34.353 ihren Sitz in sogenannten „developed countries" (UNCTAD 1995, S.8). Lediglich 3.788 Mutterunternehmen sind in den sogenannten „developing economies" ansässig. Für Mittelosteuropa nennt diese Statistik 400 Mutterunternehmen. Betrachtet man nun nur die Länder der Triade, so kommt man laut dieser Statistik auf 28.913 Mutterunternehmen innerhalb dieser. Der ‚Löwenanteil' aller Mutterunternehmen befindet sich also innerhalb der Triade.

Ein anderes Bild ergibt sich bei der Verteilung der Tochterunternehmen. Innerhalb der „developed countries" sind 93.311 Tochterunternehmen angesiedelt. In den „developing economies" befinden sich 101.139 dieser Unternehmen, in Mittelosteuropa schließlich 55.000. 45.000 der Unternehmen der „developing economies" wiederum sind in China angesiedelt, was eine Sonderstellung Chinas offenbart.

Ein deutlicheres Bild ergibt sich, wenn man den Bestand der einfließenden Direktinvestitionen betrachtet (FDI inward stock). Drei Viertel aller Direktinvestitionen waren 1993 in den Industriestaaten angesiedelt, sie konzentrierten sich weiterhin innerhalb der Triade. Noch deutlicher wird die Entwicklung, betrachtet man den Bestand ausfließender Direktinvestitionen (FDI outward stock). 94% dieser Direktinvestitionen waren 1994 innerhalb der Industriestaaten konzentriert. Innerhalb der Industriestaaten nahmen die Staaten der Europäischen Union im Jahre 1994 sowohl bei dem Bestand einfließender (39%) als auch ausfließender Direktinvestitionen (45%) den ersten Platz ein.

Wie groß der Anteil der Triade an den ausfließenden Direktinvestitionen (FDI outflows) ist, wird an einer weiteren Statistik der UNCTAD deutlich. In dieser

[12] United Nations Conference on Trade and Development

werden die ausfließenden Direktinvestitionen für die fünf wichtigsten Herkunftsländer aufgelistet (Tabelle 2). Es wird ersichtlich, daß, obwohl nicht die komplette Triade aufgeführt ist, weit über die Hälfte aller ausfließenden Direktinvestitionen in diesen fünf Ländern ihren Ursprung haben. Der Anteil hat sich seit 1982 zwar um 6 Prozentpunkte verringert, liegt aber 1994 noch bei 59%. Für die Triade kann man also von einem noch größeren Anteil an den ausfließenden Direktinvestitionen ausgehen.

Tabelle 2: Ausfließende Direktinvestitionen für die fünf wichtigsten Herkunftsländer

Jahr	Frankreich	Deutschland	Japan	Großbritannien	USA	Total	Alle Länder
			Mrd. $				
1982-86	3	6	7	10	11	37	57
1987-91	20	18	35	28	25	127	195
1989	20	18	44	35	26	143	218
1990	35	29	48	19	27	157	243
1991	24	23	31	16	33	127	199
1992	31	16	17	19	39	123	191
1993	21	17	14	26	69	146	222
1994	23	21	18	25	46	132	222
			Anteile in %				
1982-86	5	10	13	18	19	65	100
1987-91	11	10	18	14	13	65	100
1992	17	9	9	10	21	64	100
1993	10	9	7	13	34	66	100
1994	11	10	9	12	23	59	100

Quelle: UNCTAD; World Investment Report 1995

Ein weiteres Indiz für die Zentralität der Triade ist die Aufstellung der 100 größten Multinationalen Unternehmen. Unter diesen befinden sich lediglich sieben Unternehmen, die nicht aus der Triade kommen. Fünf dieser sieben Unternehmen sind in der Schweiz beheimatet, je eines in Neuseeland und Australien (UNCTAD, World Investment Report 1995, S.20ff.).

Wie oben erwähnt, unterscheiden sich die einfließenden und ausfließenden Direktinvestitionen in ihrer Verteilung deutlich. Während die ausfließenden Direktinvestitionen auch 1994 noch zu 85% aus den Industrieländern kamen, streuten die Ziele (einfließende Direktinvestitionen) seit 1982 breiter. 1994 wurden 60% der einfließenden Direktinvestitionen in den Industriestaaten investiert, 37% in den Entwicklungsländern und 3% in Zentral- und Osteuropa. Die ausfließenden Direktinvestitionen der Entwicklungsländer stiegen zwar seit 1982 kontinuierlich an, erreichten aber auch 1994 erst 15% der insgesamt in diesem Jahr getätigten Direktinvestitionen.

Auf der Grundlage der Daten, die oben vorgestellt wurden, kann man eine Dreiteilung der Weltökonomie vornehmen. Unterteilt wird die Weltökonomie in **Zentrum**, **Semi-Peripherie** und **Peripherie** (vgl. Immanuel Wallerstein 1974). Basis dieser Aufteilung ist das Aufkommen an ein- und ausfließenden Direktinvestitionen.

Im **Zentrum** befinden sich Staaten mit hohem Aufkommen an ein- **und** ausfließenden Direktinvestitionen. Im einzelnen sind das die Staaten der EU und zusätzlich die westeuropäischen Staaten Island, Norwegen und die Schweiz, da diese auch ein hohes Aufkommen an ein- und ausfließenden Direktinvestitionen haben. Des weiteren wird die USA als Mitglied des Zentrums definiert, sowie Kanada, da die wirtschaftliche Kooperation mit den USA stark und das Aufkommen an ein- und ausfließenden Direktinvestitionen hoch ist.

In der **Semi-Peripherie** werden Staaten zusammengefaßt, die ein hohes Aufkommen an einfließenden Direktinvestitionen, aber nur ein sehr geringes an ausfließenden Direktinvestitionen haben. Dies gilt für die Staaten Lateinamerikas, Asiens (exklusive Japan) und Mittelosteuropas. Die Investitionen in Mittelosteuropa sind derzeit zwar noch nicht sehr hoch, aber die Steigerungsraten sprechen für eine Einordnung innerhalb der Semi-Peripherie. Zusätzlich fallen noch Australien und Neuseeland unter diese Kategorie. In der **Peripherie** werden die Staaten zusammengefaßt, die nur sehr geringe ein- und ausfließende Direktinvestitionen haben. Dies gilt für die Staaten Afrikas.

Im folgenden Kapitel werden die ausfließenden Direktinvestitionen Deutschlands genauer untersucht.

4.2. Entwicklung der deutschen Direktinvestitionen

Die folgende Beschreibung und Analyse der Direktinvestitionen deutscher Unternehmen basiert im wesentlichen auf Veröffentlichungen der Deutschen Bundesbank.[13] Von Interesse ist, wie sich die Direktinvestitionen von 1980 bis 1995 entwickelt haben. Dabei soll im Vordergrund stehen, in welche Länder investiert wurde und welche Unterschiede sich zwischen den einzelnen Branchen ergeben.

4.2.1. Exkurs 1: Zur Direktinvestitionsstatistik der Deutschen Bundesbank

Grundlage der Statistik der Deutschen Bundesbank ist eine Meldepflicht *„...inländischer Unternehmen und Privatpersonen über das ‚Vermögen Gebietsansässiger in fremden Wirtschaftsgebieten‘ (deutsche Direktinvestitionen im Ausland) sowie über das ‚Vermögen Gebietsfremder im Wirtschaftsgebiet‘ (ausländische Direktinvestitionen in Deutschland), die der Deutschen Bundesbank einmal jährlich zu erstatten sind“ (Deutsche Bundesbank 1993, S. 47).*

Zu melden sind Kapitalanteile oder Stimmrechte an ausländischen Unternehmen, die mehr als 20% betragen, falls die Bilanzsumme des jeweiligen ausländischen Unternehmens mehr als 500.000 DM aufweist. Des weiteren sind inländische Unternehmen meldepflichtig, die Zweigniederlassungen oder Betriebsstät-

---

[13] Monatsbericht der Deutschen Bundesbank 3/87, 4/89, 4/91, 4/93, 5/95, 5/97, 8/97; Deutsche Bundesbank: Statistische Sonderveröffentlichung, 5/97, 5/95, 6/93, 4/91, 4/89, 3/87

ten mit einem Bruttobetriebsvermögen von mehr als 500.000 DM im Ausland unterhalten.

Neben diesen direkten Beteiligungen sind auch indirekte Beteiligungen zu melden, wenn *„...ein ausländisches Unternehmen, an dem der Meldepflichtige mit mehr als 50% beteiligt ist - dieses gilt dann als ‚abhängiges Unternehmen' -, selbst an weiteren ausländischen Unternehmen mit mehr als 20% beteiligt ist. (Deutsche Bundesbank 1993, S. 47).*

Die meldepflichtigen Unternehmen müssen Angaben zur Beteiligung über die Firma, den Sitz, das Sitzland, den Rechtsstatus, den Wirtschaftszweig, den Jahresumsatz und (freiwillig) die Anzahl der Beschäftigten machen. Zusätzlich muß noch die Bilanz des ausländischen Unternehmens dargelegt werden. Für ausländische Unternehmen im Inland gelten ähnliche Bestimmungen, auf die im einzelnen nicht eingegangen wird.

Die von der Bundesbank veröffentlichten Daten standen des öfteren im Mittelpunkt einer Diskussion. Zentral war die Frage, ob die Statistik den Bestand der Direktinvestitionen über- oder unterschätzt. Außerdem stellte sich das Problem der Interpretation der angebotenen „Kenngrößen der Unternehmen im Ausland": Unter dieser Rubrik wurde der kumulierte Umsatz und die Beschäftigtenzahl für bestimmte Regionen und Branchen dargestellt. Als weiterer Diskussionspunkt galt und gilt die relativ breite Definition von Direktinvestitionen der Deutschen Bundesbank:

„Bei den unmittelbaren Direktinvestitionen handelt es sich um die direkten Kapitalbeziehungen aus Beteiligungen von Inländern an Unternehmen im Ausland bzw. von Ausländern an Unternehmen in Deutschland" (Deutsche Bundesbank 1993, S. 48).

In das unmittelbare Direktinvestitionskapital werden einbezogen:

1. Die Anteile der direkt Beteiligten am Nominalkapital;
2. Den direkt Beteiligten zuzurechnende Anteile an den Kapital- und Gewinnrücklagen sowie Gewinnvorträgen und Jahresüberschüssen bzw. Bilanzgewinnen.
3. Abgezogen werden den direkt Beteiligten zuzurechnende Anteile an Verlustvorträgen, Jahresfehlbeträgen bzw. Bilanzverlusten sowie nicht durch Eigenkapital gedeckte Fehlbeträge;

➔Diese drei Punkte zusammen umfassen das unmittelbare Beteiligungskapital.

4. Die direkten Kredite der direkten oder indirekten Kapitaleigner in Deutschland bzw. im Ausland;
5. Direkte Kredite anderer verbundener Unternehmen (von deutschen bzw. ausländischen Unternehmen).

Zusätzlich werden noch Statistiken über die mittelbaren Direktinvestitionen erstellt. Dies sind Direktinvestitionen, die über abhängige Holdinggesellschaften gehalten werden.

4.2.2. Exkurs 2: Über- oder Unterschätzung

Haertel/Jungnickel (1996) weisen darauf hin, daß die Direktinvestitionsströme von Deutschland in die USA im Durchschnitt der letzten Jahre in der deutschen

Statistik doppelt so hoch ausgewiesen wurden wie in den Statistiken der USA. Des weiteren zeigen sie, daß die Direktinvestitionsströme in der IWF-Statistik einen Überschuß mit sich selbst aufweisen. Beim Weltbestand ergibt sich ebenfalls ein erhebliches Saldo. Selbiges kann man in den Statistiken der UNCTAD nachweisen. Diese Erkenntnis läßt Haertel/Jungnickel zu folgendem Schluß kommen:

*„Direktinvestitionsdaten sollten daher generell **nur als Größenordnungen interpretiert** werden. Bestandswerte sind aussagefähiger als die starke Schwankungen aufweisenden flows, die am ehesten im Zeitverlauf interpretiert werden können“ (Härtel/Jungnickel 1996, S. 49).*

4.2.3. Exkurs 3: Kenngrößen zu Unternehmen im Ausland

Wie oben erläutert, gibt die Deutsche Bundesbank zusätzlich zu den Direktinvestitionen auch Kenngrößen der ausländischen Unternehmen wie Umsatz und Beschäftigtenzahl an. Es fällt unmittelbar auf, daß die Beschäftigtenzahl nur freiwillig von den Unternehmen anzugeben ist. Die Bundesbank muß hier also mit zusätzlichen Schätzwerten arbeiten. Fröbel et al. (1986) kommen in ihrer Untersuchung für den von ihnen untersuchten Bereich auf eine um 45 Prozent höhere Beschäftigtenzahl als es die Statistik der Bundesbank ausweist. Sie führen das auf die Methode der Erhebung von Direktinvestitionen der Deutschen Bundesbank zurück. Zum ersten werden von der Bundesbank nur Beteiligungen, die eine Bilanzsumme von über 500.000 DM aufweisen, aufgenommen. Zweitens bezieht sich der Mindestbeteiligungsanteil von 25 Prozent auf den einzelnen Investor, bei Fröbel et al. aber auf das reale Beteiligungsverhältnis. Des weiteren werden mittelbare Beteiligungen von der Deutschen Bundesbank enger interpretiert als bei Fröbel et al.. Sie kommen zu dem Schluß, daß die Statistik der Bundesbank die Anzahl der Beschäftigten unterschätzt. Im Sinne einer konservativen Vorgehensweise können die Zahlen der Bundesbank also als in der Tendenz als unteres Limit interpretiert werden.

Die im folgenden vorgestellten Entwicklungen von Direktinvestitionen sollen - deshalb diese Einführung - als Größenordnung dienen. Keinesfalls können diese Zahlen den exakten Bestand von Direktinvestitionen oder Beschäftigten im Ausland beschreiben. Entwicklungen können aufgezeigt, Schwerpunkte der Direktinvestitionen festgemacht werden. Dies soll die folgende Analyse der Statistiken bezwecken.

4.2.4. Direktinvestitionen: Die Zahlen

Der Bestand an deutschen mittelbaren und unmittelbaren Direktinvestitionen im Ausland hat sich von 1980 bis 1995 von 84.485 Mio. DM auf 375.819 Mio. DM mehr als vervierfacht. Dieser Anstieg ist zeitlich aber keineswegs gleichverteilt. Die Entwicklung läßt sich in drei Stufen aufteilen. Zwischen den Jahren 1980 und 1984 beträgt der durchschnittliche Zuwachs des Bestandes an Direktinvestitionen 15,3 Mrd. DM, von 1985 bis 1987 3,7 Mrd. DM und von 1988 bis 1995 durchschnittlich 27,4 Mrd. DM.

Die Globalisierungsthese geht nun von einem *„...**quantitativen Schub** in der internationalen Wirtschaftsverflechtung und eine(r) neuen Qualität der weltweiten Aktivitäten eines Unternehmens in Form von internationalisierten Netzwerken spezialisierter Produktionsstätten (aus)" (Haertel/Jungnickel 1996, S. 18).* Betrachtet man die oben dargestellte Entwicklung der deutschen Direktinvestitionen im Ausland, sieht man zwar einen Anstieg, dieser ist aber außer zwischen den Jahren 1985 und 1987 relativ stetig. Von einem quantitativen Schub kann nicht die Rede sein.

Der Bestand an Direktinvestitionen deutscher Unternehmen im Ausland ist seit Anfang der achtziger Jahre deutlich angestiegen. Man kann aber keineswegs nachweisen, daß sich exorbitante Steigerungen seit Ende der achtziger Jahre ereignet hätten. Vielmehr handelt es sich um einen längerfristigen Prozeß der Internationalisierung der deutschen Wirtschaft. Auch im internationalen Vergleich ist der Anteil der Direktinvestitionen deutscher Unternehmen im Ausland stabil geblieben. Dieser beträgt zwischen 1982 und 1994 immer 9 oder 10 Prozent der weltweiten ausfließenden Direktinvestitionen (siehe Tabelle 2).

Es läßt sich also weder auf der Zeitachse noch für Deutschland im Vergleich zu anderen Ländern ein Globalisierungsschub erkennen.

4.2.4.1. Regionale Verteilung deutscher Direktinvestitionen im Ausland

Die deutschen Direktinvestitionen im Ausland weisen eine starke geographische Konzentration auf. 1980 gingen über 30% aller mittel- und unmittelbaren Direktinvestitionen in die Europäische Gemeinschaft. Dieser Anteil blieb bis Ende 1985 nahezu konstant. Ab diesem Zeitpunkt stieg er an und erreichte 1995 über 55%. Absolut haben sich die Direktinvestitionen in die EU seit 1980 mehr als versiebenfacht. (1980: 28,6 Mrd. DM, 1995: 208 Mrd. DM). Eine andere Entwicklung nahmen die deutschen Direktinvestitionen in den USA. Waren 1980 knapp 22% aller deutschen Direktinvestitionen für die USA bestimmt, so stieg dieser Anteil bis Ende 1985 auf 30%, um dann bis 1995 wieder kontinuierlich auf 21,5% zu sinken. Absolut haben sich die Direktinvestitionen in die USA seit 1980 mehr als vervierfacht. Die Summe der Anteile der Direktinvestitionen in die EU und die USA lag 1980 bei 55% und stieg kontinuierlich auf über 75% im Jahr 1995 an. Über drei Viertel aller unmittelbaren und mittelbaren Direktinvestitionen sind also in diesen beiden Regionen plaziert.

Teile des Anstiegs innerhalb der EU sind auf die Erweiterung dieser zurückzuführen. Aus diesem Grunde wurde der Anteil derjenigen Staaten, die zum Zeitpunkt 1995 EU-Mitgliedsländer waren, für die Zeit ab 1980 miteinbezogen. Es zeigt sich, daß die Steigerung schwächer ausfällt. Trotzdem haben sich die Direktinvestitionen in dieser Gruppe von Ländern seit 1980 mehr als versechsfacht.

In einem weiteren Schritt wird nun die oben getroffene Unterteilung der Weltökonomie in Zentrum, Peripherie und Semi-Peripherie auch für die Direktinvestitionen deutscher Unternehmen im Ausland getroffen. Zu diesem Zwecke werden zusätzlich zu den Direktinvestitionen der EU-Länder zum Zeitpunkt 1995 noch die drei westeuropäischen Länder Schweiz, Island und Norwegen addiert. Des weiteren wird Kanada noch zum Zentrum der Weltökonomie hinzugenommen, da eine sehr enge Verbindung zwischen der Ökonomie Kanadas und der Vereinigten Staaten existiert. Japan wird als auch dem Zentrum zugehörig interpretiert, da es sehr viele ein- und ausfließende Direktinvestitionen aufweist. Die Aufteilung in Semi-Peripherie und Peripherie wird auch nach den im vorhergehenden Punkt dieses Kapitels erläuterten Kriterien getroffen.

Tabelle 3: Unmittelbare und mittelbare Direktinvestitionen (in Mrd. DM) Gesamt, Zentrum, Semi-Peripherie, Peripherie

Jahr	Gesamt (in Mrd. DM)*	Zentrum	in %	Semi-Peripherie	in %	Peripherie	in %
1979	70,3	53	75,39	10,9	15,50	3	4,27
1980	84,5	62,7	74,20	14	16,57	3,6	4,26
1981	101,9	74,4	73,01	17,3	16,98	4,7	4,61
1982	109,2	78,9	72,25	18	16,48	5,4	4,95
1983	123,5	90,7	73,44	18,8	15,22	6,5	5,26
1984	145,6	110	75,55	23,3	16,00	6,2	4,26
1985	147,8	115	77,81	22,4	15,16	3	2,03
1986	151,6	121	79,82	19,8	13,06	4	2,64
1987	156,8	127	80,99	20,2	12,88	3,7	2,36
1988	185,5	150	80,86	24,2	13,05	4,3	2,32
1989	206,6	177	85,67	25,7	12,44	3,9	1,89
1990	226,5	199	87,86	23,9	10,55	3,6	1,59
1991	262,7	230	87,55	29,2	11,12	3,5	1,33
1992	287,8	251	87,21	33,1	11,50	3,7	1,29
1993	321,4	276	85,87	41,4	12,88	4	1,24
1994	349,6	297	84,95	48,7	13,93	3,9	1,12
1995	375,8	319	84,89	52,7	14,02	4,1	1,09

Quelle: Deutsche Bundesbank, Die Kapitalverflechtung der Unternehmen mit dem Ausland, 1987 - 1997 und eigene Berechnungen

* Die Summe aus Zentrum, Semi-Peripherie und Peripherie ist bis 1988 kleiner als die Summe aller Direktinvestitionen, da ein relativ kleiner Teil der Investitionen in der Statistik der Deutschen Bundesbank bis 1988 als „regional nicht aufteilbar" ausgewiesen wurde.

Aus Tabelle 3 wird ersichtlich, daß der wesentliche Anteil des Anstiegs der Direktinvestitionen im Zentrum investiert wurde. Der Anteil des Zentrums an den Direktinvestitionen ist von 1980 bis 1995 von 75% auf 85% angestiegen. Allerdings sinkt dieser Anteil der Direktinvestitionen seit Anfang der neunziger Jahre wieder.

Direktinvestitionen in die Semi-Peripherie haben absolut fast über den gesamten Zeitraum zugenommen, anteilig nahmen sie aber seit 1982 fast durchgehend bis Ende 1991 ab und stiegen seitdem wieder bis auf 14% im Jahr 1995. Trotzdem ist der Anteil immer noch geringer als Anfang der achtziger Jahre.

Die Direktinvestitionen in die Peripherie sind absolut auf äußerst niedrigem Niveau fast konstant geblieben, prozentual sanken sie im Berichtszeitraum auf nahe 1% des Bestandes aller deutschen Direktinvestitionen 1995.

Die Direktinvestitionen deutscher Unternehmen konzentrieren sich sehr stark im Zentrum, haben dort aber anteilig seit Anfang der neunziger Jahre leicht abgenommen. Direktinvestitionen in die Semi-Peripherie nehmen prozentual erst seit Anfang der neunziger Jahre wieder zu, nachdem sie lange Zeit anteilig abnahmen. Die Direktinvestitionen in die Peripherie haben prozentual abgenommen und stagnieren absolut auf äußerst niedrigem Niveau.

4.2.4.2. Verteilung der Direktinvestitionen deutscher Unternehmen im Ausland nach Wirtschaftszweigen

Die Deutsche Bundesbank weist zwei verschiedene Statistiken aus. Zum einen die Verteilung der Direktinvestitionen nach dem Wirtschaftszweig des Investors, zum anderen die Verteilung der Direktinvestitionen nach dem Wirtschaftszweig des Investitionsobjektes. Unter beiden Gesichtspunkten haben sich seit 1980 starke Veränderungen ergeben.

Seit 1980 haben die Unternehmen der chemischen Industrie durchgehend den höchsten Bestand an Direktinvestitionen im Verarbeitenden Gewerbe aufzuweisen. Einen höheren Bestand an Direktinvestitionen haben seit 1991 nur Beteiligungsgesellschaften. Hatten diese 1990 noch einen Bestand an Direktinvestitionen im Ausland von 34,3 Mrd. DM, so stieg dieser bis 1995 auf 113,2 Mrd. DM an. Dieser Anstieg deutet eher auf einen Wandel der Struktur von Unternehmen als auf einen Wandel der Investoren hin:

„Ende 1995 gehörten 30% des deutschen Unternehmensvermögens im Ausland in Deutschland ansässigen Beteiligungsgesellschaften, die zu einem großen Teil von der Tätigkeit der ihnen nachgeordneten Gesellschaften her eigentlich dem Verarbeitenden Gewerbe zuzuordnen wären“ (Deutsche Bundesbank 1997, S. 75).

Was sich hier zeigt, ist die Zunahme von Unternehmen mit Holding-Struktur.

„Dies ist das Ergebnis der Entwicklung in den letzten Jahren, in denen Großkonzerne umfangreiche Umstrukturierungen vorgenommen haben und zunehmend unter dem Dach einer Holdinggesellschaft oder ganzer Holdingketten organisiert wurden“ (Deutsche Bundesbank 1997, S. 67).

Der Bestand an Direktinvestitionen von Unternehmen im Bereich Maschinenbau stieg seit 1980 an, der Anstieg verlangsamte sich aber seit 1991 merklich. Der Bestand an Direktinvestitionen der Straßenfahrzeug-Branche hat sich von 1980 bis 1988 fast verdreifacht, sank dann von Ende 1988 auf Ende 1989 sehr stark. Seitdem hat sich der Bestand an Direktinvestitionen bis 1995 fast verdoppelt. Der Bestand der Direktinvestitionen in der Elektrotechnik-Branche stieg seit 1980 kontinuierlich bis 1993 an und stagniert seitdem. Der Bestand an Direktinvestitionen des Handels stieg auch kontinuierlich seit 1980 an, stagniert aber ebenfalls seit Ende 1991. Eine andere Entwicklung nahm der Bestand an Direktinvestitionen der Kreditinstitute. Dieser hat sich seit 1980 versiebenfacht, seit 1990 verdoppelt. Der Bestand an Direktinvestitionen im Versicherungsgewerbe stieg von 1980 bis 1993 sehr stark an, ist aber 1994 und 1995 auf fast die Hälfte gesunken. Zu vermuten ist, daß sich hier sehr starke Verlagerungen in den Bereich der Beteiligungsgesellschaften auswirkten.

Alles in allem kann man bei der Betrachtung der Direktinvestitionen nach dem Wirtschaftszweig des Investors nur sehr eingeschränkt die tatsächliche Situation beschreiben, da der exorbitante Anstieg im Bereich der Beteiligungsgesellschaften eine genaue Analyse nicht zuläßt. Diese Beteiligungsgesellschaften sind zu einem hohen Anteil Holding-Gesellschaften großer Konzerne, die aber prinzipiell in jedem Wirtschaftszweig agieren können. Sinnvoller ist es daher, die Direktinvestitionen nach dem Wirtschaftszweig des Investitionsobjekts aufzuschlüsseln und zu analysieren.

Auch unter diesem Gesichtspunkt ist der Bestand an Direktinvestitionen im Ausland in der chemischen Industrie innerhalb des Verarbeitenden Gewerbes am höchsten. Der Bestand stieg über den ganzen Erhebungszeitraum kontinuierlich an und hat sich seit 1980 fast vervierfacht. Einen höherer Bestand an Direktinvestitionen weist die Statistik nur noch für die Bereiche Handel und Finanzierungsinstitutionen aus. Diese beiden Bereiche können ihrem Ursprung nach dem Verarbeitenden Gewerbe zugeordnet werden:

„Mit Unternehmensbeteiligungen in Höhe von gut 54 Mrd. DM spielten Anlagen in Finanzierungsinstitutionen eine große Rolle, die zu fast 80% von Unternehmen des Verarbeitenden Gewerbes oder von Beteiligungsgesellschaften in Deutschland zur Verfügung gestellt wurden und der konzerninternen Finanzierung dienten" (Deutsche Bundesbank 1997, S. 76).

Im Bereich Handel sind über 50% der Investitionen dem Ursprung nach dem Verarbeitenden Gewerbe zuzuordnen. Während der Bestand an Direktinvestitionen im Handel relativ kontinuierlich seit 1980 zunahm, hat sich dieser im Bereich der Finanzierungsinstitutionen von Ende 1991 auf Ende 1995 mehr als verdoppelt. Auch der Bestand an Direktinvestitionen im Bereich Finanzierungsinstitutionen ist eher ein Ausdruck einer gewandelten Unternehmensstruktur denn einer neuen Ausrichtung der deutschen Unternehmen. Ein relativ kontinuierlicher Anstieg ist in den Bereichen Maschinenbau, Straßenfahrzeugbau und Elektrotechnik zu verzeichnen, wobei für die beiden letztgenannten für Ende 1995 ein Rückgang des Bestandes ausgewiesen wurde. In den Bereichen Kreditinstitute und Versicherung ist der Bestand an Direktinvestitionen im Erhebungszeitraum sehr stark angestiegen. Dieser Anstieg zieht sich über den ganzen Erhebungszeitraum und ist bei den Kreditinstituten absolut stärker (1980: 5,8 Mrd. DM, 1995: 37,8 Mrd. DM) als in der Versicherungsbranche (1980: 1,8 Mrd. DM, 1995: 21,5 Mrd. DM), relativ ist der Anstieg in der Versicherungsbranche stärker.

4.2.5. Zusammenfassung

Zwei unterschiedliche Entwicklungen des Bestandes der Direktinvestitionen deutscher Unternehmen im Ausland lassen sich herausarbeiten. Einerseits Entwicklungen, die sich aufgrund des veränderten Investitionsverhaltens deutscher Unternehmen in verschiedenen Branchen erläutern lassen. Andererseits Entwicklungen, die sich aus veränderten Strukturen deutscher Unternehmen ergeben. Erstere geben Aufschluß darüber, welche Branchen im Erhebungszeitraum im Ausland investiert haben. Wie wir gesehen haben, sind dies traditionell die chemische Industrie, der Straßenfahrzeugbau, Unternehmen aus dem Bereich der Elektrotechnik und des Maschinenbau. Ein starker Zuwachs an Direktinvestitionen ist in den Bereichen Kreditinstitute und Versicherungswirtschaft zu beobachten. Auch stark angestiegen sind Investitionen in Handelsgesellschaften, die allerdings hauptsächlich ihrem Ursprung nach dem Verarbeitenden Gewerbe zugeschrieben werden können. Direktinvestitionen von deutschen Handelsunternehmen sind bei weitem nicht so ausgeprägt.

Letztere verdeutlichen, daß innerhalb der im Ausland investierenden deutschen Wirtschaft ein nicht zu unterschätzender Wandel der Unternehmensstruktur stattgefunden hat. Dies läßt sich an zwei Entwicklungen aufzeigen. Das Aufkommen von Direktinvestitionen durch Beteiligungsgesellschaften ist im Erhebungszeitraum sehr stark angestiegen, was einen Strukturwandel deutscher Unternehmen hin zu einer Holding-Organisation verdeutlicht. Das wachsende Aufkommen an Direktinvestitionen in Finanzierungsinstitutionen weist auf eine Internalisierung von Finanzierungswegen in die Unternehmens-Netzwerke hin. Die Versorgung der Unternehmen mit Kapital wird eigenen Gesellschaften innerhalb der Unternehmens-Netzwerke übertragen.

5. Empirische Analyse des quantitativen Datensatzes (Beteiligungsdatensatz)

Im letzten Kapitel wurde anhand der Direktinvestitionsstatistiken der Deutschen Bundesbank eine erste Analyse der deutschen Direktinvestitionen im Ausland vorgenommen. Es zeigte sich, daß besonders bei der Analyse der Branchen eine nicht zu unterschätzende Verzerrung durch Veränderung der Strukturen der Konzerne zu beobachten ist. Des weiteren sind Vergleiche zwischen inländischem und ausländischem Investitionsverhalten auf Basis dieser Statistik nur unzureichend zu ziehen. Diese Schwächen weist der quantitative Datensatz der Beteiligungen, Übernahmen und Neugründungen nicht auf. Da sowohl die in- als auch die ausländischen Beteiligungen erfaßt wurden, kann ein direkter Vergleich zwischen inländischem und ausländischem Investitionsverhalten durchgeführt werden.

Der Datensatz der Beteiligungen umfaßt 2.380 Beteiligungen im In- und Ausland von 125 deutschen Konzernen. Die Analysen wurden auf den oben beschriebenen drei Ebenen (Unternehmen insgesamt, Branchen, einzelnes Unternehmen) durchgeführt. Insbesondere kann im weiteren auch von den Beteiligungen auf die einzelnen Konzernmütter geschlossen werden, was auf Basis der Statistik der Direktinvestitionen nicht möglich ist.

5.1. Ebene der Unternehmen insgesamt

Der Datensatz der Beteiligungen ist für alle Unternehmen des Samples in bezug auf die regionale Verteilung über die Zeit untersucht worden.

Abbildung 1: Beteiligungen deutscher Konzerne im In- und Ausland nach Jahr

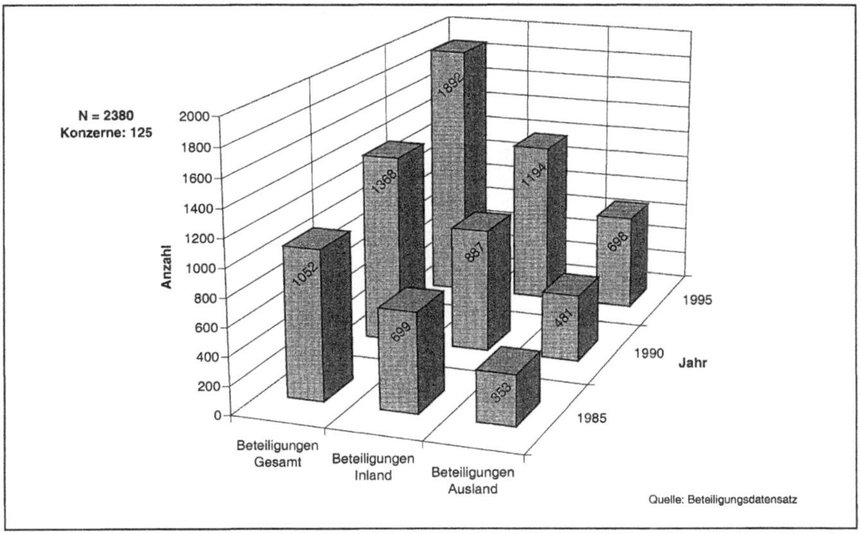

Abbildung 2: Beteiligungen deutscher Konzerne im In- und Ausland nach Jahr in Prozent

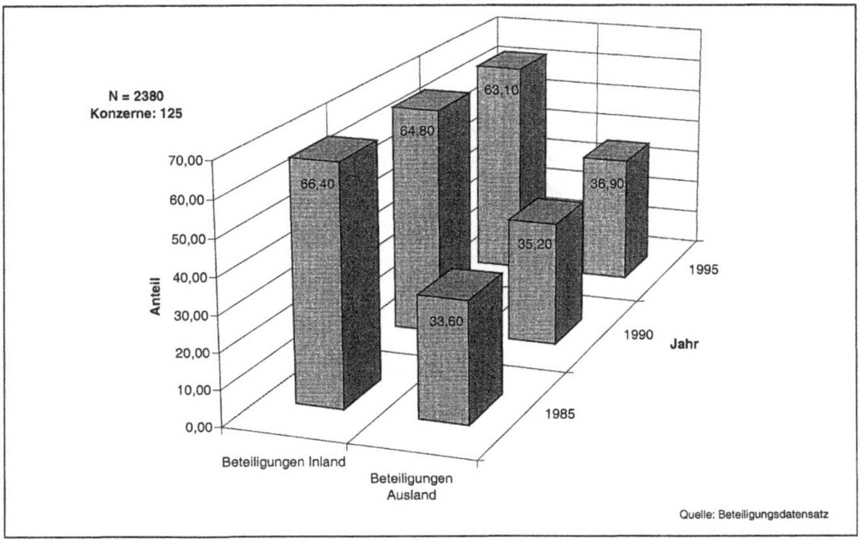

Abbildung 3: Auslandsbeteiligungen deutscher Konzerne nach Region und Jahr*

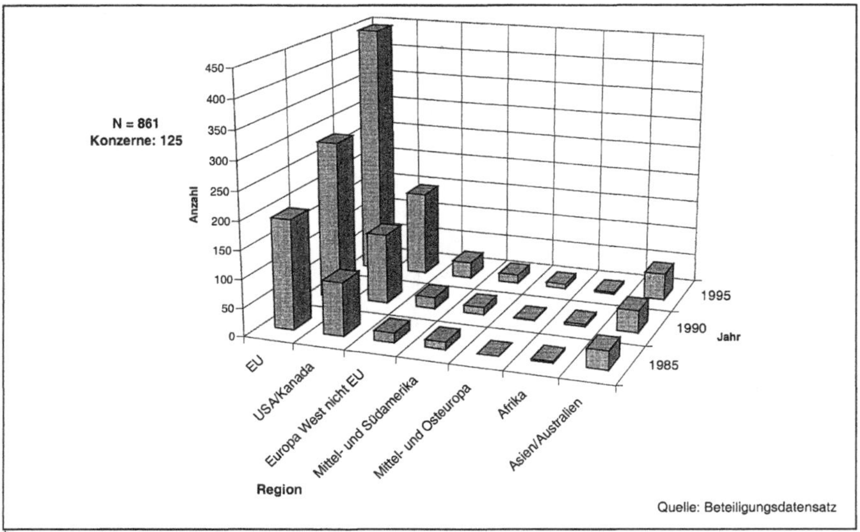

*Vgl. Appendix - Tabelle 2

Abbildung 4: Auslandsbeteiligungen deutscher Konzerne nach Region und Jahr in Prozent

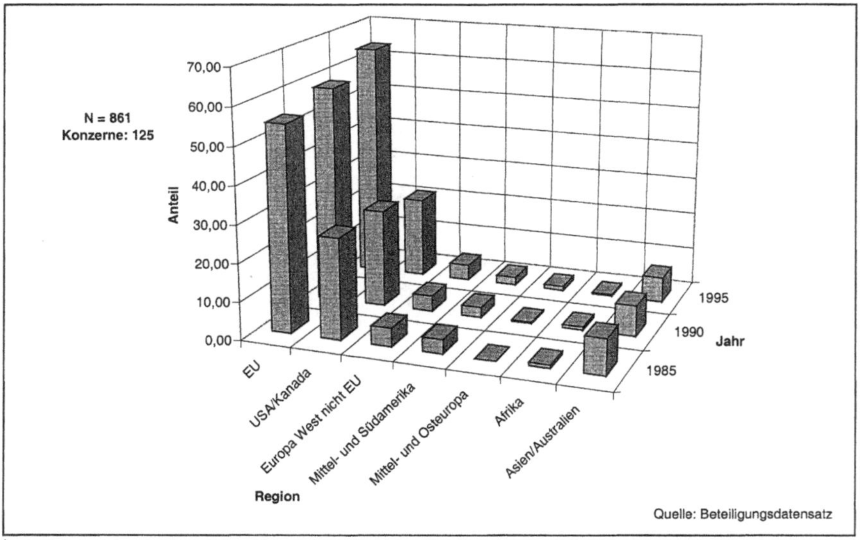

*Vgl. Appendix - Tabelle 2

Man erkennt einen Anstieg der Anzahl aller Beteiligungen deutscher Konzerne zwischen 1985 und 1995, sowohl im Inland als auch im Ausland (Abbildung 1). Die Anzahl der Beteiligungen im Ausland hat etwas stärker zugenommen. Die absoluten Zahlen unterstützen das Argument einer starken Internationalisierung in den zehn Jahren unseres Erhebungszeitraums.

Die prozentuale Verteilung der Beteiligungen zwischen In- und Ausland dagegen zeigt (Abbildung 2), daß von 1985 auf 1995 der Anteil ausländischer Beteiligungen an allen Beteiligungen leicht zunahm. Deutlich wird aber, daß sich keine fundamentale Veränderung des Verhältnisses von in- zu ausländischen Beteiligungen ergeben hat. Knapp zwei Drittel der Beteiligungen (63,1%) des Samples befinden sich auch 1995 noch innerhalb Deutschlands. Im Jahre 1985 war der Anteil der inländischen Beteiligungen nur unwesentlich höher (66,4%).

Im nächsten Schritt der Analyse werden die ausländischen Beteiligungen nach Weltregionen aufgeschlüsselt, wie in Abbildung 3 und Abbildung 4 zu sehen ist. In absoluten Zahlen zeigt sich ein starker Anstieg der Anzahl der Beteiligungen innerhalb der EU (Abbildung 3). Auch die Anzahl der Beteiligungen in Nordamerika nimmt moderat zu. Ferner sind noch leichte Anstiege in West-Europa (nicht EU) und Asien/Australien zu erkennen. Die übergroße Anzahl aller Beteiligungen hat ihren Sitz innerhalb der EU.

Dieser Eindruck verdeutlicht sich, wenn man die prozentualen Anteile an den Auslandsbeteiligungen für die einzelnen Regionen heranzieht (Abbildung 4). Schon 1985 waren über 50 % aller Beteiligungen innerhalb der EU angesiedelt. Dieser Anteil wuchs bis 1995 noch auf über 60% an. Relativ hat nur der Anteil der Beteiligungen innerhalb der EU zugenommen. Der Anteil der Beteiligungen in allen anderen Regionen stagnierte oder nahm sogar ab. Eine Ausnahme ergibt sich in den Ländern Mittel- und Osteuropas, da Investitionen in den Ländern dieser Region größtenteils erst nach 1990 möglich waren.

Zusammenfassend läßt sich feststellen, daß die Anzahl der Beteiligungen im Untersuchungszeitraum sehr stark zunahm. Die Relation der Inlands- zu den Auslandsbeteiligungen bleibt aber nahezu unverändert. Der übergroße Anteil der Beteiligungen außerhalb Deutschlands ist innerhalb der EU angesiedelt. Zu jedem Zeitpunkt liegen über 80% aller ausländischen Beteiligungen innerhalb der EU und Nordamerika.

5.2. Branchenebene

In einem weiteren Schritt wurde untersucht, inwiefern sich Unterschiede zwischen den Branchen in bezug auf das Investitionsverhalten zeigen lassen. Zu diesem Zwecke wurden die Beteiligungen über die Zeit nach Branchen des jeweiligen Mutterkonzerns aufgeteilt (siehe Tabelle 4).

Auf den ersten Blick wird deutlich, daß die Anzahl der Beteiligungen im Ausland über alle Branchen von 1985 auf 1995 zugenommen hat. Deutliche Diskrepanzen zeigen sich in der Stärke des Anstiegs und dem absoluten Niveau der Anzahl der Beteiligungen. Hier muß allerdings berücksichtigt werden, daß zwischen den einzelnen Branchen starke Unterschiede bezüglich der Anzahl der Konzerne innerhalb dieser bestehen. Hervorzuheben ist daher der Anstieg der Beteiligungen über die Zeit in allen Branchen. Einen besonders starken Anstieg sieht man im Bereich von Banken und Versicherungen und in geringerem Ausmaß bei Stahl/Maschinenbau und Fahrzeugbau.

Tabelle 4: Anzahl ausländischer Beteiligungen und Anteil ausländischer Beteiligungen an allen Beteiligungen nach Jahr und Branche*

Branche	Anzahl der untersuchten Konzerne	Anzahl ausländischer Beteiligungen			Anteil ausländischer an allen Beteiligungen (in Prozent)		
		1985	1990	1995	1985	1990	1995
Energie	18	13	24	37	6,4	10,1	11,1
Chemie	19	130	144	161	59,1	64,0	58,8
Stahl/ Maschinenbau	17	32	56	78	20,8	25,6	28,1
Fahrzeugbau	10	35	42	72	60,3	48,8	50,7
EDV/ Elektrotechnik	5	42	53	58	68,9	73,6	71,6
Bau	8	18	19	25	47,4	34,5	33,8
Großhandel	13	22	28	53	34,4	32,9	36,1
Einzelhandel	12	12	17	28	23,5	18,3	22,2
Banken/ Versicherungen	14	39	82	151	26,2	34,7	43,0

Quelle: Beteiligungsdatensatz

* In die Analyse eingeschlossen sind 2257 Beteiligungen von 116 Konzernen. Die Fallzahl innerhalb der Branchen der restlichen zehn Konzerne ist zu niedrig, um Aussagen darüber treffen zu können.

Ein deutlich anderes Bild ergibt sich, betrachtet man den Anteil der ausländischen Beteiligungen an allen Beteiligungen unterteilt nach Branche. In einzelnen Bereichen zeigt sich eine Stagnation dieses Anteils auf sehr hohem Niveau (Chemie, EDV/Elektrotechnik) oder sogar ein moderater Rückgang (Fahrzeugbau). Ein deutlicher Rückgang ist in der Baubranche von 1985 auf 1990 zu verzeichnen. Während die anderen Bereiche relativ stabil bleiben, ist einzig bei Banken/Versicherungen ein starker Anstieg des Anteils an ausländischen Beteiligungen an allen Beteiligungen zu erkennen. Nur hier fand im Erhebungszeitraum, gemessen an der Anzahl der Beteiligungen, eine deutliche Verlagerung des Gewichts inländischer zugunsten ausländischer Standorte statt.

Betrachtet wird schließlich noch die geographische Verteilung der Beteiligungen nach Branchen. Aus Gründen der Darstellung wird dabei nur noch zwischen Verarbeitendem Gewerbe, Handel/Dienstleistungen, Bau und Banken / Versicherungen unterschieden (siehe Tabellen 5a, 5b, 5c und 5d).

Tabellen 5a, 5b, 5c, 5d: Regionale Verteilung ausländischer Beteiligungen nach Jahr und Branche* (in Prozent)

5a: Verarbeitendes Gewerbe

Anzahl der Konzerne: **75**

	1985	1990	1995
West-Europa	58,0	60,5	63,1
Nordamerika	25,2	25,4	23,2
Asien/Australien	11,1	8,7	8,5
Afrika	1,1	1,2	0,7
Mittel-Südamerika	4,6	3,9	3,2
Mittel-Ost-Europa	0	0,3	1,3
Gesamt	100	100	100

Quelle: Eigene Berechnung

5b: Bau

Anzahl der Konzerne: **8**

	1985	1990	1995
West-Europa	50	42,1	48
Nordamerika	38,9	47,4	36
Asien/Australien	11,1	10,5	16
Afrika	0	0	0
Mittel-Südamerika	0	0	0
Mittel-Ost-Europa	0	0	0
Gesamt	100	100	100

Quelle: Eigene Berechnung

5c: Handel und Dienstleistungen

Anzahl der Konzerne: **28**

	1985	1990	1995
West-Europa	64,7	66,7	82,6
Nordamerika	29,5	25	11,6
Asien/Australien	2,9	8,3	2,3
Afrika	0	0	0
Mittel-Südamerika	2,9	0	1,2
Mittel-Ost-Europa	0	0	2,3
Gesamt	100	100	100

Quelle: Eigene Berechnung

5d: Banken und Versicherungen

Anzahl der Konzerne: **14**

	1985	1990	1995
West-Europa	69,2	72	77,5
Nordamerika	28,2	23,1	19,9
Asien/Australien	2,6	4,9	2,6
Afrika	0	0	0
Mittel-Südamerika	0	0	0
Mittel-Ost-Europa	0	0	0
Gesamt	100	100	100

Quelle: Eigene Berechnung

*Es wurden 861 Beteiligungen von 125 Konzernen analysiert.

In jedem der vier Bereiche waren schon 1985 mindestens 50% aller Beteiligungen innerhalb West-Europas angesiedelt. Im Verarbeitenden Gewerbe, bei Handel und Dienstleistungen und bei Banken und Versicherungen steigt dieser Anteil bis 1995 sogar noch an. In diesen Bereichen ist die regionale Konzentration also über die Zeit größer geworden. Anders verhält es sich im Bereich Bau. Der Anteil west-europäischer Beteiligungen an allen ausländischen Beteiligungen sinkt von 1985 auf 1990, um dann 1995 fast das Niveau von 1985 wieder zu erreichen. In allen vier Bereichen finden sich in 1985, 1990 und 1995 über 80% aller Beteiligungen in West-Europa und Nordamerika. Die breiteste Streuung über alle Regionen besteht im Verarbeitenden Gewerbe. Bemerkenswert ist, daß diese Streuung schon 1985 zu beobachten war.

Bei Betrachtung der Branchen wird deutlich, daß absolut für alle Branchen ein Anstieg der Anzahl der Beteiligungen nachgewiesen werden kann. Relativ zu den Inlandsbeteiligungen ist ein wesentlicher Anstieg nur bei Banken und Versicherungen nachzuweisen. Die geographische Streuung unterscheidet sich zwischen den Branchengruppen, aber für alle Branchen gilt, daß sich die Beteiligungen hauptsächlich auf West-Europa und Nordamerika konzentrieren.

5.3. Unternehmensebene

Die Untersuchungen zu Ausmaß und geographischer Streuung der Beteiligungen wird nun auch auf der Ebene der Unternehmen durchgeführt. Analog zur Analyse auf Branchenebene wird zuerst die absolute und die relative Verteilung der Beteiligungen ermittelt, dann die regionale Verteilung ausländischer Beteiligungen. Basis der Untersuchung ist zum einen die Variable „Anzahl der Beteiligungen auf Konzernebene“, zum anderen wird die Variable „Grundkapital der Beteiligungen“ herangezogen.

5.3.1. Analyse auf der Basis der Anzahl der Beteiligungen

Die Grundlage der folgenden Analysen ist die Anzahl der Beteiligungen, die einzelne Konzerne im In- und Ausland zu den drei Zeitpunkten 1985, 1990 und 1995 aufwiesen. Die Zahl derjenigen Unternehmen, die im Datensatz keine Internationalisierung aufwiesen, hat sich von 1985 auf 1995 nahezu halbiert. Dagegen hat sich die Anzahl der Unternehmen, für die elf oder mehr Beteiligungen aufgenommen wurden, fast verdreifacht (1985: 9, 1995: 24). Interpretiert man die Anzahl der Beteiligungen als Stufen der Internationalisierung, ist zu beobachten, daß die Anzahl der Unternehmen mit keiner oder nur geringer Internationalisierung stark abnahm, die der Unternehmen mit mittlerer oder hoher Internationalisierung dagegen stark zunahm. Über alle Konzerne läßt sich also eine Tendenz zur Internationalisierung durch Beteiligungen aufzeigen.

Während 1985 noch 33,6% (absolut: 42) aller untersuchten Konzerne keine relevanten Beteiligungen im Ausland hatten, sind es 1995 nur noch 20% (25). Es kann also als erstes Ergebnis festgehalten werden, daß die zunehmende Internationalisierung deutscher Konzerne nicht auf die schon 1985 im Ausland tätigen Unternehmen zu beschränken ist.

Tabelle 6: Anzahl der Konzerne nach Anzahl ausländischer Beteiligungen

Ausländische Beteiligungen	Anzahl der Konzerne 1985		1990		1995	
Anzahl ausländischer Beteiligungen	Anzahl	%	Anzahl	%	Anzahl	%
0	42	33,6	37	29,6	25	20,0
1-5	66	52,8	57	45,6	56	44,8
6-10	8	6,4	18	14,4	20	16,0
11+	9	7,2	13	10,4	24	19,2
Gesamt	125	100	125	100	125	100

Quelle: Eigene Berechnung

Erläuterung: Die Tabelle muß folgendermaßen gelesen werden: 42 Konzerne (33,6%) des Samples hatten 1985 keine ausländische Beteiligung im Datensatz. 66 Konzerne (52,8%) hatten 1985 zwischen einer und fünf ausländischen Beteiligungen im Datensatz.

Um zu überprüfen, ob es sich bei dem oben beschriebenen Effekt um einen Internationalisierungs- oder einen Wachstumseffekt handelt, ist es von großem Nutzen, die Entwicklung der inländischen Beteiligungen zu untersuchen.

Tabelle 7: Anzahl der Konzerne nach Anzahl inländischer Beteiligungen

Inländische Beteiligungen	Anzahl der Konzerne 1985		1990		1995	
Anzahl inländischer Beteiligungen	Anzahl	%	Anzahl	%	Anzahl	%
0	21	16,8	11	8,8	6	4,8
1-5	60	48,0	53	42,4	45	36,0
6-10	26	20,8	35	28,0	38	30,4
11+	18	14,4	26	20,8	36	28,8
Gesamt	125	100	125	100	125	100

Quelle: Eigene Berechnungen

Es fällt unmittelbar auf, daß sich für die Entwicklung der inländischen Beteiligungen ein ähnliches Bild ergibt. Im Erhebungszeitraum nimmt die Anzahl der Konzerne ab, die keine oder nur wenige Beteiligungen haben, die Anzahl derjenigen aber, die viele oder sehr viele Beteiligungen haben, nimmt sehr stark zu. Hatten in 1985 noch 16,8% (absolut: 21) aller untersuchten Konzerne keine relevante Beteiligung im Inland, so gilt dies in 1995 nur noch für 4,8% (6). Dagegen hat sich die Zahl der Konzerne mit elf oder mehr Beteiligungen von 1985 auf 1995 verdoppelt (1985: 18, 1995: 36). Ein Unterschied zur Verteilung der ausländischen Beteiligungen zeigt sich im Niveau. Schon 1985 hatten wesentlich weniger Konzerne keine oder wenige Beteiligungen im Inland als im Ausland. Konzerne mit vielen oder sehr vielen Beteiligungen im Inland sind dagegen über alle drei Zeitpunkte häufiger als Konzerne mit vielen oder sehr vielen Beteiligungen im Ausland.

Zusammenfassend läßt sich eine gleichförmige Entwicklung der Anzahl der Beteiligungen im In- und Ausland über die Zeit zeigen, die allerdings von unterschiedlichen Niveaus aus ihren Ursprung nimmt. Man kann in gewisser Weise von einem ‚Vorsprung' der innerdeutschen Beteiligungsentwicklung gegenüber der Beteiligungsentwicklung im Ausland sprechen.

Um den Zusammenhang zwischen inländischen und ausländischen Beteiligungen zu untersuchen, wird nun im weiteren die Relation inländischer zu ausländischen Beteiligungen gebildet. Dies soll insbesondere zeigen, ob sich für die Konzerne substitutive oder komplementäre Entwicklungsmuster in bezug auf in- und ausländische Beteiligungen aufzeigen lassen. Sollte ein substitutives Muster der Entwicklung vorherrschend sein, so müßte die Anzahl der Konzerne mit steigendem Anteil ausländischer Beteiligungen an allen Beteiligungen zunehmen.

Tabelle 8: Anzahl der Konzerne nach Anteil ausländischer Beteiligungen an allen Beteiligungen

Anteil ausländischer an allen Beteiligungen	Anzahl der Konzerne					
	1985		1990		1995	
	Anzahl	%	Anzahl	%	Anzahl	%
0%	42	33,6	37	29,6	25	20,0
0,01% bis 24,99%	27	21,6	25	20,0	29	23,2
25,00% bis 49,99%	21	16,8	28	22,4	32	25,6
50,00% bis 74,99%	16	12,8	18	14,4	23	18,4
75,00%+	19	15,2	17	13,6	16	12,8
Gesamt	125	100	125	100	125	100

Quelle: Eigene Berechnungen

Erläuterung: Der Anteil ausländischer Beteiligungen errechnet sich nach folgender Formel: Anzahl ausländischer Beteiligungen/(Anzahl ausländischer + inländischer Beteiligungen). Zu lesen ist die Tabelle folgendermaßen: 1985 sind bei 19 Konzernen (15,2 %) 75% oder mehr aller Beteiligungen im Ausland angesiedelt. Zu beachten ist, daß Konzerne, die keine Auslandsbeteiligungen aufweisen, unabhängig von der Anzahl der Inlandsbeteiligungen auf 0 % gesetzt werden.

Die in Tabelle 8 gezeigten Ergebnisse erlauben lediglich ein vorsichtiges Urteil. Erstens kann festgestellt werden, daß – wie schon bei Tabelle 6 zu sehen war – der Anteil der nicht internationalisierten Unternehmen über die Zeit stark abnimmt. Zweitens zeigt sich, daß der Anteil der Konzerne, die einen geringen Anteil ausländischer Beteiligungen aufweisen, relativ konstant bleibt (1985: 21,6%, 1990: 20,0%, 1995: 23,2%). Dies bedeutet aber keinesfalls, daß die einzelnen Konzerne innerhalb dieser Gruppe in ihrer Relation konstant geblieben sind. Vielmehr überdecken sich zwei verschiedene Vorgänge. Zum einen ist anzunehmen, daß diejenigen Konzerne, die erst im Erhebungszeitraum international tätig wurden, über die Zeit in diese Kategorie ‚aufstiegen'. Zum anderen wird aber auch deutlich, daß diejenigen Konzerne, die schon 1985 in dieser Kategorie zu finden waren, partiell ihren Anteil ausländischer Beteiligungen erhöht haben. Diese beiden Entwicklungen überdecken sich in der Analyse.

Deutlich mehr Konzerne als 1985 finden sich dagegen 1995 in den Kategorien „25,00-49,99%" und „50,00-74,99%". 25,6% (32) der Konzerne haben 1995 ein Viertel bis die Hälfte aller Beteiligungen im Ausland. Dies ist der höchste Anteil aller Kategorien. Die Zunahme innerhalb dieser Kategorien läßt darauf schließen, daß eine Vielzahl von Konzernen im Erhebungszeitraum ein stärkeres Wachstum im Ausland als im Inland aufwiesen. Der Anteil der Konzerne, die 75% oder mehr aller Beteiligungen im Ausland hatten, ist dagegen im Untersuchungszeitraum zurückgegangen. Insgesamt besteht über die Zeit also eine Tendenz zu einem im Vergleich zur inländischen Entwicklung stärkerem ausländischen Engagement. Die Anzahl der Konzerne mit sehr hohem internationalen Engagement nimmt aber ab[14]. Während man also in den ersten vier Kategorien über die Zeit eine Aufstiegstendenz feststellen kann, bricht diese bei der obersten Kategorie ab. In der höchsten Kategorie („75%+") hat sich die Zahl der Konzerne verringert. Es steht zu vermuten, daß ab einer gewissen Grenze der Anteil ausländischer Beteiligungen nicht mehr zunimmt.

Tabelle 9: Anteil der ausländischen Beteiligungen im Zentrum nach Konzernen

Anteil der ausländischen Beteiligungen im **Zentrum**	Anzahl der Konzerne					
	1985		1990		1995	
	Anzahl	%	Anzahl	%	Anzahl	%
0,00 %	3	3,6	5	5,7	3	3,0
0,01 – 24,99 %	0	0,0	0	0	0	0,0
25,00 – 49,99 %	1	1,2	0	0	2	2,0
50,00 – 74,99 %	7	8,4	6	6,8	4	4,0
75,00+	72	86,7	77	87,5	91	91,0
Gesamt	83	100	88	100	100	100

Quelle: Eigene Berechnungen

Erläuterung: Berücksichtigt werden für die einzelnen Erhebungsjahre nur jene Konzerne, die zu diesem Zeitpunkt ausländische Beteiligungen im Datensatz haben. Deswegen sind insgesamt unterschiedliche Summen für die Jahre 1985, 1990 und 1995 angegeben. Zu lesen ist die Tabelle folgendermaßen: 1985 hatten 7 Konzerne (8,4%) zwischen 50% und 74,99% ihrer ausländischen Beteiligungen im Zentrum angesiedelt.

[14] Es ist allerdings zu beachten, daß dieser relative Indikator der Internationalisierung die absolute Höhe des ausländischen Engagements nicht einbezieht.

Im weiteren wird nun untersucht, wie sich die ausländischen Beteiligungen der Konzerne regional verteilen. Dabei greifen wir auf die Einteilung Peripherie, Semiperipherie und Zentrum zurück, wie sie in Kapitel 4.1. getroffen wurde. Aus Gründen der Darstellung muß darauf verzichtet werden, detailliertere Tabellen zu erstellen. Tabelle 9 zeigt den Anteil der im Zentrum befindlichen Beteiligungen an allen ausländischen Beteiligungen.

Die Tabelle spiegelt die Konzentration der Auslandsbeteiligungen deutscher Konzerne innerhalb des Zentrums[15] wider. Schon 1985 hatten 72 Konzerne (86,7%) 75 Prozent oder mehr aller ausländischen Beteiligungen innerhalb des Zentrums angesiedelt. Die Zahl der Konzerne mit dieser hohen Konzentration ausländischer Beteiligungen im Zentrum steigt im Erhebungszeitraum noch an (1995: 91, 91%). Diese Konzentration kann über alle drei untersuchten Ebenen (Gesamt, Branchen, Konzerne) nachgewiesen werden.

Es erscheint sinnvoll, die Region Zentrum weiter aufzuteilen, da hier der größte Teil der Beteiligungen zu allen drei Zeitpunkten angesiedelt ist. Deswegen werden nun noch gesondert Tabellen für die Europäische Union und Nordamerika ausgewiesen, da sie die Hauptziele der Investitionen deutscher Konzerne im Ausland sind.[16]

Tabelle 10: Anteil der ausländischen Beteiligungen in der EU nach Konzernen

Anteil der ausländischen Beteiligungen in der **EU**	Anzahl der Konzerne					
	1985		1990		1995	
	Anzahl	%	Anzahl	%	Anzahl	%
0,00 %	16	19,3	15	17,0	14	14,0
0,01 – 24,99 %	1	1,2	3	3,4	1	1,0
25,00 – 49,99 %	10	12,0	13	14,8	14	14,0
50,00 – 74,99 %	24	28,9	19	21,6	22	22,0
75,00+	32	38,6	38	43,2	49	49,0
Gesamt	83	100	88	100	100	100

Quelle: Eigene Berechnungen

Innerhalb des Zentrums liegt der Schwerpunkt der ausländischen Investitionen auf den Staaten der Europäischen Union[17]. Haben 1985 noch 38,6% aller Konzerne mit Auslandsbeteiligungen 75% oder mehr in der Europäischen Union investiert, so sind es 1995 49%. Die Zahl der Konzerne, deren Beteiligungen sich

[15] Das Zentrum setzt sich zusammen aus den sogenannten Triade-Staaten, also USA, Kanada, West-Europa (EU, Schweiz, Norwegen und Island) und Japan.

[16] Investitionen deutscher Konzerne in Japan spielen lediglich eine untergeordnete Rolle und werden deshalb in der tabellarischen Darstellung nicht berücksichtigt.

[17] Um Verzerrungen zu vermeiden, wurden Staaten, die zwischen 1985 und 1995 der Europäischen Union beitraten, zu allen drei Zeitpunkten einbezogen.

in der EU konzentrieren, hat also über die Zeit noch zugenommen. Die hohe Konzentration innerhalb der EU weist des weiteren darauf hin, daß deutsche Konzerne die Internationalisierung durch Beteiligungen im EU-Ausland beginnen. Dies zeigt sich insbesondere am starken Wachstum der Anzahl der Konzerne mit 75 Prozent oder mehr Beteiligungen in der EU. In Nordamerika ist das stärkste Wachstum dagegen bei 0,01% bis 24,99% der Beteiligungen zu verzeichnen. Es steht zu vermuten, daß Konzerne, die Beteiligungen in Nordamerika aufbauen oder erwerben, zumeist schon im Besitz von Beteiligungen innerhalb der EU sind. Auch die steigende Anzahl der Konzerne, die keine Investitionen in Nordamerika aufwiesen (1985: 41; 1995: 48), läßt auf diesen Sachverhalt schließen.

Tabelle 11: Anteil der ausländischen Beteiligungen in Nordamerika nach Konzernen

Anteil der ausländischen Beteiligungen in **Nordamerika**	Anzahl der Konzerne 1985		1990		1995	
	Anzahl	%	Anzahl	%	Anzahl	%
0,00 %	41	49,4	39	44,3	48	48,0
0,01 – 24,99 %	8	9,6	15	17,0	17	17,0
25,00 – 49,99 %	13	15,7	11	12,5	15	15,0
50,00 – 74,99 %	11	13,3	11	12,5	13	13,0
75,00+	10	12,0	12	13,	7	7,0
Gesamt	83	100	88	100	100	100

Quelle: Eigene Berechnungen

Der hohe Anteil an Beteiligungen im Zentrum verweist schon auf niedrige Anteile innerhalb der Semiperipherie[18], wie in Tabelle 12 zu sehen ist. Zwei Aspekte sind hierbei hervorzuheben. Zum einen zeigt sich, daß die Anzahl der Konzerne, die ausländische Beteiligungen besitzen, diese aber nicht in der Semiperipherie angesiedelt haben, ansteigt. Dies ist ein deutlicher Hinweis darauf, daß Konzerne, so sie international durch Beteiligungen tätig werden, zuerst innerhalb der Triade tätig werden. Deswegen steigt die Anzahl der Konzerne ohne Anteilsbesitz absolut in der Semiperipherie über die Zeit an (1985: 64, 77,1%; 1995: 74, 74,0%), relativ sinkt der Anteil dieser Konzerne aber. Letzteres hängt mit dem zweiten Aspekt zusammen. Es zeigt sich, daß die Anzahl der Konzerne, die einen geringen Anteil an ausländischen Beteiligungen in der Semiperipherie angesiedelt haben, zunimmt. Auch hier ist also von einer Verschiebung in die nächsthöhere Kategorie über die Zeit auszugehen. Das heißt, Konzerne, die 1985 schon internationalisiert, aber nicht in der Semiperipherie tätig waren, sind über die Zeit in dieser aktiv geworden.

[18] Die Semiperipherie setzt sich zusammen aus Lateinamerika, Asien/Australien (exklusive Japan) und Mittelosteuropa.

Tabelle 12: Anteil der ausländischen Beteiligungen in der Semiperipherie nach Konzernen

Anteil der ausländischen Beteiligungen in der **Semiperipherie**	Anzahl der Konzerne 1985		1990		1995	
	Anzahl	%	Anzahl	%	Anzahl	%
0,00 %	64	77,1	67	76,1	74	74,0
0,01 – 24,99 %	8	9,6	12	13,6	17	17,0
25,00 – 49,99 %	4	4,8	3	3,	3	3,0
50,00 – 74,99 %	5	6,0	2	2,3	3	3,0
75,00+	2	2,4	4	4,	3	3,0
Gesamt	83	99,9	88	99,9	100	100

Quelle: Eigene Berechnungen

Des weiteren werden nun noch die Anteile an den ausländischen Beteiligungen in der Peripherie[19] untersucht, dargestellt in Tabelle 13.

Tabelle 13: Anteil der ausländischen Beteiligungen in der Peripherie nach Konzernen

Anteil der ausländischen Beteiligungen in der **Peripherie**	Anzahl der Konzerne 1985		1990		1995	
	Anzahl	%	Anzahl	%	Anzahl	%
0,00 %	80	96,4	84	95,5	97	97
0,01 – 24,99 %	2	2,4	3	3,4	3	3
25,00 – 49,99 %	0	0	0	0	0	0
50,00 – 74,99 %	0	0	0	0	0	0
75,00+	1	1,2	1	1,1	0	0
Gesamt	83	100	88	100	100	100

Quelle: Eigene Berechnungen

Was schon die Untersuchungen auf Branchen- und Gesamtebene zeigten, bestätigt sich auch in der Untersuchung auf Konzernebene. In der Peripherie engagieren sich nur sehr wenige Konzerne. Diese Zahl bleibt über die Zeit annähernd konstant. Die Internationalisierung deutscher Konzerne geht an dieser Region fast komplett vorbei.

Die oben dargestellten Ergebnisse lassen ein Stufenmodell der Internationalisierung in bezug auf die beschriebenen Regionen als geeignet erscheinen:

1. Nicht internationalisiert (Stufe 1)
2. Internationalisiert im Zentrum (Stufe 2)

[19] Die Peripherie setzt sich zusammen aus den Staaten Afrikas.

2a Internationalisiert innerhalb der EU

2b Internationalisiert innerhalb Nordamerikas

3. Internationalisiert in der Semiperipherie (Stufe 3)

Die untersuchten Konzerne folgen diesen Entwicklungsstufen über die Zeit. Nicht internationalisierte Konzerne (Stufe 1) haben über die Zeit innerhalb des Zentrums investiert, um international tätig zu werden (Stufe 2). Innerhalb des Zentrums wiederum waren zuerst Staaten der Europäischen Union Ziel der Investitionen (2a), in einem weiteren Schritt folgten dann Investitionen in Nordamerika (2b). Konzerne, die schon innerhalb des Zentrums investiert haben (Stufe 2), sind zum Teil auch in der Semiperipherie tätig geworden (Stufe 3).

Sollte das Stufenmodell plausibel sein, so müßte sich eine zeitliche Verschiebung von Investitionen im Zentrum und Investitionen in der Semiperipherie nachweisen lassen. Konzerne, die zum Zeitpunkt t2 in der Semiperipherie investiert haben, müßten zum Zeitpunkt t1 im Zentrum investiert haben.

Es zeigt sich, daß von 11 Konzernen, die 1995 in der Semiperipherie investiert haben, 1985 dort aber noch nicht vertreten waren, sechs schon 1985 Beteiligungen im Zentrum hatten. Von 7 Konzernen, die 1995 in der Semiperipherie investiert hatten, 1990 dort aber noch keine Beteiligungen hatten, waren 5 schon 1990 im Zentrum vertreten. Schließlich waren 1995 von 26 Konzernen, die in der Semiperipherie investiert hatten, 23 auch im Zentrum vertreten. Diese Indikatoren weisen darauf hin, daß ein klarer Zusammenhang zwischen Investitionen im Zentrum und Investitionen in der Semiperipherie besteht.

5.3.2. Analyse auf der Basis des Grundkapitals der Beteiligungen

Alle bisherigen Analysen und die daraus resultierenden Indikatoren basierten auf der Anzahl der Beteiligungen. In einem letzten Schritt werden nun noch die Analysen auf Unternehmensebene, bezogen auf das Grundkapital der Beteiligungen, durchgeführt. Es soll dabei überprüft werden, ob sich bei Betrachtung des Grundkapitals andere Entwicklungen aufzeigen lassen als in der Analyse der Anzahl der Beteiligungen. Denkbar wäre zum Beispiel, daß das Grundkapital der Beteiligungen wesentlich stärker zugenommen hat als die Anzahl der Beteiligungen. In diesem Falle müßten sich Verschiebungen innerhalb der Größenklassen nachweisen lassen.

Analog zur Untersuchung der Anzahl der Beteiligungen wird nun zuerst das Grundkapital der ausländischen und inländischen Beteiligungen untersucht.[20] Daten zum Grundkapital der Beteiligungen stehen aus erhebungstechnischen Gründen nur für die Jahre 1985 und 1995 zur Verfügung. Zu Anfang wird die Summe des Grundkapitals der inländischen und ausländischen Beteiligungen der 125 Konzerne in Größengruppen dargestellt. Die Zahlen in Tabelle 14 können mit der anlogen Darstellung auf Basis der Anzahl der Beteiligungen (Tabellen 6 und 7) verglichen werden.

[20] Es wird dabei nicht berücksichtigt, wie hoch die prozentuale Beteiligung des Mutter-Unternehmens am Tochter-Unternehmen ist.

Tabelle 14: Anzahl der Konzerne nach Summe des Grundkapitals ausländischer und inländischer Beteiligungen

Summe des Grundkapitals (Mio. DM)	Anzahl der Konzerne							
	Ausland				Inland			
	1985		1995		1985		1995	
	Anzahl	%	Anzahl	%	Anzahl	%	Anzahl	%
0	42	33,9	25	20,1	21	16,8	6	4,8
0,01 – 100	43	34,7	23	18,5	42	33,6	23	18,4
100,01 -500	25	20,1	38	30,7	26	20,8	33	26,4
500+	14	11,3	38	30,7	36	28,8	63	50,4
Gesamt*	124	100	124	100	125	100	125	100

Quelle: Eigene Berechnung

*Ein Konzern konnte aufgrund mangelnder Angaben zum Grundkapital der Beteiligungen im Ausland nicht in die Analyse miteinbezogen werden.

Erläuterung: Die Tabelle muß folgendermaßen gelesen werden: Im Jahre 1985 haben 43 Konzerne im Datensatz ausländische Beteiligungen mit einer Summe des Grundkapitals zwischen 0,01 und 100 Millionen DM.

Wie schon in der Untersuchung der Anzahl der Beteiligungen festgestellt wurde, hatten im Jahre 1985 42 Konzerne des Samples keine relevanten Beteiligungen im Ausland, während es 1995 nur noch 25 Konzerne waren. Auch im Inland ging der Anteil der Konzerne, die keine Beteiligungen hielten, zurück (1985: 21, 1995: 6). Da es sich hierbei um Konzerne handelt, die keine Beteiligungen hielten, sind die Ergebnisse für beide Indikatoren (Anzahl, Grundkapital) identisch.

Des weiteren zeigt sich, daß die Anzahl der Konzerne, deren Summe des Grundkapitals der ausländischen Beteiligungen bis zu 100 Mio. DM hoch ist, im Erhebungszeitraum zurückgeht (1985: 43; 1995: 23). Diese Entwicklung hatte sich auch schon bei der Untersuchung der Anzahl der Beteiligungen gezeigt, aber der Rückgang war dort wesentlich geringer. Dies gilt auch für die Summe des Grundkapitals inländischer Beteiligung dieser Größenklasse (1985: 21; 1995: 6).

In den beiden anderen Größenklassen nimmt die Anzahl der Konzerne über die Zeit dagegen stark zu. Hatten im Jahre 1985 noch 25 Konzerne zwischen 100 und 500 Millionen DM Grundkapital ausländischer Beteiligungen im Datensatz, so waren es 1995 38. Im Jahre 1985 hatten 14 Konzerne Beteiligungen mit insgesamt mehr als 500 Millionen DM Grundkapital, im Jahre 1995 sind dies 38. Auch im Inland ist dieser Anstieg für beide Größenklassen erkennbar, aber er ist nicht so stark wie im Ausland.

Die gefundenen Ergebnisse lassen vermuten, daß bei Betrachtung der Größe der Beteiligungen eine stärkere Entwicklung in Richtung Internationalisierung und größerem Beteiligungsbesitz im Inland zu erkennen ist, als dies bei Betrachtung der Anzahl der Beteiligungen zu erkennen war. Um das Verhältnis zwischen Anzahl und Größe der Beteiligungen weitergehend zu untersuchen, wird nun das durchschnittliche Grundkapital der Beteiligungen für einzelne Größenklassen, gemessen an der Anzahl der Beteiligungen, ermittelt.

In Tabelle 15 ist das durchschnittliche Grundkapital der Beteiligungen, aufgeteilt nach Größenklassen, gemessen an der Anzahl der Beteiligungen, angetragen.

Tabelle 15: Durchschnittliches Grundkapital der Beteiligungen für einzelne Größenklassen, gemessen an der Anzahl der Beteiligungen*

Anzahl der Beteiligungen	Durchschnittliches Grundkapital der Beteiligungen (in Mio. DM)			
	Ausland		Inland	
	1985	1995	1985	1995
1-5	61,28	140,91	48,06	87,78
6-10	52,11	115,91	84,44	147,32
11+	107,77	234,81	145,25	244,81
Gesamt	65,44	158,46	73,98	154,30

Quelle: Eigene Berechnung

* Die Berechnung des durchschnittlichen Grundkapitals ergibt sich aus folgender Formel: Summe des Grundkapitals der Beteiligungen einer Größenklasse / Anzahl der Beteiligungen einer Größenklasse.

Erläuterung: Die Tabelle muß folgendermaßen gelesen werden: Bei Konzernen, die zwischen einer und fünf Beteiligungen im Ausland hielten, war das durchschnittliche Grundkapital der Beteiligungen 1985 61,28 Mio. DM.

Die Analyse zeigt, daß das durchschnittliche Grundkapital über alle Größenklassen im Inland wie im Ausland stark zugenommen hat. Im Ausland hat es sich in allen drei Klassen mehr als verdoppelt. Der Anstieg im Inland fällt dagegen geringer aus. Neben den Internationalisierungstendenzen, die aufgrund der Analyse der Anzahl der Beteiligungen auf Konzernebene zu konstatieren sind, gibt es einen zusätzlichen Internationalisierungsschub aufgrund des gestiegenen Grundkapitals der ausländischen Beteiligungen. Neben der Anzahl der Beteiligungen wächst also auch die Größe der Beteiligungen. Dies zeigt sich insbesondere am durchschnittlichen Grundkapital über alle Konzerne. Sowohl im Inland (1985: 73,98; 1995: 154,30) als auch im Ausland (1985: 65,44; 1995: 158,46) hat es sich mehr als verdoppelt.

Der zweite Befund innerhalb dieser Analyse ist das unterschiedlich hohe durchschnittliche Grundkapital *zwischen* den Größenklassen. Es zeigt sich, daß ein systematischer Zusammenhang zwischen der Höhe des durchschnittlichen Grundkapitals der Beteiligungen und der Anzahl der Beteiligungen, die ein Konzern hat, besteht. Für inländische Beteiligungen zeigt sich, daß zu beiden Zeitpunkten mit der Anzahl der Beteiligungen pro Konzern auch die Höhe des durchschnittlichen Grundkapitals ansteigt. Für ausländische Beteiligungen ist dieser Zusammenhang nicht linear. Beteiligungen der Konzerne der ersten Größenklasse sind zu beiden Zeitpunkten mit durchschnittlich höherem Grundkapital ausgestattet als Beteiligungen von Konzernen der zweiten Größenklasse. Beteiligungen der Konzerne der dritten Größenklasse sind zu beiden Zeitpunkten durchschnittlich mit höherem Grundkapital ausgestattet als Beteiligungen der Konzerne der ersten und zweiten Größenklasse.

Analog zur Analyse der Anzahl der Beteiligungen wird nun auch für die Kapitalausstattung untersucht, in welchem Verhältnis inländische zu ausländischer Kapitalausstattung steht.

Tabelle 16: Anzahl der Konzerne nach Anteil des Grundkapitals ausländischer Beteiligungen an allen Beteiligungen pro Konzern

Anteil des Grundkapitals ausländischer am Grundkapital aller Beteiligungen	Anzahl der Konzerne 1985		Anzahl der Konzerne 1995	
	Anzahl	%	Anzahl	%
0%	42	33,8	25	20,2
0,01% bis 24,99%	33	26,6	42	33,8
25,00% bis 49,99%	14	11,3	23	18,6
50,00% bis 74,99%	11	8,9	14	11,3
75,00%+	24	19,4	20	16,1
Gesamt	124	100	124	100

Quelle: Eigene Berechnung

Erläuterung: Zu lesen ist die Tabelle folgendermaßen: 1985 sind bei 24 Konzernen (19,4%) 75% oder mehr des Grundkapitals der Beteiligungen im Ausland angesiedelt. Zu beachten ist, daß Konzerne, die keine Auslandsbeteiligungen aufweisen, unabhängig von der Anzahl der Inlandsbeteiligungen auf 0% gesetzt werden.

Wie schon mehrfach innerhalb der Analyse gezeigt, verringert sich der Anteil der Konzerne ohne Internationalisierung im Erhebungszeitraum deutlich. Die Anzahl der Konzerne mit niedrigem Anteil an ausländischem Grundkapital (0,01% - 24,99%) nimmt dagegen zu. Auch die Anzahl der Konzerne, die zwischen 25% und 49,99% des Grundkapitals im Ausland haben, nimmt über die Zeit deutlich zu, ein wesentlich geringerer Anstieg ist bei der nächsten Kategorie zu erkennen. In der Kategorie des höchsten Anteils an ausländischem Grundkapital am Grundkapital aller Beteiligungen geht die Anzahl der Konzerne dagegen leicht zurück. Man kann aus den Ergebnissen ersehen, daß es im Erhebungszeitraum eine kontinuierliche Entwicklung in Richtung stärkerer relativer Internationalisierung gegeben hat, die allerdings ab einer gewissen Höhe des Anteils an ausländischem Grundkapital abbricht.

Tabelle 16 muß auch in Relation zu Tabelle 8 (Relation in bezug auf die Anzahl der Beteiligungen) interpretiert werden. Für alle eingeführten Kategorien zeigen sich die selben Entwicklungen wie bei der Analyse in bezug auf die Anzahl der Beteiligungen. Allerdings zeigt sich auch, daß in den Kategorien „0,01% bis 24,99%" und „75%+" zu beiden Zeitpunkten mehr Konzerne eingeordnet sind, als dies bei der Analyse der Anzahl der Beteiligungen der Fall war. Konzerne, deren Auslandsanteil zwischen 25,00% und 74,99% ist, sind dagegen zu beiden Zeitpunkten in geringerer Anzahl als in der Analyse der Anzahl der Beteiligungen zu finden. Während also die Entwicklung über die Zeit mit der Analyse der Anzahl der Beteiligungen übereinstimmt, ist das Niveau der einzelnen Kategorien unterschiedlich. Offensichtlich sind Verschiebungen hin zur Kategorie „0,001% bis 24,99%" und zur obersten Kategorie („75%+") bei der Analyse des Grundkapitals zu sehen.

5.4. Resümee

Innerhalb dieses Kapitels wurde der Datensatz der Beteiligungen auf drei Ebenen (Gesamt, Branchen, Konzerne) untersucht. Die wesentliche Ergebnisse lassen sich nach Ebene folgendermaßen zusammenfassen:

Ebene aller Beteiligungen:

1. Absolut stieg die Anzahl der Beteiligungen im Untersuchungszeitraum sowohl im Inland als auch im Ausland stark an.
2. Die Relation inländischer zu ausländischen Beteiligungen bleibt über die Zeit nahezu konstant.
3. Die regionale Verteilung der Beteiligungen zeigt eine Konzentration innerhalb des Zentrums, insbesondere in den Staaten Nordamerikas und der Europäischen Union. Der Anteil der Beteiligungen innerhalb der EU nimmt im Untersuchungszeitraum zu.

Branchenebene:

1. Über alle Branchen steigt die Anzahl der Beteiligungen im Inland und im Ausland über die Zeit stark an.
2. Die Analyse der Relation inländischer zu ausländischen Beteiligungen zeigt für die Branchen Banken/Versicherungen, Stahl/Maschinenbau und in geringerem Umfang für Energie einen Anstieg des Anteils ausländischer an allen Beteiligungen über die Zeit. Rückläufig ist dieser Anteil über die Zeit dagegen im Bereich Bau. Für alle anderen Bereiche bleibt die Relation nahezu konstant.
3. Die regionale Verteilung der Beteiligungen zeigt, daß zu allen drei Zeitpunkten die breiteste regionale Streuung im Verarbeitenden Gewerbe nachzuweisen ist. Über alle Bereiche zeigt sich aber zu allen drei Zeitpunkten eine hohe Konzentration der ausländischen Beteiligungen in den Staaten West-Europas und Nordamerikas. Bei Handel und Dienstleistungen, Banken und Versicherungen und dem Verarbeitenden Gewerbe steigt der Anteil an Beteiligungen in West-Europa über die Zeit an. Lediglich im Baugewerbe sinkt dieser von 1985 auf 1990 und steigt dann 1995 wieder auf das Niveau von 1985 an.

Unternehmensebene:

1. Auf Unternehmensebene ergibt sich über die Zeit ein Anstieg der Anzahl Beteiligungen pro Konzern sowohl im Inland als auch im Ausland, wobei die Steigerung im Inland von einem höheren Niveau aus startet als die der Anzahl ausländischer Beteiligungen.
2. Ausländische Beteiligungen nehmen auch relativ zu inländischen Beteiligungen über die Zeit zu, allerdings bricht diese Entwicklung ab einer gewissen Höhe des ausländischen Anteils ab (Kategorie 75 Prozent und mehr des Anteils ausländischer an allen Beteiligungen).
3. Die meisten Konzerne haben den größten Anteil ihrer Beteiligungen im Zentrum angesiedelt, wobei innerhalb des Zentrums der Schwerpunkt auf den Staaten der Europäischen Union liegt. Die Ergebnisse lassen vermuten, daß ein Stufenmodell für Investitionen in verschiedenen Regionen geeignet erscheint.
4. Bezüglich der Kapitalausstattung der Beteiligungen zeigt sich, daß mit der Anzahl der Beteiligungen innerhalb eines Konzerne auch die durchschnittliche Kapitalausstattung ansteigt. Über die Zeit ist zu beobachten, daß die durchschnittliche Kapitalausstattung der Beteiligungen stark zunimmt.
5. Ein Vergleich der Analyse der relativen Internationalisierung, gemessen anhand des Indikators „Anzahl der Beteiligungen“, mit der Analyse auf der Basis der „Kapitalausstattung der Beteiligungen“ zeigt nur geringe Differenzen.

Auf Basis der Analyse auf Unternehmensebene wurden Indikatoren der Internationalisierung entwickelt, die in der weiteren quantitativen Analyse angewandt werden. Die Analysen auf Unternehmensebene werden nun anhand multivariater Analyseverfahren vertieft.

5.5. Multivariate Analyse auf Unternehmensebene

Nach der weitestgehend deskriptiven Darstellung der Internationalisierung im Zeitverlauf auf verschiedenen Ebenen der Untersuchung wird im weiteren eine multivariate Analyse auf Unternehmensebene durchgeführt. Ziel ist es, Muster der Internationalisierung auf Konzernebene zu identifizieren. Wie in den vorangegangenen Kapiteln stehen zwei Fragestellungen im Vordergrund. Zum einen wird der Zusammenhang zwischen dem Status Quo des Jahres 1985 mit dem des Jahres 1995 untersucht. Im Zentrum steht hierbei die Frage, ob eine kontinuierliche Entwicklung der Konzerne zu erkennen ist, oder ob es eine vom Ausgangspunkt des Jahres 1985 losgelöste Entwicklung der Konzerne gibt. Untersucht wird also die Pfadabhängigkeit der Entwicklung der Konzerne. Zum anderen wird der Vergleich zwischen inländischer und ausländischer Entwicklung der Konzerne untersucht. Hierbei steht die Frage im Vordergrund, ob die ausländische Entwicklung ein substitutives oder ein komplementäres Verhältnis zur inländischen Entwicklung eines Konzerns aufweist, also ob inländische und ausländische Beteiligungen sich ergänzen oder ersetzen. Die Analysen der in-

und ausländischen Entwicklung werden auf der Basis der Anzahl der Beteiligungen und der Summe des Grundkapitals der Beteiligungen durchgeführt, um Verzerrungen durch die Indikatoren kontrollieren zu können. Hier ist in erster Linie an Verzerrungen durch die Berücksichtigung beziehungsweise Nicht-Berücksichtigung der Größe einer Beteiligung zu denken.

Neben inländischen und ausländischen Beteiligungen wird auch der Grad der Diversifizierung der Konzerne untersucht. Ziel ist hier, die Ergebnisse der vorhergehenden Untersuchungen mit den Ergebnissen des Diversifizierungsindikators zu vergleichen, um mögliche Zusammenhänge zwischen ausländischem Wachstum, inländischem Wachstum und Diversifizierung zu analysieren. Auch hier ist ein komplementärer und ein substitutiver Zusammenhang denkbar.

Als abhängige Variablen zur Untersuchung der Internationalisierung werden die oben vorgestellten Indikatoren auf der Basis der Anzahl der Beteiligungen und der Summe des Grundkapitals der Beteiligungen herangezogen. Im weiteren werden nun Regressionen für folgende abhängige Variablen gerechnet[21]:

- Anzahl der Beteiligungen im Ausland (1985, 1995) (vgl. Tabelle 6)
- Anzahl der Beteiligungen im Inland (1985,1995) (vgl. Tabelle 7)
- Summe des Grundkapitals der Beteiligungen im Ausland (1985, 1995) (vgl. Tabelle 14)
- Summe des Grundkapitals der Beteiligungen im Inland (1985, 1995) (vgl. Tabelle 14)
- Anzahl der Branchen, in denen ein Konzern Beteiligungen aufweist. (1985, 1995)[22]

5.5.1. Vorstellung der unabhängigen Variablen

Untersucht wird der Einfluß der **Größe**, der **Branche**, des **Eigentümertyps**, der **ausländischen bzw. inländischen Vergleichskategorie** und der **Kategorie im Zeitverlauf** auf Internationalisierung und Diversifizierung.

Indikator der **Größe** ist die Zahl der Beschäftigten pro Konzern. In Tabelle 17 sind die Konzerne nach Größenklassen aufgelistet. In die Analyse einbezogen wird die **Branche** des jeweiligen Konzerns. Die Verteilung der Konzerne über die Branchen zeigt sich in Tabelle 18. Schließlich wird als unabhängige Variable der Typ des Eigentümers verwendet (Tabelle 19).

Die Variablen Eigentümertypus und Branche werden in die Regressionsanalyse als sogenanntes „deviation from means coding“[23] eingebracht. Der Unterschied zur üblichen Dummy-Bildung liegt darin, daß die Ergebnisse der einzel-

---

[21] Die Variablen sind in Kapitel 5.3. dargestellt.

[22] Der Indikator der Diversifizierung wird im weiteren noch vorgestellt.

[23] Für eine ausführlichere Beschreibung des „deviation from means coding“ sei auf Hosmer/Lemeshow (1989) verwiesen.

nen Ausprägung der Variable nicht in bezug auf die Referenzkategorie, sondern im Vergleich zum Durchschnitt über alle Kategorien interpretiert werden.

Tabelle 17: Konzerne nach Anzahl der Beschäftigten 1985 und 1995 (Größenklassen)

Größenklasse	Anzahl der Konzerne	
	1985	1995
-1000 Beschäftigte	9	5
1001 – 5000 Beschäftigte	20	14
5001 – 10000 Beschäftigte	19	11
10001 – 20000 Beschäftigte	22	34
20001 – 30000 Beschäftigte	16	20
30001 – 50000 Beschäftigte	18	18
50001 – 100000 Beschäftigte	8	11
100001 + Beschäftigte	9	12
Gesamt*	121	125

*Bei dieser und den nun folgenden Variablen konnten zum Teil nicht für alle Konzerne die jeweilige Variable erhoben werden (Missings), deswegen ist die Anzahl der Konzerne in diesen Fällen unter 125.

Tabelle 18: Konzerne nach Branchen

Branche*	Anzahl der Konzerne
Baugewerbe	8
Energie	17
Banken/Versicherungen	14
Fahrzeugbau	10
Chemie	20
Elektrotechnik/EDV	5
Stahl/Maschinenbau	17
Einzelhandel	12
Großhandel	13
Residualkategorie**	9
Gesamt	125

*Es wird keine Unterscheidung zwischen 1985 und 1995 getroffen, da sich die Hauptbranchen der Konzerne im Erhebungszeitraum nicht verändert haben.

**In der Residualkategorie sind diejenigen Konzerne, die keiner der vorher genannten Branchen zugeordnet werden können und bei denen zusätzlich zu wenige Konzerne der selben Branche im Sample existieren, so daß keine eigene Variablenausprägung möglich ist.

Durch die Einbeziehung zweier weiterer Typen unabhängiger Variablen wird die Entwicklung über die Zeit und der Vergleich zwischen in- und ausländischer Entwicklung überprüft. Es wird also z.B. für die abhängige Variable Anzahl der ausländischen Beteiligungen 1995 als unabhängige Variable die Anzahl der ausländischen Beteiligungen 1985 aufgenommen, sowie die Anzahl der inländischen Beteiligungen 1995. Ziel ist es, den Einfluß des Status 1985 auf den Status 1995 und den Einfluß der inländischen Beteiligungssituation auf die ausländische zu überprüfen.

Tabelle 19: Eigentümertyp der Konzerne 1985 und 1995

Eigentümertyp	Anzahl der Konzerne	
	1985	1995
Inländisches Unternehmen	34	49
Ausländisches Unternehmen	11	14
Familienbesitz	7	8
Öffentlicher Besitz	9	5
Kein Mehrheitseigentümer	59	49
Gesamt	120	125

Die einzelnen Modelle für die abhängigen Variablen werden einzeln vorgestellt und interpretiert. Im Anschluß werden die Ergebnisse aller gerechneten Modelle aufeinander bezogen und verglichen.

5.5.2. Modelle der abhängigen Variablen „Anzahl der ausländischen Beteiligungen“

Es wird überprüft, welchen Einfluß die Branche, die Größe, der Eigentümertyp und die Anzahl der inländischen Beteiligungen, sowie für 1995 die Anzahl der ausländischen Beteiligungen 1985, auf die Anzahl der ausländischen Beteiligungen 1985 und 1995 hat.

5.5.2.1. Anzahl der ausländischen Beteiligungen 1995

Abhängige Variable ist die Anzahl der Beteiligungen im Ausland 1995 für die 125 Konzerne unseres Samples. Für einen Überblick über die Verteilung sei auf Tabelle 6 verwiesen.

Betrachten wir nun die Regression der abhängigen Variable „Anzahl der Beteiligungen 1995“ mit den unabhängigen Variablen Branche, Beschäftigtenzahl, Eigentümertyp, Anzahl inländischer Beteiligungen 1995 (siehe Tabelle 7) und Anzahl ausländischer Beteiligungen 1985 (siehe Tabelle 6). Anzumerken ist, daß die Variablen „Anzahl der ausländischen Beteiligungen 1995“, „Anzahl der ausländischen Beteiligungen 1985“ und „Anzahl der inländischen Beteiligungen 1995“ logarithmiert wurden, um sie einer Normalverteilung näher zu bringen.

Es wurden drei verschiedene Modelle gerechnet. Modell 1 berücksichtigt nur Größe, Branche und Merkmal des Eigentümers; Modell 2 nimmt zusätzlich den

Inland-Ausland-Vergleich auf. Modell 3 ergänzt Modell 2 um den Zeitvergleich, also um die unabhängige Variable „Anzahl der ausländischen Beteiligungen 1985“.

Tabelle 20: Lineare Regression der Variable „Anzahl der ausländischen Beteiligungen 1995“ in bezug auf Größe, Branche, Eigentümer, Anzahl der ausländischen Beteiligungen 1985 und „Anzahl der inländischen Beteiligungen 1995“

Anzahl ausländischer Beteiligungen (logarithmiert) 1995^Ω			
	Modell 1	**Modell 2**	**Modell 3**
Größenmerkmal			
Beschäftigtenzahl	7.888E-06***	6.254E-06***	1.703E-06
Branchen^ΩΩ			
Bau	-.117	-.0842	-.232
Energie	-.622**	-.855***	-.451*
Banken/Versicherungen	.539*	.442*	.335+
Fahrzeugbau	-.191	1.506E-03	.209
Chemie	.418*	.486**	-.0722
Elektrotechnik/EDV	.297	.482	.145
Stahl/Maschinenbau	.0233	-.0813	-.0352
Einzelhandel	-.489*	-.494*	-.257
Großhandel	-.0300	-.0861	-.0356
Merkmale des Eigentümers^ΩΩΩ			
Inländisches Unternehmen	.0501	.102	.164
Ausländisches Unternehmen	-.232	-.166	-.216
Öffentlicher Besitz	-.134	-.0814	-.0823
Kein Mehrheitseigentümer	.320*	.198	.134
Zeitvergleich / Inland-Ausland-Vergleich			
Anzahl ausländischer Beteiligungen 1985 (log)	-	-	.715***
Anzahl inländischer Beteiligungen 1995 (log)	-	.309**	.182*
Konstante	.972***	.459*	.233
r^2	.440	.481	.663
Korrigiertes r^2	.368	.409	.613
n	125	125	125

+ p<0.1, * p<0.05, ** p<0.01, *** p<0.001

Ω Angegeben ist jeweils der unstandardisierte Regressionskoeffizient B.

ΩΩ Referenzkategorie: Residualkategorie

ΩΩΩ Referenzkategorie: Familienbesitz

Einzeleffekte:
Größe: Es zeigt sich ein starker Größeneffekt. Je mehr Beschäftigte ein Unternehmen hat, desto mehr ausländische Beteiligungen weist es auf.
Branche: Signifikante Effekte zeigen sich in der Energiebranche, bei Banken/Versicherungen, Chemie und Einzelhandel. Unternehmen der Energiebranche und des Einzelhandels weisen einen negativen Zusammenhang mit ausländischen Beteiligungen auf. Unternehmen dieser Branche haben also weniger ausländische Beteiligungen als der Durchschnitt der Unternehmen über alle Branchen. Ein positiver Zusammenhang zeigt sich bei Banken/Versicherungen und bei Unternehmen der chemischen Industrie. Konzerne dieser Branche weisen also mehr ausländische Beteiligungen auf als der Durchschnitt aller Konzerne.
Eigentümertypus: Es zeigt sich, daß Konzerne ohne Mehrheitseigentümer eine signifikant höhere Zahl an ausländischen Beteiligungen aufweisen als der Konzerndurchschnitt.
Inland - Ausland - Vergleich: Die Anzahl der inländischen Beteiligungen 1995 weist einen signifikanten Zusammenhang mit der Anzahl der ausländischen Beteiligungen 1995 auf. Mit der Anzahl der inländischen Beteiligungen steigt auch die Anzahl der ausländischen Beteiligungen an.
Zeitvergleich: Der Zusammenhang zwischen der Anzahl der ausländischen Beteiligungen 1995 und der Anzahl 1985 ist hoch signifikant positiv. Ein entscheidender Prädiktor für die Internationalisierung 1995 ist also die Anzahl der ausländischen Beteiligungen 1985.

Modelleffekte:
Bei Berücksichtigung der Anzahl der inländischen Beteiligungen (Modell 2) lassen sich deutliche Veränderungen nachweisen. Der negative Effekt der Branche Energie wird größer, während der positive Effekt der Größe abnimmt. Beide Effekte bleiben aber signifikant. Lediglich der Effekt des Eigentümertypus „Kein Mehrheitseigentümer" ist in Modell 2 nicht mehr signifikant.

In Modell 3, das die ausländischen Beteiligungen 1985 berücksichtigt, zeigt sich ein Rückgang aller in Modell 1 signifikanten Zusammenhänge, mit Ausnahme des Effektes der Branchen Energie und Banken/Versicherungen. Die vorsichtige Interpretation dieses Ergebnisses ist, daß die Effekte, die nicht mehr signifikant sind, auch 1985 schon vorhanden waren. Das heißt, das schon im Jahre 1985 der Effekt über- oder unterdurchschnittlicher Internationalisierung existierte. Wir unterscheiden also zwischen Effekten, die sich zwischen 1985 und 1995 verändert haben und jenen, die ihren Ursprung schon vor 1985 nahmen. Bei Banken/Versicherungen gehen wir von einem Effekt aus, der 1985 in dieser Form nicht existent war, während man im Bereich Chemie den Effekt der höheren Internationalisierung hauptsächlich aus dem Zustand 1985 erklären kann. Inhaltlich bedeutet dies eine kontinuierliche Entwicklung der Internationalisierung für jene Branchen, deren Effekt vom Zustand 1985 überlagert wird.

Neben den Auswirkungen auf die Effekte der Branchen geht auch der Effekt der Größe zurück und ist nicht mehr signifikant. Dies gilt des weiteren für den Eigentümertypus „Kein Mehrheitseigentümer". Auch hier ist die Interpretation, daß es sich um Effekte handelt, die schon 1985 auftraten, sich also nicht erst seit 1985 entwickelt haben.

5.5.2.2. Anzahl der ausländischen Beteiligungen 1985

Abhängige Variable ist die Anzahl der Beteiligungen im Ausland 1985 für die 125 Konzerne unseres Samples. Für einen Überblick über die Verteilung sei auf Tabelle 6 verwiesen. Betrachten wir nun die Regression der abhängigen Variable „Anzahl der Beteiligungen 1985“ mit den unabhängigen Variablen Branche, Beschäftigtenzahl, Eigentümertyp und Anzahl inländischer Beteiligungen 1985 (siehe Tabelle 7).

Auch hier ist anzumerken ist, daß die Variablen „Anzahl der ausländischen Beteiligungen 1985“ und „Anzahl der inländischen Beteiligungen 1985“ logarithmiert wurden, um sie einer Normalverteilung näher zu bringen. Für die abhängige Variable „Anzahl der ausländischen Beteiligungen 1985“ wurden zwei verschiedene Modelle gerechnet. Modell 1 berücksichtigt nur Größe, Branche und Merkmal des Eigentümers; Modell 2 nimmt zusätzlich den Inland-Ausland-Vergleich auf.

Einzeleffekte:

Größe: Auch hier zeigt sich ein starker Größeneffekt. Je mehr Beschäftigte ein Unternehmen hat, desto mehr ausländische Beteiligungen weist es auf.

Branche: Signifikante Effekte werden bei den Branchen Energie, Chemie und Einzelhandel festgestellt. Während der Zusammenhang für die Branche Chemie positiv ist, ist die Zugehörigkeit zu den Branchen Energie und Einzelhandel mit geringerer Internationalisierung verbunden.

Eigentümertypus: Wiederum zeigt sich, daß Konzerne ohne Mehrheitseigentümer eine schwach signifikant höhere Zahl an ausländischen Beteiligungen aufweisen als der Konzerndurchschnitt. Ein umgekehrter Zusammenhang ergibt sich für Konzerne, die in ausländischem Besitz sind.

Inland - Ausland - Vergleich: Wie 1995 weist auch 1985 die Anzahl der inländischen Beteiligungen einen signifikanten Zusammenhang mit der Anzahl der ausländischen Beteiligungen auf. Mit der Anzahl der inländischen Beteiligungen steigt auch die Anzahl der ausländischen Beteiligungen an.

Modelleffekte:

Die Hinzunahme der Variable „Anzahl der inländischen Beteiligungen 1985“ zeitigt Effekte für die Variable Beschäftigtenzahl, die Branche Energie und den Eigentümertypus „Kein Mehrheitseigentümer“. Der Effekt der Zahl der Beschäftigten geht in Modell 2 zurück, bleibt aber hoch signifikant. Der Effekt des Eigentümertyps „Kein Mehrheitseigentümer ist in Modell 2 im Unterschied zu Modell 1 nicht mehr signifikant. Der Effekt der Branche Energie wird dagegen erst bei Hinzunahme der Inlandsvariablen signifikant. Alle anderen Effekte sind nahezu gleichbleibend.

Tabelle 21: Lineare Regression der Variable „Anzahl der ausländischen Beteiligungen 1985“ in bezug auf Größe, Branche, Eigentümer und „Anzahl der inländischen Beteiligungen 1985“

Anzahl der ausländischen Beteiligungen (logarithmiert) 1985^Ω		
	Modell 1	**Modell 2**
Größenmerkmal		
Beschäftigtenzahl	6.847E-06***	5.930E-06***
Branchen^ΩΩ		
Bau	.0379	-.0992
Energie	-.278	-.444*
Banken/Versicherungen	.148	-.0962
Fahrzeugbau	-.207	-.101
Chemie	.670***	.687***
Elektrotechnik/EDV	.291	.377
Stahl/Maschinenbau	.0080	-.0364
Einzelhandel	-.430*	-.391*
Großhandel	-.0391	-.0180
Merkmale des Eigentümers^ΩΩΩ		
Inländisches Unternehmen	-.0556	-.0404
Ausländisches Unternehmen	-.380*	-.341+
Öffentlicher Besitz	-.137	-.0842
Kein Mehrheitseigentümer	.211+	.156
Inland-Ausland-Vergleich		
Anzahl der inländischen Beteiligungen 1985	-	.153+
Konstante	.654***	.484***
r^2	.492	.508
Korrigiertes r^2	.423	.436
N	119	119

+ p<0.1, * p<0.05, ** p<0.01, *** p<0.001

Ω Angegeben ist jeweils der unstandardisierte Regressionskoeffizient B.

ΩΩ Referenzkategorie: Residualkategorie

ΩΩΩ Referenzkategorie: Familienbesitz

5.5.2.3. Vergleich 1985 und 1995

Das Modell 2 1985 und das Modell 2 1995 werden im weiteren miteinander verglichen, um Veränderungen über die Zeit zu untersuchen.

Tabelle 22: Vergleich der Modelle 1985 und 1995 (Beteiligungen Ausland)

Vergleich 1985 und 1995 (Modell 2) (Beteiligungen Ausland)			
	1985	**1995**	**Tendenz**
Größenmerkmal			
Beschäftigtenzahl	+	+	↓
Branchen			
Bau	*	*	■
Energie	-	-	→
Banken/Versicherungen	*	+	↑
Fahrzeugbau	*	*	■
Chemie	+	+	↓
Elektrotechnik/EDV	*	*	■
Stahl/Maschinenbau	*	*	■
Einzelhandel	-	-	↑
Großhandel	*	*	■
Merkmale des Eigentümers			
Inländisches Unternehmen	*	*	■
Ausländisches Unternehmen	-	*	■
Öffentlicher Besitz	*	*	■
Kein Mehrheitseigentümer	*	*	■
Inland-Ausland-Vergleich			
Anzahl inländischer Beteiligungen	+	+	↑

Legende:
* Kein signifikanter Effekt
+ Signifikant positiver Effekt
- Signifikant negativer Effekt
■ Kein signifikanter Effekt
↑ Zunehmender Effekt
↓ Abnehmender Effekt
→ Gleichbleibender Effekt

Es wird in der Analyse unterschieden zwischen den Effekten, die zu beiden Zeitpunkten signifikant waren, jenen, die nur zum Zeitpunkt 1985 signifikant waren, und Effekten, die nur im Modell 1995 signifikant waren. Zu beiden Zeitpunkten signifikant waren die Effekte der Größe, der Branchen Energie, Chemie und Einzelhandel, sowie der Inland-Ausland-Vergleich. Nur 1985 signifikant war der Effekt des Eigentümertypus „Ausländisches Unternehmen". Ausschließlich im Jahr 1995 signifikant war der Effekt der Branche Banken/Versicherungen. Die Interpretation dieser Ergebnisse folgt dem bereits oben beschriebenen Muster. Die schon 1985 nachgewiesenen Effekte sind interpretierbar als eine kontinuierliche Entwicklung der Internationalisierung.

Der Effekt der Größe eines Konzerns auf die Internationalisierung ist sowohl 1985 als auch 1995 nachzuweisen. Dies ist leicht nachvollziehbar, denn mit der Anzahl der Beteiligungen eines Konzerns steigt mit hoher Wahrscheinlichkeit auch die Anzahl der Beschäftigten, also der Größenindikator in unserem Modell. Interessant ist aber zu sehen, daß dieser Effekt von 1985 auf 1995 abnimmt. Es ist also anzunehmen, daß sich im Erhebungszeitraum auch relativ kleinere Konzerne verstärkt internationalisiert haben.[24]

Die Analyse der Branchen zeigt, daß auch 1985 Konzerne der Branche Chemie eine überdurchschnittliche Internationalisierung aufwiesen, während Konzerne der Bereiche Einzelhandel und Energie eine unterdurchschnittliche Internationalisierung, bezogen auf ausländische Beteiligungen, verzeichneten. Die über- bzw. unterdurchschnittliche Internationalisierung ist also schon 1985 zu beobachten. Der Effekt der Branche Chemie nimmt über die Zeit ab, während der Effekt der Branche Einzelhandel zunimmt. Der Effekt der Branche Energie ist gleichbleibend. Während Konzerne der chemischen Industrie dem Durchschnitt der Internationalisierung über die Zeit näher kommen, fällt der Einzelhandel noch weiter hinter den Durchschnitt zurück. Der Abstand der Konzerne der Branche Energie ist dagegen gleichbleibend. Anders verhält es sich in der Branche Banken/Versicherungen. Hier läßt sich 1985 noch keine überdurchschnittliche Internationalisierung feststellen, während dies 1995 der Fall ist. Hier hat also im Vergleich zu den anderen Branchen eine stärkere Internationalisierung stattgefunden.

Des weiteren wird deutlich, daß der Effekt der inländischen Beteiligungen, also der inländischen Expansion, auf die Internationalisierung sowohl im Jahre 1985 als auch 1995 vorhanden ist. Würde die These von der substitutiven Internationalisierung zutreffen, so müßte dieser Zusammenhang im Erhebungszeitraum zurückgegangen sein. Dies ist nicht der Fall. Dieses Ergebnis ist ein erster Hinweis auf ein gleichförmiges Wachstum der Konzerne im In- und Ausland. Man kann also von einem komplementären Verhältnis zwischen inländischen und ausländischen Beteiligungen ausgehen.

---

[24] Es sei daran erinnert, daß mit „kleineren Konzernen" natürlich weiterhin die kleineren unter den größten deutschen Aktiengesellschaften zu verstehen sind. Es ist also ein Maß der relativen Größe.

5.5.3. Modelle der abhängigen Variablen „Anzahl der inländischen Beteiligungen“

Es wird überprüft, welchen Einfluß die Branche, die Größe, der Eigentümertyp und die Anzahl der ausländischen Beteiligungen, sowie für 1995 die Anzahl der inländischen Beteiligungen 1985, auf die Anzahl der inländischen Beteiligungen 1985 und 1995 hat.

5.5.3.1. Anzahl der inländischen Beteiligungen 1995

Abhängige Variable ist die Anzahl der Beteiligungen im Inland 1995 für die 125 Konzerne unseres Samples. Für einen Überblick über die Verteilung sei auf Tabelle 7 verwiesen. Betrachten wir die Regression der abhängigen Variable „Anzahl der inländischen Beteiligungen 1995“ mit den unabhängigen Variablen Branche, Beschäftigtenzahl, Eigentümertyp, Anzahl ausländischer Beteiligungen 1995 (siehe Tabelle 6) und Anzahl inländischer Beteiligungen 1985 (siehe Tabelle 7). Auch hier ist anzumerken, daß die Variablen „Anzahl der ausländischen Beteiligungen 1995“, „Anzahl der inländischen Beteiligungen 1985“ und „Anzahl der ausländischen Beteiligungen 1995“ logarithmiert wurden, um sie einer Normalverteilung näher zu bringen.

Wieder wurden drei verschiedene Modelle gerechnet. Modell 1 berücksichtigt nur Größe, Branche und Merkmal des Eigentümers; Modell 2 nimmt zusätzlich den Inland-Ausland-Vergleich auf. Modell 3 ergänzt Modell 2 um den Zeitvergleich, also die unabhängige Variable „Anzahl der inländischen Beteiligungen 1985“.

<u>Einzeleffekte:</u>

Größe: Die Größe eines Konzerns, gemessen als Anzahl der Beschäftigten, weist einen signifikant positiven Effekt aus. Je größer ein Konzern, desto mehr inländische Beteiligungen hat dieser.

Branche: Es zeigt sich, daß für die Branche Energie ein hoch signifikant positiver Zusammenhang nachgewiesen werden kann. Schwach signifikant positiv ist der Zusammenhang in den Bereichen Großhandel (nur in Modell 3) und Banken/Versicherungen. Ein deutlich negativer Effekt zeigt sich für die Branche Fahrzeugbau; ein weniger starker negativer Effekt weist der Bereich Elektrotechnik/EDV auf. Des weiteren läßt sich in Modell 2 ein leicht negativer Effekt für die Branche Chemie nachweisen. Für die anderen Branchen wurden keine signifikanten Effekte gefunden.

Eigentümertypus: Konzerne ohne Mehrheitseigentümer weisen eine signifikant höhere Anzahl an inländischen Beteiligungen auf als der Durchschnitt der Konzerne. Für alle anderen Eigentümertypen konnten keine Effekte nachgewiesen werden.

Inland - Ausland - Vergleich: Die in Modell 2 eingebrachte Variable zeigt einen signifikant positiven Effekt. Mit der Anzahl der ausländischen Beteiligungen steigt auch die Anzahl der inländischen Beteiligungen an. Dieser Zusam menhang konnte in umgekehrter Richtung schon im Modell der abhängigen Variablen „Anzahl ausländischer Beteiligungen 1995“ nachgewiesen werden.

Tabelle 23: Lineare Regression der Variable „Anzahl der inländischen Beteiligungen 1995“ in bezug auf Größe, Branche, Eigentümer, Anzahl der inländischen Beteiligungen 1985 und „Anzahl der ausländischen Beteiligungen 1995“

Anzahl inländischer Beteiligungen (logarithmiert) 1995$^{\Omega}$			
	Modell 1	**Modell 2**	**Modell 3**
Größenmerkmal			
Beschäftigtenzahl	5.274E-06***	3.404E-06*	6.630E-07
Branchen$^{\Omega\Omega}$			
Bau	-.107	-.0796	-.0485
Energie	.751***	.899***	.285+
Banken/Versicherungen	.312+	.184	-.0115
Fahrzeugbau	-.622**	-.577**	-.0890
Chemie	-.221	-.320*	-.235+
Elektrotechnik/EDV	-.598+	-.669*	-.426+
Stahl/Maschinenbau	.338*	.333*	.144
Einzelhandel	-.0161	.132	.180
Großhandel	.181	.188	.241+
Merkmale des Eigentümers$^{\Omega\Omega\Omega}$			
Inländisches Unternehmen	-.168	-.179	-.107
Ausländisches Unternehmen	-.212	-.157	-.202
Öffentlicher Besitz	-.170	-.138	.206
Kein Mehrheitseigentümer	.393**	.317*	-.0874
Zeitvergleich / Inland-Ausland-Vergleich			
Anzahl inländischer Beteiligungen 1985 (log)	-	-	.578***
Anzahl ausländischer Beteiligungen 1995 (log)	-	.237**	.163*
Konstante	1.660***	1.429***	.886***
r^2	.410	.454	.672
Korrigiertes r^2	.335	.379	.623
n	125	125	125

+ p<0.1, * p<0.05, ** p<0.01, *** p<0.001

$^{\Omega}$ Angegeben ist jeweils der unstandardisierte Regressionskoeffizient B.

$^{\Omega\Omega}$ Referenzkategorie: Residualkategorie

$^{\Omega\Omega\Omega}$ Referenzkategorie: Familienbesitz

Zeitvergleich: Die Variable „Anzahl inländischer Beteiligungen 1985" weist einen hoch signifikanten Zusammenhang mit der abhängigen Variable auf. Die Anzahl der inländischen Beteiligungen 1985 ist also ein sehr guter Prädiktor für die Anzahl 1995.

Modelleffekte:
In Modell 2 nehmen im Vergleich zu Modell 1 die Effekte der Branchen Energie, Elektrotechnik/EDV und Chemie zu, der Effekt des Bereichs Banken/Versicherungen und der der Variable „Beschäftigtenzahl" nimmt dagegen ab. Anders als bei der Analyse der Variable „Anzahl ausländischer Beteiligungen 1995" sind bei diesen Modellen keine so starken Veränderungen der Effekte bei Hinzunahme der Zeitvergleichsvariable (Anzahl inländischer Beteiligungen 1985, Modell 3) zu erkennen. Alle in Modell 1 signifikanten Effekte nehmen ab, aber nur die Effekte der Branchen Stahl/Maschinenbau und Fahrzeugbau sowie der des Eigentümertyps „Kein Mehrheitseigentümer" sind auch auf dem Zehn-Prozent-Signifikanzniveau nicht mehr signifikant. Wir beobachten den für die ausländischen Beteiligungen beobachteten Effekt in abgeschwächter Form. Wieder werden bei Kontrolle der Anzahl der Beteiligungen 1985 die anderen Effekte kleiner. Die meisten der nachgewiesenen Effekte sind also auf Entwicklungen von vor 1985 zurückzuführen. Diejenigen Effekte, welche bei Einführung dieser Variable zurückgehen, sollten also auch im Modell 1985 nachweisbar sein.

5.5.3.2. Anzahl der inländischen Beteiligungen 1985

Abhängige Variable ist die Anzahl der Beteiligungen im Inland 1985 für die 125 Konzerne unseres Samples. Für einen Überblick über die Verteilung sei auf Tabelle 7 verwiesen. Gerechnet wird die Regression der abhängigen Variable „Anzahl der inländischen Beteiligungen 1985" mit den unabhängigen Variablen Branche, Beschäftigtenzahl, Eigentümertyp und Anzahl ausländischer Beteiligungen 1985 (siehe Tabelle 6).

Wiederum ist zu beachten, daß die Variablen „Anzahl der ausländischen Beteiligungen 1985" und „Anzahl der inländischen Beteiligungen 1985" logarithmiert wurden, um sie einer Normalverteilung näher zu bringen. Für die abhängige Variable „Anzahl der inländischen Beteiligungen 1985" wurden zwei verschiedene Modelle gerechnet. Modell 1 berücksichtigt nur Größe, Branche und Merkmal des Eigentümers; Modell 2 nimmt zusätzlich den Inland-Ausland-Vergleich auf.

Einzeleffekte:
Größe: Auch 1985 ist ein starker Größeneffekt nachzuweisen. Je mehr Beschäftigte ein Unternehmen hat, desto mehr inländische Beteiligungen weist es auf.
Branche: Signifikante Effekte werden für die Branchen Energie, Fahrzeugbau und Elektrotechnik/EDV festgestellt. Der Effekt der Branche Energie ist positiv. Für die anderen beiden Branchen wird eine niedrigere Anzahl inländischer Be-

teiligungen als der Durchschnitt aller Konzerne prognostiziert. Für alle anderen Branchen konnten keine signifikanten Effekte nachgewiesen werden.

Tabelle 24: Lineare Regression der Variable „Anzahl der inländischen Beteiligungen 1985“ in bezug auf Größe, Branche, Eigentümer und „Anzahl der Beteiligungen 1985“

Anzahl der inländischen Beteiligungen (logarithmiert) 1985^Ω		
	Modell 1	**Modell 2**
Größenmerkmal		
Beschäftigtenzahl	5.990E-06***	4.580E-06*
Branchen^ΩΩ		
Bau	-.401	-.409
Energie	1.089***	1.146***
Banken/Versicherungen	.342	.311
Fahrzeugbau	-.695**	-.652*
Chemie	-.111	-.249
Elektrotechnik/EDV	-.566+	-.625+
Stahl/Maschinenbau	.308	.306
Einzelhandel	-.255	-.166
Großhandel	.138	.130
Merkmale des Eigentümers^ΩΩΩ		
Inländisches Unternehmen	-.0992	-.0877
Ausländisches Unternehmen	-.252	-.174
Öffentlicher Besitz	-.343	-.315
Kein Mehrheitseigentümer	.361*	.318*
Inland-Ausland-Vergleich		
Anzahl der ausländischen Beteiligungen 1985 (log)	-	.206+
Konstante	1.109***	.974***
r^2	.364	.384
Korrigiertes r^2	.279	.295
n	119	119

+ p<0.1, * p<0.05, ** p<0.01, *** p<0.001

Ω Angegeben ist jeweils der unstandardisierte Regressionskoeffizient B.

ΩΩ Referenzkategorie: Residualkategorie

ΩΩΩ Referenzkategorie: Familienbesitz

Eigentümertypus: Konzerne ohne Mehrheitseigentümer weisen eine signifikant höhere Anzahl an inländischen Beteiligungen auf als der Konzerndurchschnitt. Die anderen Typen haben keine signifikanten Effekte.
Inland - Ausland - Vergleich: Die Anzahl der ausländischen Beteiligungen 1985 weist einen signifikanten Effekt auf. Je höher also die Anzahl der ausländischen Beteiligungen, desto höher ist auch die Anzahl der inländischen Beteiligungen. Auch dieser Effekt wurde schon für die ausländischen Beteiligungen als abhängiger Variable festgestellt.

Modelleffekte:
Bei Hinzunahme der Variable „Anzahl der ausländischen Beteiligungen" ergeben sich keine wesentlichen Effektveränderungen außer dem Rückgang des Effektes der Variable „Beschäftigtenzahl".

5.5.3.3. Vergleich 1985 und 1995

Das Modell 2 1985 und das Modell 2 1995 werden im weiteren miteinander verglichen, um Veränderungen über die Zeit zu untersuchen. Zu beiden Zeitpunkten signifikant waren die Effekte der Branchen Energie, Fahrzeugbau und Elektrotechnik/EDV. Des weiteren gilt dies für den Effekt der Variable Beschäftigtenzahl, des Eigentümertyps „Kein Mehrheitseigentümer" und den Effekt des Inland-Ausland-Vergleichs. Nur 1995 signifikant sind die Effekte der Branchen Chemie und Stahl/Maschinenbau.

Auch für inländische Beteiligungen gilt, daß die Größe eines Unternehmens signifikanten Einfluß auf die Anzahl der Beteiligungen 1985 und 1995 hat. Mit der Größe eines Unternehmens steigt die Anzahl der Beteiligungen. Dieser Zusammenhang ist nicht nur in einer Richtung interpretierbar, da sich Größe und Anzahl der Beteiligungen gegenseitig beeinflussen, dieser Effekt nimmt allerdings über die Zeit ab, was als zunehmender Beteiligungsbesitz auch bei den relativ kleineren Unternehmen unseres Samples interpretiert werden kann.

Konzerne der Branche Energie weisen zu beiden Zeitpunkten ein signifikant höheres Ausmaß an inländischen Beteiligungen auf als der Durchschnitt aller Konzerne. Dieser Effekt sinkt aber von 1985 auf 1995. Der Bereich Fahrzeugbau weist sowohl 1985 als auch 1995 einen signifikant negativen Effekt auf. Konzerne dieser Branche haben also zu beiden Zeitpunkten unterdurchschnittlich viele Beteiligungen im Inland. 1995 ist dieser Effekt noch stärker als 1985, das heißt, der Abstand zum Durchschnitt aller Konzerne hat sich vergrößert. Die Branche Chemie weist im Gegensatz zum Zeitpunkt 1985 im Jahre 1995 einen signifikanten Effekt auf. Dieser ist negativ, Konzerne der Chemiebranche haben also signifikant weniger inländische Beteiligungen als der Durchschnitt aller Konzerne.

Konzerne der Branche Elektrotechnik/EDV haben zu beiden Zeitpunkten einen negativen Effekt auf die Anzahl der inländischen Beteiligungen. Die Stärke dieses Effektes hat sich nicht geändert.

Tabelle 25: Vergleich der Modelle 1985 und 1995 (Beteiligungen Inland)

Vergleich 1985 und 1995 (Modell 2) (Beteiligungen Inland)			
	1985	**1995**	**Tendenz**
Größenmerkmal			
Beschäftigtenzahl	+	+	↓
Branchen			
Bau	*	*	■
Energie	+	+	↓
Banken/Versicherungen	*	*	■
Fahrzeugbau	-	-	↑
Chemie	*	-	↑
Elektrotechnik/EDV	-	-	→
Stahl/Maschinenbau	*	+	→
Einzelhandel	*	*	■
Großhandel	*	*	■
Merkmale des Eigentümers			
Inländisches Unternehmen	*	*	■
Ausländisches Unternehmen	*	*	■
Öffentlicher Besitz	*	*	■
Kein Mehrheitseigentümer	+	+	→
Inland-Ausland-Vergleich			
Anzahl ausländischer Beteiligungen	+	+	→

<u>Legende:</u>

- * Kein signifikanter Effekt
- \+ Signifikant positiver Effekt
- \- Signifikant negativer Effekt
- ■ Kein signifikanter Effekt
- ↑ Zunehmender Effekt
- ↓ Abnehmender Effekt
- → Gleichbleibender Effekt

Der Einfluß des Eigentümertyps „Kein Mehrheitseigentümer" ist zu beiden Zeitpunkten signifikant positiv. Zu beiden Zeitpunkten haben Konzerne ohne Mehrheitseigentümer mehr inländische Beteiligungen als der Durchschnitt aller Konzerne. Der Effekt ist in seiner Stärke über die Zeit unverändert geblieben.

Zu beiden Zeitpunkten positiv ist auch der Effekt der Anzahl ausländischer Beteiligungen auf die Anzahl inländischer Beteiligungen. Auch dieser Effekt verändert seine Stärke über die Zeit kaum. Es bestätigen sich die Ergebnisse der Modelle zur Variable „Anzahl ausländischer Beteiligungen", wonach inländisches mit ausländischem Wachstum qua Beteiligungen in komplementärem Zusammenhang steht.

5.5.4. Modelle der abhängigen Variablen „Summe des Grundkapitals ausländischer Beteiligungen"

Nachdem in den beiden letzten Abschnitten Internationalisierung und innerdeutsche Expansion auf Basis der Anzahl der Beteiligungen untersucht wurde, soll nun anhand des Grundkapitals der Größenaspekt der Beteiligungen mit in die Analyse einbezogen werden. Diese Analyse ist notwendig, um Verzerrungen aufgrund der Messmethode überprüfen zu können. Anhand der folgenden Modelle kann untersucht werden, ob Effekte der vorhergehenden Modelle in bezug auf die Größe über- bzw. unterschätzt wurden.

Es wird überprüft, welchen Einfluß die Branche, die Größe, der Eigentümertyp und die Kapitalausstattung der inländischen Beteiligungen, sowie für 1995 die Kapitalausstattung der ausländischen Beteiligungen 1985, auf die Kapitalausstattung der ausländischen Beteiligungen 1985 und 1995 hat.

5.5.4.1. Summe des Grundkapitals ausländischer Beteiligungen 1995

Abhängige Variable ist die Summe des Grundkapitals der Beteiligungen im Ausland 1995 für jeden der 125 Konzerne unseres Samples. Für einen Überblick über die Verteilung sei auf Tabelle 14 verwiesen.

Gezeigt wird die Regression der abhängigen Variable „Summe des Grundkapitals ausländischer Beteiligungen 1995" mit den unabhängigen Variablen Branche, Beschäftigtenzahl, Eigentümertyp, „Summe des Grundkapitals inländischer Beteiligungen 1995" (siehe Tabelle 14) und „Summe des Grundkapitals ausländischer Beteiligungen 1985" (siehe Tabelle 14). Die Variablen „Summe des Grundkapitals ausländischer Beteiligungen 1995", „Summe des Grundkapitals ausländischer Beteiligungen 1985" und „Summe des Grundkapitals inländischer Beteiligungen 1995" wurden logarithmiert, um sie einer Normalverteilung näher zu bringen.

Drei verschiedene Modelle wurden gerechnet. Modell 1 berücksichtigt nur Größe, Branche und Merkmal des Eigentümers; Modell 2 nimmt zusätzlich den Inland-Ausland-Vergleich auf. Modell 3 ergänzt Modell 2 um den Zeitvergleich, also die unabhängige Variable „Summe des Grundkapitals ausländischer Beteiligungen 1985".

Wie in den vorhergehenden Kapiteln werden zuerst die Einzeleffekte beschrieben, anschließend die Modelleffekte analysiert.

<u>Einzeleffekte:</u>

Größe: Die Größe eines Konzerns, gemessen an der Beschäftigtenzahl, weist in Modell 1 einen signifikant positiven Effekt auf. Je größer ein Konzern ist, desto mehr Grundkapital ausländischer Beteiligungen weist er auf.

Branche: Für die Branche Energie zeigt sich ein hoch signifikant negativer Effekt. Konzerne der Branche Energie halten im Modell deutlich weniger Grundkapital ausländischer Beteiligungen als der Durchschnitt aller Konzerne. Dies

Tabelle 26: Lineare Regression der Variable „Summe des Grundkapitals ausländischer Beteiligungen 1995" in bezug auf Größe, Branche, Eigentümer, Summe des Grundkapitals ausländischer Beteiligungen 1985 und „Summe des Grundkapitals inländischer Beteiligungen 1995"

Summe des Grundkapitals ausländischer Beteiligungen (logarithmiert) 1995$^{\Omega}$			
	Modell 1	**Modell 2**	**Modell 3**
Größenmerkmal			
Beschäftigtenzahl	2.026E-05***	1.237E-05*	4.147E-06
Branchen$^{\Omega\Omega}$			
Bau	-.770	-.109	-.664
Energie	-1.787**	-2.818***	-2.036***
Banken/Versicherungen	1.770**	1.064+	.749
Fahrzeugbau	1.035	1.499*	1.937**
Chemie	.786	.790	-.191
Elektrotechnik/EDV	1.101	1.680+	1.183
Stahl/Maschinenbau	.0819	-.146	-.240
Einzelhandel	-1.633*	-1.364*	-.708
Großhandel	-1.028	-.943	-.646
Merkmale des Eigentümers$^{\Omega\Omega\Omega}$			
Inländisches Unternehmen	.307	.562	.703+
Ausländisches Unternehmen	-.307	-.266	-.299
Öffentlicher Besitz	-.311	-.322	-.658
Kein Mehrheitseigentümer	.620	.320	.217
Zeitvergleich / Inland-Ausland-Vergleich			
Grundkapital ausländischer Beteiligungen 1985 (log)	-	-	.494***
Grundkapital inländischer Beteiligungen 1995 (log)	-	.492***	.353**
Konstante	3.568***	1.034	.723
r^2	.435	.520	.621
Korrigiertes r^2	.363	.454	.564
n	124	124	123

+ $p<0.1$, * $p<0.05$, ** $p<0.01$, *** $p<0.001$

$^{\Omega}$ Angegeben ist jeweils der unstandardisierte Regressionskoeffizient B.

$^{\Omega\Omega}$ Referenzkategorie: Residualkategorie

$^{\Omega\Omega\Omega}$ Referenzkategorie: Familienbesitz

gilt auch für die Branche Einzelhandel. Ein hoch signifikant positiver Effekt ist dagegen für den Bereich Banken/Versicherungen zu erkennen. Konzerne dieser

Branchen weisen höhere Summen an Grundkapital der Beteiligungen auf als der Durchschnitt aller Konzerne.

Eigentümertypus: In diesem Bereich sind keine signifikanten Effekte nachzuweisen.

Inland-Ausland-Vergleich: Die Variable „Grundkapital inländischer Beteiligungen 1995" hat einen hoch signifikanten Zusammenhang mit der abhängigen Variable. Je höher die Summe des Grundkapitals inländischer Beteiligungen, desto höher auch die Summe des Grundkapitals ausländischer Beteiligungen.

Zeitvergleich: Wie bei der Untersuchung der Anzahl der Beteiligungen zeigt sich hier ein starker Zusammenhang zwischen dem Status 1985 und 1995. Je höher die Summe des Grundkapitals eines Konzerns 1985 ist, desto höher ist die Summe des Grundkapitals der Beteiligungen 1995. Hier bestätigt sich wieder die starke Pfadabhängigkeit der Internationalisierung von Konzernen durch Beteiligungen.

Modelleffekte:

Durch den Einbezug der Variable „Grundkapital inländischer Beteiligungen 1995" verändern sich die Effekte der Branchen Energie, Fahrzeugbau, Banken/Versicherungen und Elektrotechnik/EDV. Alle anderen Effekte sind nicht signifikant oder ändern sich nur unwesentlich.

Der negative Effekt der Branche Energie nimmt in Modell 2, also bei Kontrolle der Summe inländischen Grundkapitals aller Beteiligungen, deutlich zu. Inhaltlich bedeutet dies, daß das Aufkommen inländischen Kapitals 1995 der Konzerne der Branche Energie einen Teil des Brancheneffektes unterdrückt. Das heißt, gäbe es keine Unterschiede bezüglich der Summe des inländischen Grundkapitals 1995, wäre der Effekt der Branche Energie in Modell 1 noch stärker. Auch für die Branchen Fahrzeugbau und Elektrotechnik/EDV zeigen sich stärkere Effekte, wobei diese positiv sind.

Deutlich kleiner wird der Effekt in Modell 2 für die Branche Banken/Versicherungen. Bei Kontrolle des inländischen Bestandes an Grundkapital durch Beteiligungen sinkt der Effekt für diese Branche merklich. Kontrolliert man also die inländischen Investitionen, sinkt der Effekt der Branche Banken/Versicherungen. Dieser Effekt kann also einen Teil dieses Brancheneffektes erklären.

Durch die in Modell 3 hinzugenommene Variable „Summe des Grundkapitals ausländischer Beteiligungen 1985" verändern sich die Effekte der Branchen Fahrzeugbau, Energie, Banken/Versicherungen und Einzelhandel. Des weiteren wird der Effekt des Eigentümertyps „Inländisches Unternehmen" auf dem Zehn-Prozent-Niveau signifikant. Schließlich verringert sich auch der Effekt des Inland-Ausland-Vergleichs.

Der von Modell 1 zu Modell 2 angestiegene Effekt der Branche Energie sinkt in Modell 3 wieder fast auf das Ursprungsniveau, bleibt aber hoch signifikant. Die Internationalisierung 1985 erklärt also einen Teil des Effektes der Branche Energie, nicht aber den gesamten. Auch die Effekte der Branchen Einzelhandel und Banken/Versicherungen gehen zurück. Diese Effekte sind in Modell 3 nicht mehr signifikant. Ein relevanter Teil dieser Effekte kann also aus dem Zustand 1985 erklärt werden.

Eine umgekehrte Entwicklung nimmt der Effekt der Branche Fahrzeugbau. Bei Kontrolle der Internationalisierung 1985 zeigt sich ein stärkerer Effekt als in Modell 2 und 1. Berücksichtigt man also den Zustand 1985, zeigt sich für die Branche Fahrzeugbau eine Steigerung des Effekts.

In Modell 3 wird der Effekt des Eigentümertyps „Inländisches Unternehmen" signifikant. Schließlich sinkt der Effekt der Variable „Summe des Grundkapitals inländischer Beteiligungen 1995", bleibt aber signifikant. Ein Teil dieses Effekts erklärt sich demnach aus der Situation 1985, der zu diesem Zeitpunkt schon existent war.

5.5.4.2. Summe des Grundkapitals ausländischer Beteiligungen 1985

Abhängige Variable ist die Summe des Grundkapitals ausländischer Beteiligungen 1985 für die 125 Konzerne unseres Samples. Für einen Überblick über die Verteilung sei auf Tabelle 14 verwiesen. Für diese Variable wird eine Regression mit den unabhängigen Variablen Branche, Beschäftigtenzahl, Eigentümertyp und „Summe des Grundkapitals inländischer Beteiligungen 1985" (siehe Tabelle 14) gerechnet. Auch hier gilt, daß die Variablen „Summe des Grundkapitals ausländischer Beteiligungen 1985" und „Summe des Grundkapitals inländischer Beteiligungen 1985" logarithmiert wurden, um sie einer Normalverteilung näher zu bringen.

Für die abhängige Variable „Summe des Grundkapitals ausländischer Beteiligungen 1985" wurden zwei verschiedene Modelle gerechnet. Modell 1 berücksichtigt nur Größe, Branche und Merkmal des Eigentümers; Modell 2 nimmt zusätzlich den Inland-Ausland-Vergleich auf.

<u>Einzeleffekte:</u>

Größe: Es zeigt sich ein hoch signifikanter positiver Effekt der Variable „Beschäftigtenzahl". Je größer ein Konzern, desto höher ist die Summe des Grundkapitals der ausländischen Beteiligungen.

Branche: Signifikante Effekte zeigen sich für die Branchen Energie, Banken/Versicherungen, Chemie und Einzelhandel. Der Effekt der Branche Energie ist negativ. Konzerne dieser Branche haben eine niedrigere Summe des Grundkapitals ausländischer Beteiligungen als der Durchschnitt aller Konzerne. Konzerne des Bereichs Banken/Versicherungen weisen schon 1985 eine signifikant höhere Summe des Grundkapitals ausländischer Beteiligungen auf als der Durchschnitt aller Konzerne. Dies gilt auch für die Branche Elektrotechnik/EDV, deren Effekt zusätzlich noch hoch signifikant ist. Signifikant negativ ist dagegen der Effekt der Branche Einzelhandel. Alle anderen Brancheneffekte sind nicht signifikant.

Eigentümertypus: Konzerne in Besitz ausländischer Unternehmen weisen eine signifikant niedrigere Summe an Grundkapital ausländischer Beteiligungen auf. Des weiteren sind Konzerne ohne Mehrheitseigentümer mit signifikant höherer Summe des Grundkapitals ausländischer Beteiligungen ausgestattet.

Inland – Ausland – Vergleich: Auch hier findet sich ein signifikanter Effekt. Es ist einmal mehr augenfällig, daß mit der Höhe der Summe des Grundkapitals inländischer Beteiligungen auch die Summe des Grundkapitals ausländischer Beteiligungen steigt.

Tabelle 27: Lineare Regression der Variable „Summe des Grundkapitals ausländischer Beteiligungen 1985“ in bezug auf Größe, Branche, Eigentümer und „Summe des Grundkapitals inländischer Beteiligungen 1985“

Summe des Grundkapitals ausländischer Beteiligungen(logarithmiert) 1985$^{\Omega}$		
	Modell 1	**Modell 2**
Größenmerkmal		
Beschäftigtenzahl	1.990E-05***	1.569E-05**
Branchen$^{\Omega\Omega}$		
Bau	.190	.559
Energie	-.481	-1.227+
Banken/Versicherungen	1.021+	.727
Fahrzeugbau	-.490	-.0169
Chemie	1.804***	1.887***
Elektrotechnik/EDV	.430	.643
Stahl/Maschinenbau	.247	.0608
Einzelhandel	-1.828**	-1.628**
Großhandel	-.344	-.358
Merkmale des Eigentümers$^{\Omega\Omega\Omega}$		
Inländisches Unternehmen	.0404	.0961
Ausländisches Unternehmen	-1.147*	-1.101*
Öffentlicher Besitz	.0244	.286
Kein Mehrheitseigentümer	.805*	.639
Inland-Ausland-Vergleich		
Summe des Grundkapitals der inländischen Beteiligungen 1985	-	.219*
Konstante	2.012***	1.292**
r^2	.458	.484
Korrigiertes r^2	.384	.409
N	118	118

+ $p<0.1$, * $p<0.05$, ** $p<0.01$, *** $p<0.001$

$^{\Omega}$ Angegeben ist jeweils der unstandardisierte Regressionskoeffizient B.

$^{\Omega\Omega}$ Referenzkategorie: Residualkategorie

$^{\Omega\Omega\Omega}$ Referenzkategorie: Familienbesitz

Modelleffekte:
Bei Hinzunahme der Variable „Summe des Grundkapitals inländischer Beteiligungen 1985“ ergeben sich wesentliche Effektveränderungen für die Größenvariable, die Branchen Energie und Banken/Versicherungen und den Eigentümertyp „Kein Mehrheitseigentümer“.

Bei Kontrolle der Summe des Grundkapitals der inländischen Beteiligungen sinkt der Effekt der Variable Beschäftigtenzahl, der negative Effekt der Branche Energie steigt dagegen an und wird schwach signifikant. Der Inland-Status verstärkt also noch den Effekt dieser Branche. Der Effekt der Branche Banken/Versicherungen verringert sich von Modell 1 zu Modell 2 und ist nicht mehr signifikant. Der Effekt von Banken/Versicherungen ist also in erster Linie ein Effekt der *gesamten* (Inland **und** Ausland) Beteiligungen. Schließlich sinkt der Effekt für Konzerne ohne Mehrheitseigentümer und ist nicht mehr signifikant.

5.5.4.3. Vergleich 1985 und 1995

Das Modell 2 1985 und das Modell 2 1995 werden im weiteren miteinander verglichen, um Veränderungen über die Zeit zu untersuchen.

Wir unterscheiden zwischen Effekten, die zu beiden Zeitpunkten, jenen, die nur zum Zeitpunkt 1985, und Effekten, die nur im Modell 1995 signifikant waren. Zu beiden Zeitpunkten signifikant waren die Effekte von Beschäftigtenzahl, der Branchen Energie und Einzelhandel, sowie der Effekt der Summe des Grundkapitals inländischer Beteiligungen. Nur zum Zeitpunkt 1985 signifikant war der Effekt des Eigentümertyps „Ausländisches Unternehmen“. Nur 1995 signifikant waren dagegen die Effekte der Branchen Banken/Versicherungen, Fahrzeugbau und Elektrotechnik/EDV.

Man sieht, daß der Effekt der Größe eines Konzerns, gemessen als Anzahl der Beschäftigten, über die Zeit abnimmt. Offensichtlich zeigt sich auch hier, daß relativ kleinere Konzerne sich über die Zeit stärker internationalisiert haben.

Der Effekt der Branche Energie ist zu beiden Zeitpunkten negativ und verändert sich kaum. Im Vergleich zum Durchschnitt aller Konzerne sind Konzerne der Branche Energie zu beiden Zeitpunkten unterdurchschnittlich mit Grundkapital ausländischer Beteiligungen ausgestattet.

Der Effekt der Branche Banken/Versicherungen ist 1995 im Gegensatz zu 1985 signifikant. Konzerne aus dem Bereich Banken/Versicherungen weisen 1995 eine höhere Summe an Grundkapital ausländischer Beteiligungen auf als der Durchschnitt aller Konzerne. Da dieser Effekt 1985 nicht nachweisbar ist, kann von einer überdurchschnittlichen Internationalisierung dieses Bereiches ausgegangen werden. Diese Entwicklung gilt auch für die Branchen Fahrzeugbau und EDV/Elektrotechnik.

Der Effekt der Branche Einzelhandel ist zu beiden Zeitpunkten signifikant negativ. Im Jahre 1995 ist dieser aber kleiner als im Jahre 1985. Der Abstand zum Durchschnitt aller Konzerne ist kleiner geworden, aber die Internationalisierung ist immer noch stark unterdurchschnittlich.

Konzerne in ausländischem Besitz wiesen 1985 eine signifikant unterdurchschnittliche Summe an Grundkapital ausländischer Beteiligungen auf. Dieser Effekt ist 1995 nicht mehr nachzuweisen.

Tabelle 28: Vergleich der Modelle 1985 und 1995 (Grundkapital Ausland)

Vergleich 1985 und 1995 (Modell 2) (Grundkapital Ausland)			
	1985	**1995**	**Tendenz**
Größenmerkmal			
Beschäftigtenzahl	+	+	↓
Branchen			
Bau	*	*	■
Energie	-	-	→
Banken/Versicherungen	*	+	↑
Fahrzeugbau	*	+	↑
Chemie	+	*	↓
Elektrotechnik/EDV	*	+	↑
Stahl/Maschinenbau	*	*	■
Einzelhandel	-	-	↓
Großhandel	*	*	■
Merkmale des Eigentümers			
Inländisches Unternehmen	*	*	■
Ausländisches Unternehmen	-	*	↓
Öffentlicher Besitz	*	*	■
Kein Mehrheitseigentümer	*	*	→
Inland-Ausland-Vergleich			
Summe des Grundkapitals inländischer Beteiligungen	+	+	↑

Legende:

*	Kein signifikanter Effekt	■	Kein signifikanter Effekt
+	Signifikant positiver Effekt	↑	Zunehmender Effekt
-	Signifikant negativer Effekt	↓	Abnehmender Effekt
→	Gleichbleibender Effekt		

Der Effekt der Variable „Summe des Grundkapitals inländischer Beteiligungen" war zu beiden Zeitpunkten signifikant positiv und ist 1995 wesentlich größer als 1985. Gäbe es substitutive Internationalisierung, so dürfte dieser Effekt nicht signifikant sein, zumindest aber müßte er abnehmen. Da das Gegenteil der Fall ist, kann man von einem komplementären Verhältnis zwischen inländischem und ausländischem Beteiligungsbesitz ausgehen. Je höher die Summe des

Grundkapitals inländischer Beteiligungen, desto höher ist auch die Summe des Grundkapitals ausländischer Beteiligungen.

5.5.5. Modelle der abhängigen Variablen „Summe des Grundkapitals inländischer Beteiligungen“

Es wird jetzt überprüft, welchen Einfluß die Branche, die Größe, der Eigentümertyp und die Kapitalausstattung der ausländischen Beteiligungen, sowie für 1995 die Kapitalausstattung der inländischen Beteiligungen 1985, auf die Kapitalausstattung der inländischen Beteiligungen 1985 und 1995 hat.

5.5.5.1. Summe des Grundkapitals inländischer Beteiligungen 1995

Abhängige Variable ist die Summe des Grundkapitals der Beteiligungen im Inland 1995 für jeden der 125 Konzerne unseres Samples. Für einen Überblick über die Verteilung sei auf Tabelle 14 verwiesen. Unabhängigen Variablen sind Branche, Beschäftigtenzahl, Eigentümertyp, „Summe des Grundkapitals ausländischer Beteiligungen 1995“ (siehe Tabelle 14) und „Summe des Grundkapitals inländischer Beteiligungen 1985“ (siehe Tabelle 14).

Wiederum wurden die Variablen „Summe des Grundkapitals inländischer Beteiligungen 1995“, „Summe des Grundkapitals inländischer Beteiligungen 1985“ und „Summe des Grundkapitals ausländischer Beteiligungen 1995“ logarithmiert, um sie einer Normalverteilung näher zu bringen.

Auch hier wurden drei verschiedene Modelle gerechnet. Modell 1 berücksichtigt nur Größe, Branche und Merkmal des Eigentümers; Modell 2 nimmt zusätzlich den Inland-Ausland-Vergleich auf. Modell 3 ergänzt Modell 2 um den Zeitvergleich, also die unabhängige Variable „Summe des Grundkapitals inländischer Beteiligungen 1985“. Zuerst werden die Einzeleffekte beschrieben, anschließend die Modelleffekte analysiert.

Einzeleffekte:

Größe: Je größer ein Unternehmen, gemessen an der Anzahl der Beschäftigten ist, desto höher ist die Summe des Grundkapitals inländischer Beteiligungen im Modell. Dieser Effekt ist in Modell 1 hoch signifikant.

Branche: Die Branche Bau hat einen signifikant negativen Effekt auf die Summe des Grundkapitals inländischer Beteiligungen. Konzerne der Branche Bau haben im Modell also eine signifikant niedrigere Summe des Grundkapitals inländischer Konzerne als der Durchschnitt aller Konzerne. Dieser Zusammenhang gilt auch für die Branchen Fahrzeugbau und Elektrotechnik/EDV. Einen signifikant positiven Effekt haben dagegen die Branchen Energie und Banken/Versicherungen.

Eigentümertypus: Positive Effekte zeigen sich für die Eigentümertypen „Öffentlicher Besitz“ und „Kein Mehrheitseigentümer“. Konzerne dieser Typen haben also eine höhere Summe an Grundkapital inländischer Beteiligungen als der Durchschnitt aller Konzerne. Signifikant negativ ist dagegen der Effekt für Konzerne, die sich in Besitz von inländischen Unternehmen befinden.

Tabelle 29: Lineare Regression der Variable „Summe des Grundkapitals inländischer Beteiligungen 1995“ in bezug auf Größe, Branche, Eigentümer, „Summe des Grundkapitals inländischer Beteiligungen 1985“ und „Summe des Grundkapitals ausländischer Beteiligungen 1995“

Summe des Grundkapitals inländischer Beteiligungen (logarithmiert) 1995 Ω			
	Modell 1	**Modell 2**	**Modell 3**
Größenmerkmal			
Beschäftigtenzahl	1.607E-05***	9.821E-06**	4.277E-06
Branchen ΩΩ			
Bau	-.1.346*	-1.107+	-.579
Energie	2.092***	2.643***	1.030*
Banken/Versicherungen	1.434**	.892+	.449
Fahrzeugbau	-.946+	-1.260*	-.0636
Chemie	-9.14E-03	-.248	-.0484
Elektrotechnik/EDV	-1.181	-1.515*	-1.233+
Stahl/Maschinenbau	.461	.438	-.0364
Einzelhandel	-.550	-.0459	.112
Großhandel	-.153	.143	.317
Merkmale des Eigentümers ΩΩΩ			
Inländisches Unternehmen	-.515	-.613*	-.518+
Ausländisches Unternehmen	-.0847	9.669E-03	-.220
Öffentlicher Besitz	.0220	.117	1.072+
Kein Mehrheitseigentümer	.608+	.420	-.0201
Zeitvergleich / Inland-Ausland-Vergleich			
Grundkapital inländischer Beteiligungen 1985 (log)	-	-	.444***
Grundkapital ausländischer Beteiligungen 1995 (log)	-	.307***	.210**
Konstante	5.152***	4.058***	3.059***
r^2	.439	.523	.656
Korrigiertes r^2	.368	.457	.605
N	125	124	124

+ p<0.1, * p<0.05, ** p<0.01, *** p<0.001

Ω Angegeben ist jeweils der unstandardisierte Regressionskoeffizient B.

ΩΩ Referenzkategorie: Residualkategorie

ΩΩΩ Referenzkategorie: Familienbesitz

Inland – Ausland – Vergleich: Der Zusammenhang zwischen der Summe des Grundkapitals der ausländischen Beteiligungen und der Summe des Grundkapitals der inländischen Beteiligungen ist hoch signifikant. Je höher die Summe inländischen Grundkapitals, desto höher ist auch die Summe ausländischen Grundkapitals im Modell.
Zeitvergleich: Ein hoch signifikanter positiver Effekt läßt sich für die Variable „Summe des Grundkapitals inländischer Beteiligungen 1985" nachweisen. Der Status 1985 ist ein guter Prädiktor für den Status 1995. Dies spricht für eine starke Pfadabhängigkeit des inländischen Beteiligungsengagements.

Modelleffekte:
Durch die Hinzunahme der Variable „Grundkapital ausländischer Beteiligungen 1995" verändern sich die Effekte der Größe, der Branchen Bau, Energie, Banken/Versicherungen, Fahrzeugbau und Elektrotechnik, sowie die Effekte der Eigentümertypen „Inländisches Unternehmen" und „Kein Mehrheitseigentümer".

Der positive Effekt der Größe nimmt bei Berücksichtigung des Inland – Ausland – Vergleichs ab. Der negative Effekt der Branche Bau nimmt in Modell 2 genauso ab wie der positive Effekt des Bereichs Banken/Versicherungen. Die Variable „Summe des Grundkapitals ausländischer Beteiligungen 1995" kann einen Teil dieser beiden Brancheneffekte erklären, diese sind also auf den Unterschied in bezug auf die Summe des Grundkapitals ausländischer Beteiligungen zwischen den Branchen zurückzuführen. Stärker werden die Effekte dagegen für die Branchen Energie (positiv), Fahrzeugbau und Elektrotechnik/EDV (beide negativ). Die in Modell 2 eingeführte Variable kann diese Brancheneffekte also nicht erklären, sie werden sogar verstärkt. Dies gilt auch für den Effekt des Eigentümertypus „Inländisches Unternehmen". Dieser negative Effekt wird erst in Modell 2 signifikant. Es zeigt sich des weiteren, daß der negative Effekt des Eigentümertypus „Kein Mehrheitseigentümer" von Modell 1 nach Modell 2 sinkt und nicht mehr signifikant ist.

In Modell 3 verändern sich die Effekte der Größenvariable, der Branchen Bau, Energie, Banken/Versicherungen, Fahrzeugbau und Elektrotechnik, sowie der des Eigentümertyps „Öffentlicher Besitz". Außerdem ändert sich der Effekt der Variable „Summe des Grundkapitals ausländischer Beteiligungen 1995".

Bei Berücksichtigung des Bestandes an Grundkapital inländischer Beteiligungen im Jahre 1985 verlieren die Effekte der Größe (positiv), der Branchen Banken/Versicherungen (positiv), Bau (negativ) und Fahrzeugbau (negativ) die Signifikanz. Die Effekte der Branche Energie und der Variable „Summe des Grundkapitals ausländischer Beteiligungen 1995" werden kleiner, bleiben aber weiterhin signifikant. Offensichtlich kann mit dem Status 1985 ein Großteil der Effekte erklärt werden. Diese Effekte müßten also zu einem großen Teil schon 1985 nachzuweisen sein. Sie sind demnach keinesfalls im Erhebungszeitraum entstanden. Im Unterschied dazu nimmt der Effekt des Eigentümertyps „Öffentlicher Besitz" zu, die Kontrolle des Status 1985 verstärkt diesen Effekt also zusätzlich.

5.5.5.2. Summe des Grundkapitals inländischer Beteiligungen 1985

Abhängige Variable ist die Summe des Grundkapitals inländischer Beteiligungen 1985 für die 125 Konzerne unseres Samples. Für einen Überblick über die Verteilung sei auf Tabelle 14 verwiesen. Betrachten wir die Regression dieser abhängigen Variable mit den unabhängigen Variablen Branche, Beschäftigtenzahl, Eigentümertyp und „Summe des Grundkapitals ausländischer Beteiligungen 1985“ (siehe Tabelle 14). Die Variablen „Summe des Grundkapitals inländischer Beteiligungen 1985“ und „Summe des Grundkapitals ausländischer Beteiligungen 1985“ wurden logarithmiert, um sie einer Normalverteilung näher zu bringen.

Für die abhängige Variable „Summe des Grundkapitals inländischer Beteiligungen 1985“ wurden zwei verschiedene Modelle gerechnet. Modell 1 berücksichtigt nur Größe, Branche und Merkmal des Eigentümers; Modell 2 nimmt zusätzlich den Inland-Ausland-Vergleich auf.

Einzeleffekte:

Größe: Der Effekt der Größe ist hoch signifikant positiv. Je größer ein Konzern, desto höher ist die Summe des Grundkapitals inländischer Beteiligungen.

Branche: Signifikante Effekte wurden für die Branchen Bau, Energie, Banken/Versicherungen und Fahrzeugbau nachgewiesen. Konzerne der Branche Bau weisen eine signifikant niedrigere Summe des Grundkapitals inländischer Beteiligungen auf als der Durchschnitt aller Konzerne. Noch stärker negativ ist dieser Effekt für die Branche Fahrzeugbau. Positive Effekte weisen dagegen die Branchen Energie und Banken/Versicherungen auf, wobei der Effekt der Branche Energie wesentlich stärker ist.

Eigentümertypus: Konzerne in öffentlichem Besitz haben einen leicht signifikanten negativen Effekt. Konzerne ohne Mehrheitseigentümer haben dagegen eine höhere Summe an Grundkapital inländischer Beteiligungen als der Durchschnitt aller Konzerne.

Inland-Ausland-Vergleich: Der Effekt der Summe des Grundkapitals ausländischer auf die Summe des Grundkapitals inländischer Beteiligungen ist positiv signifikant. Hier zeigt sich wieder die Komplementarität inländischer und ausländischer Investitionen, hier gemessen als Summe des Grundkapitals. Substitutive Internationalisierung kann auch hier nicht nachgewiesen werden.

Modelleffekte:

Wesentliche Unterschiede der Effekte bei Hinzunahme der Variable „Summe des Grundkapitals ausländischer Beteiligungen 1985“ sind nicht zu erkennen. Lediglich der in Modell 1 schwach signifikante Effekt der Variable „Kein Mehrheitseigentümer“ sinkt und ist in Modell 2 nicht mehr signifikant. Auch diese Änderung ist allerdings nicht sehr groß.

Tabelle 30: Lineare Regression der Variable „Summe des Grundkapitals inländischer Beteiligungen 1985" in bezug auf Größe, Branche, Eigentümer, „Summe des Grundkapitals ausländischer Beteiligungen 1985"

Summe des Grundkapitals inländischer Beteiligungen 1985 (logarithmiert)[Ω]		
	Modell 1	**Modell 2**
Größenmerkmal		
Beschäftigtenzahl	1.918E-05***	1.470E-05**
Branchen[ΩΩ]		
Bau	-1.678*	-1.725*
Energie	3.401***	3.510***
Banken/Versicherungen	1.338*	1.109+
Fahrzeugbau	-2.157**	-2.046**
Chemie	-.377	-.783
Elektrotechnik/EDV	-.973	-1.069
Stahl/Maschinenbau	.849	.794
Einzelhandel	-.911	-.499
Großhandel	.0607	.139
Merkmale des Eigentümers[ΩΩΩ]		
Inländisches Unternehmen	-.254	-.263
Ausländisches Unternehmen	-.211	.0473
Öffentlicher Besitz	-1.194+	-1.199+
Kein Mehrheitseigentümer	.755+	.573
Inland-Ausland-Vergleich		
Summe des Grundkapitals der ausländischen Beteiligungen 1985 (log)	-	.225*
Konstante	3.284***	2.830***
r^2	.425	.451
Korrigiertes r^2	.348	.370
N	119	118

+ $p<0.1$, * $p<0.05$, ** $p<0.01$, *** $p<0.001$

Ω Angegeben ist jeweils der unstandardisierte Regressionskoeffizient B.

ΩΩ Referenzkategorie: Residualkategorie

ΩΩΩ Referenzkategorie: Familienbesitz

5.5.5.3. Vergleich 1985 und 1995

Das Modell 2 1985 und das Modell 2 1995 werden im weiteren miteinander verglichen, um Veränderungen über die Zeit zu untersuchen. Zu beiden Zeitpunkten signifikant war der Effekt der Größe, die Effekte der Branchen Bau, Energie, Banken/Versicherungen und Fahrzeugbau und der Effekt des Inland - Ausland – Vergleichs. Nur 1985 war der Effekt für Konzerne in öffentlichem Besitz signifikant. Lediglich 1995 signifikant war der Effekt der Branche EDV/Elektrotechnik und der für Konzerne in Besitz inländischer Unternehmen.

Der Effekt der Größe, gemessen als Zahl der Beschäftigten eines Konzerns, ist sowohl im Jahre 1985 als auch 1995 hoch signifikant. Er nimmt aber über die Zeit ab. Der Unterschied zwischen relativ kleineren und größeren Konzernen hat sich verringert.

Tabelle 31: Vergleich der Modelle 1985 und 1995 (Grundkapital Inland)

Vergleich 1985 und 1995 (Modell 2) (Grundkapital Inland)			
	1985	**1995**	**Tendenz**
Größenmerkmal			
Beschäftigtenzahl	+	+	↓
Branchen			
Bau	-	-	↓
Energie	+	+	↓
Banken/Versicherungen	+	+	↓
Fahrzeugbau	-	-	↓
Chemie	*	*	■
Elektrotechnik/EDV	*	-	↓
Stahl/Maschinenbau	*	*	■
Einzelhandel	*	*	■
Großhandel	*	*	■
Merkmale des Eigentümers			
Inländisches Unternehmen	*	-	↓
Ausländisches Unternehmen	*	*	■
Öffentlicher Besitz	-	*	↓
Kein Mehrheitseigentümer	*	*	■
Inland-Ausland-Vergleich			
Summe des Grundkapitals ausländischer Beteiligungen	+	+	→

Legende:

*	Kein signifikanter Effekt	↑	Zunehmender Effekt
+	Signifikant positiver Effekt	↓	Abnehmender Effekt
-	Signifikant negativer Effekt	→	Gleichbleibender Effekt
■	Kein signifikanter Effekt		

Die Effekte der Branchen Banken/Versicherungen und Energie waren zu beiden Zeitpunkten positiv, haben aber über die Zeit abgenommen. Die Effekte der Branchen Bau und Fahrzeugbau waren zu beiden Zeitpunkten negativ signifikant. Auch diese Effekte nehmen über die Zeit ab.

Zu beiden Zeitpunkten signifikant positiv ist schließlich auch noch der Effekt des Inland – Ausland - Vergleichs. Die Größe dieses Effektes bleibt über die Zeit gleich. Der Zusammenhang zwischen inländischem und ausländischem Aufkommen an Grundkapital der Beteiligungen ist für die Jahre 1985 und 1995 unverändert.

Während Konzerne in öffentlichem Besitz im Jahre 1985 noch einen negativen Effekt aufwiesen, ist dieser im Jahre 1995 nicht mehr nachzuweisen.

Im Jahre 1995 hatte die Branche EDV/Elektrotechnik und der Eigentümertypus „Inländisches Unternehmen" einen negativen Effekt. Diese Effekte waren 1985 noch nicht zu beobachten.

5.5.6. Vergleich der gerechneten Modelle

Im Rahmen der multivariaten Analyse werden nun die Modelle der vier verschiedenen Arten von abhängigen Variablen miteinander verglichen. Gerechnet wurden jeweils für die Jahre 1985 und 1995 Modelle auf der Basis der Anzahl der Beteiligungen im Ausland („Anzahl Ausland) und im Inland („Anzahl Inland"), sowie auf der Basis der Summe des Grundkapitals im Ausland („Kapital Ausland") und im Inland („Kapital Inland"). Im Mittelpunkt der weiteren Untersuchung stehen Richtung und Ausmaß der Veränderung über die Zeit der einzelnen Effekte. Diese beiden Dimensionen werden für die vier vorgestellten Modelle verglichen und interpretiert. Es soll insbesondere überprüft werden, welche Differenzen zwischen inländischem und ausländischem Investitionsverhalten bestehen und welche Unterschiede sich bezüglich der verschiedenen Meßarten der Internationalisierung zeigen. Die Tabelle 32 faßt die Ergebnisse der vier Modelle zusammen.

Größe: Der Effekt der Größe, gemessen als Anzahl der Beschäftigten eines Konzerns, ist in allen vier Modellen positiv. In den Modellen „Anzahl Inland", „Kapital Ausland" und „Kapital Inland" nimmt dieser Effekt über die Zeit ab. Im Modell „Anzahl Ausland" nimmt dieser zu. Die Veränderung dieses Effektes über die Zeit ist also uneinheitlich. Trotzdem kann vorsichtig interpretiert werden, daß der Unterschied zwischen großen und relativ kleineren Konzernen 1995 im Vergleich zu 1985 abgenommen hat. Dieser Effekt der Größe ist sowohl für Inland als auch für Ausland nachweisbar. Des weiteren zeigt sich dieser für beide Indikatoren der Internationalisierung, namentlich die Anzahl der Beteiligungen und die Summe des Grundkapitals der Beteiligungen. Die Berücksichtigung der Größe einzelner Beteiligungen verändert den Effekt also nicht.

Branche: In den vier Modellen ist für die Branche **Bau** nur im Modell „Kapital Inland" ein Effekt nachzuweisen. Während für ausländische Beteiligungen kein signifikanter Effekt entdeckt werden kann, ist für inländische Beteiligungen bei

Berücksichtigung des Grundkapitals ein negativer Effekt zu sehen. Die unterschiedlichen Ergebnisse der Modelle „Anzahl Inland" und „Kapital Inland" lassen den Schluß zu, daß Konzerne der Branche Bau - gemessen am Grundkapital – kleinere Beteiligungen aufweisen als der Durchschnitt aller Konzerne.

Die Effekte der Branche **Energie** sind für beide Meßarten gleichförmig. In bezug auf Internationalisierung weisen beide Indikatoren einen signifikant negativen Effekt auf, der über die Zeit zunimmt. Beide Indikatoren deuten auf eine im Vergleich zum Durchschnitt aller Konzerne niedrige Internationalisierung hin. Der Effekt der inländischen Beteiligungen ist dagegen für beide Indikatoren stark positiv und nimmt über die Zeit ab. 1985 war das Ausmaß inländischer Beteiligungen relativ zum Durchschnitt aller Konzerne höher als 1995. Konzerne der Branche Energie haben also ein stark unterschiedliches Beteiligungsverhalten im In- und Ausland.

Auch die Effekte der Branche **Banken/Versicherungen** sind für die beiden Indikatoren des in- und ausländischen Beteiligungsniveaus eindeutig. Die Effekte der Branche für die Modelle der Internationalisierung sind positiv und steigen über die Zeit an. Im Vergleich zum Durchschnitt aller Konzerne nimmt die Internationalisierung über die Zeit zu. Der positive Effekt dieser Branche für beide Modelle inländischer Beteiligung nimmt dagegen über die Zeit ab. Relativ zum Durchschnitt aller Konzerne nimmt hier also das Auslandsengagement zu, während das Inlandsengagement abnimmt, aber immer noch überdurchschnittlich ist. Hier könnte man also möglicherweise von substitutiver Internationalisierung ausgehen. Investitionen in dieser Branche werden *statt* im Inland im Ausland unternommen.

Konzerne der Branche **Fahrzeugbau** weisen ein unterdurchschnittliches Investitionsniveau im Inland auf. Dieser Effekt nimmt über die Zeit für beide Indikatoren ab. Der Unterschied zum Durchschnitt aller Konzerne hat also abgenommen. Die Modelle der Internationalisierung weisen für die beiden Indikatoren unterschiedliche Ergebnisse aus. Während für die Branche Fahrzeugbau auf Basis des Anzahl-Indikators kein Effekt nachzuweisen ist, ist der Effekt im Modell des Kapital-Indikators positiv und steigt über die Zeit an. Dieses Ergebnis kann dahingehend interpretiert werden, daß ausländische Beteiligungen der Fahrzeugbranche – gemessen am Grundkapital - größer sind als der Durchschnitt. Da die Effekte dieser Branche für in- und ausländische Beteiligungen in dieselbe Richtung verlaufen, kann hier nicht von substitutiver Internationalisierung gesprochen werden.

Die Effekte der Branche **Chemie** sind in bezug auf ausländische Investitionen für beide Indikatoren positiv. Dieser Effekt sinkt über die Zeit. Im Vergleich zum Durchschnitt aller Konzerne ist die Branche Chemie überdurchschnittlich internationalisiert. Dieser Vorsprung nimmt aber ab. Die Indikatoren der Modelle inländischer Investition sind dagegen unterschiedlich. Im Modell „Anzahl Inland" läßt sich ein negativer Effekt nachweisen, der über die Zeit zunimmt. Im Modell „Kapital Inland" ist dagegen kein Effekt zu finden. Wir können davon ausgehen, daß inländische Beteiligungen der Konzerne der Branche Chemie in geringerer Anzahl vorhanden sind, aber die Beteiligungen dieser Branche – gemessen am Grundkapital - größer sind als der Durchschnitt über alle Konzerne.

Tabelle 32: Vergleich der Effekte der vier gerechneten Modelle in bezug auf Richtung und Veränderung über die Zeit (Inland – Ausland, Anzahl – Kapital)

Effektvergleich (Zeit, Inland-Ausland, Anzahl-Kapital)				
	Anzahl Ausland	**Anzahl Inland**	**Kapital Ausland**	**Kapital Inland**
Größenmerkmal				
Beschäftigtenzahl	↑+	↓+	↓+	↓+
Branchen				
Bau	◆	◆	◆	↓-
Energie	↑-	↓+	↑-	↓+
Banken/Versicherungen	↑+	↓+*	↑+	↓+
Fahrzeugbau	◆	↓-	↑+	↓-
Chemie	↓+	↑-	↓+	◆
Elektrotechnik/EDV	◆	↑-	↑+	↑-
Stahl/Maschinenbau	◆	↑+	◆	◆
Großhandel	◆	◆	◆	◆
Einzelhandel	↑-	↑+**	↓-	◆
Merkmale des Eigentümers				
Inländisches Unternehmen	◆	◆	↓+	↑-
Ausländisches Unternehmen	↓-	◆	↓-	◆
Öffentlicher Besitz	◆	◆	◆	↑+
Kein Mehrheitseigentümer	→+***	→+	↑+****	↓+*****
Inland – Ausland – Vergleich	↑+	↑+	↑+	↑+

* Nur in Modell 1 1995 signifikant
** Nur in Modell 3 1995 signifikant
*** Nur in Modell 1 1995 und 1985 signifikant
**** Nur in Modell 1 1985 signifikant
***** Nur in Modell 1 1995 signifikant

Legende:
◆ Kein signifikanter Zusammenhang
↑- Negativer Zusammenhang, zunehmend
↑+ Positiver Zusammenhang, zunehmend
↓- Negativer Zusammenhang, abnehmend
↓+ Positiver Zusammenhang, abnehmend
→- Negativer Zusammenhang, gleichbleibend
→+ Positiver Zusammenhang, gleichbleibend

Die Konstellation der Effekte kann als substitutive Internationalisierung interpretiert werden. Allerdings spricht der zurückgehende Effekt der Internationalisierung für beide Indikatoren dafür, daß sich diese substitutive Internationalisierung im Erhebungszeitraum zumindest nicht verstärkt hat.

Konzerne der Branche **Elektrotechnik/EDV** haben für beide Indikatoren einen negativen Effekt in bezug auf inländische Investitionen. Diese Konzerne sind sowohl gemessen an der Anzahl als auch an der Größe der inländischen Beteiligungen unterdurchschnittlich ausgestattet. Dieser Effekt nimmt über die Zeit zu. Für ausländische Beteiligungen läßt sich nur auf der Basis des Indikators Kapital ein Effekt nachweisen. Konzerne der Branche Elektrotechnik/EDV sind überdurchschnittlich mit Grundkapital ausländischer Beteiligungen ausgestattet. Dieser Effekt nimmt über die Zeit zu. Da sich auf Basis des Indikators Anzahl kein Effekt nachweisen läßt, kann man auch hier von überdurchschnittlich großen Beteiligungen dieser Branche im Ausland ausgehen. Insgesamt zeigt sich, daß der negative inländische und der positive ausländische Effekt zunimmt, was als substitutive Internationalisierung innerhalb dieser Branche interpretiert werden kann.

Der Bereich **Stahl/Maschinenbau** zeigt nur für das Modell „Anzahl Inland" einen signifikanten Effekt. Nach diesem Modell weisen Konzerne der Branche Stahl/Maschinenbau eine überdurchschnittliche Anzahl an inländischen Beteiligungen auf. Dieser Effekt nimmt für das Jahr 1995 noch zu. Für das Modell „Kapital Inland" ist dagegen kein Effekt nachzuweisen. Offenbar sind die Beteiligungen dieser Branche kleiner als der Durchschnitt. Effekte für die Modelle der Internationalisierung sind nicht vorhanden. Für diese Branche zeigt sich eine überdurchschnittliche Expansion im Inland, aber keine überdurchschnittliche Internationalisierung im Vergleich zum Durchschnitt der anderen Konzerne.

Für die Konzerne der Branche **Großhandel** kann in keinem der Modelle ein Effekt nachgewiesen werden.

Die Branche **Einzelhandel** weist Effekte für inländische Beteiligungen und Internationalisierung auf. Konzerne dieser Branchen sind nach Maßgabe beider Indikatoren unterdurchschnittlich internationalisiert. Die Tendenz im Modell „Anzahl Ausland" ist steigend, während der Effekt im Modell „Kapital Ausland" über die Zeit abnimmt. Auch die Effekte der inländischen Beteiligungen sind nicht einheitlich. Auf Basis des Indikators Anzahl läßt sich ein positiver Effekt nachweisen. Konzerne der Branche Einzelhandel haben überdurchschnittlich viele Beteiligungen im Inland. Dieser Effekt steigt von 1985 auf 1995 an. Für den Indikator Kapital ist dagegen kein Effekt zu erkennen. Wiederum ist die Vermutung, daß die Beteiligungen dieser Branche kleiner als der Durchschnitt der Beteiligungen aller Konzerne sind. Die Ergebnisse der Branche Einzelhandel verweisen auf Beteiligungsbesitz im Inland. Die Internationalisierung ist in dieser Branche unterdurchschnittlich, wobei die Ergebnisse keine eindeutige Entwicklung aufzeigen.

Eigentümertypus: Für Konzerne in Besitz eines **inländischen Unternehmens** sind die Ergebnisse des Indikators Kapital andere als die des Indikators Anzahl. Bei Betrachtung der Modelle „Anzahl Ausland" und „Anzahl Inland" können keine signifikanten Effekte nachgewiesen werden. Im Modell „Kapital Ausland" zeigt sich ein positiver Effekt dieses Eigentümertyps auf die Summe des Grundkapitals ausländischer Beteiligungen. Dieser Effekt nimmt aber über die Zeit ab. Der Effekt dieses Eigentümertypus im Modell „Kapital Inland" ist negativ. Konzerne, die sich in Besitz inländischer Unternehmen befinden, haben eine geringere Summe des Grundkapitals ausländischer Beteiligungen als der Durchschnitt aller Konzerne. Dieser Effekt nimmt über die Zeit zu. Insgesamt sind die Ergebnisse nicht eindeutig.

Die Effekte des Eigentümertypus **„Ausländisches Unternehmen"** sind dagegen gleichläufig. Für beide Indikatoren läßt sich ein negativer Effekt auf die Internationalisierung nachweisen. Dieser Effekt nimmt in beiden Modellen über die Zeit ab. Keine Effekte zeigen sich dagegen in den Modellen „Kapital Inland" und „Anzahl Inland". Sind Unternehmen des Samples also Tochterunternehmen eines ausländischen Unternehmens, dann ist die Internationalisierung der Töchter unterdurchschnittlich. Für inländische Beteiligungen kann dieser Effekt aber nicht nachgewiesen werden. Konzerne in Auslandsbesitz sind diesem Ergebnis folgend also in erster Linie Vertretungen der Muttergesellschaft in Deutschland, die selbst aber nur unterdurchschnittlich internationalisiert sind.

Für Konzerne in **öffentlichem Besitz** konnte nur für das Modell „Kapital Inland" ein Effekt nachgewiesen werden. Dieser Effekt ist positiv und steigt über die Zeit an. Alle anderen Effekte sind nicht signifikant.

Der Eigentümertypus **„Kein Mehrheitseigentümer"** zeitigt für alle vier Modelle signifikante Effekte. Es zeigen sich positive Effekte sowohl in bezug auf die Anzahl der inländischen und ausländischen Beteiligungen als auch auf deren Grundkapital. Konzerne ohne Mehrheitseigentümer weisen sowohl im Inland als auch im Ausland eine höhere Anzahl an Beteiligungen sowie eine höhere Summe an Grundkapital ausländischer Beteiligungen auf als der Durchschnitt aller Konzerne. Die Tendenz der Effekte über die Zeit unterscheidet sich dagegen zwischen den Modellen. Während für die Modelle „Anzahl Inland" und „Anzahl Ausland" keine Tendenz, also keine Veränderung des Effektes von 1985 auf 1995, zu erkennen ist, steigt der Effekt im Modell „Kapital Ausland" über die Zeit an. Ein Effekt mit sinkender Tendenz läßt sich im Modell „Kapital Inland" zeigen. Es zeigt sich auch hier, daß nicht ein substitutives Verhältnis zwischen in- und ausländischer Investition qua Beteiligungen existiert, sondern ein komplementäres. Zumindest liegt dieser Schluß für Konzerne dieses Eigentümertyps nahe. Die Tendenzen der Effekte sind nicht eindeutig, können aber vorsichtig in Richtung eines, im Vergleich zum Durchschnitt aller Konzerne, stärkeren Wachstums im Ausland als im Inland interpretiert werden, das auf relativ größeren Beteiligungen beruht.

Inland – Ausland – Vergleich: Letzte Variablengruppe des Effektvergleichs ist die inländische bzw. ausländische Anzahl der Beteiligungen, sowie die Summe des Grundkapitals inländischer bzw. ausländischer Beteiligungen. Über alle vier Modelle zeigt sich ein in Richtung und Tendenz gleichförmiges Ergebnis. Alle Effekte sind positiv und steigen über die Zeit an. Dies deutet auf eine starke Komplementarität von in- und ausländischem Investitionsverhalten hin. Unabhängig davon, welcher Indikator betrachtet wird, zeigt sich, daß dieser Zusammenhang von 1985 auf 1995 zugenommen hat. Dieser Befund widerspricht der These der substitutiven Internationalisierung von Konzernen. Im Falle substitutiver Internationalisierung müßten die untersuchten Effekte des Inland-Ausland-Vergleiches abnehmen. Es kann folglich mit einem gewissen Maß an Sicherheit davon ausgegangen werden, daß in- und ausländisches Wachstum parallel verlaufen, möglicherweise sogar einander bedingen.

5.5.7. Analyse der Diversifizierung

Nachdem in den vorhergehenden Kapiteln die Internationalisierung deutscher Konzerne eingehend untersucht wurde, soll nun noch ergänzend auf die Diversifizierung der Konzerne eingegangen werden. Die Vorgehensweise lehnt sich an die vorhergehenden Analysen an, die Modelle werden erst einzeln und anschließend im Vergleich zueinander analysiert. Indikator für Diversifizierung ist die aus dem Datensatz entwickelte Variable „Anzahl der Branchen, in denen eine Konzern Beteiligungen aufweist“ [25]. Die Variable ist damit ein Indikator, in wie vielen Branchen der jeweilige Konzern qua Beteiligungen aktiv ist. Die Verteilung der Variable ist in der folgenden Tabelle zu sehen.

Tabelle 33: Anzahl der Branchen eines Konzerns 1985 und 1995

Anzahl der Branchen	**Anzahl der Konzerne** 1985		1995	
	Anzahl	%	Anzahl	%
1	59	47,2	39	31,2
2	26	20,8	27	21,6
3	18	14,4	23	18,4
4	7	5,6	12	9,6
5	8	6,4	7	5,6
6	1	0,8	6	4,8
7	3	2,4	4	3,2
8	3	2,4	1	0,8
9	0	0	6	4,8
Gesamt	125	100	125	100

Quelle: Beteiligungsdatensatz

Auf der Grundlage dieses Indikators der Diversifizierung werden nun zum Vergleich mit den Modellen der Internationalisierung ein Regressionsmodell mit den unabhängigen Variablen Größe, Branche, Eigentümertypus und für 1995 die Variable „Anzahl der Branchen 1985“ gerechnet. Zentral ist hier die Frage, in

[25] Die Variable „Anzahl der Branchen, in denen einen Konzern Beteiligungen besitzt“ basiert auf den inländischen Beteiligungen, da die Zuordnung der ausländischen Beteiligungen zu Branchen zum großen Teil nicht möglich war.

welchem Verhältnis ausländische Beteiligungen, inländische Beteiligungen und Diversifizierung stehen. Auch hier ist sowohl ein substitutives als auch ein komplementäres Verhältnis denkbar.

5.5.7.1. Anzahl der Branchen 1995 und 1985

Abhängige Variable ist der oben vorgestellte Indikator der Diversifizierung der Jahre 1995 und 1985 für jeden der 125 Konzerne unseres Samples. Betrachten wir nun die Regression dieser abhängigen Variablen mit den unabhängigen Variablen Branche, Beschäftigtenzahl, Eigentümertyp und „Anzahl der Branchen 1985" (nur für 1995). Die Variablen „Anzahl der Branchen 1995" und „Anzahl der Branchen 1985" wurden logarithmiert, um sie einer Normalverteilung näher zu bringen.

Analog zur Analyse der inländischen und ausländischen Beteiligungen deutscher Konzerne werden hier für 1995 zwei Modelle gerechnet. Im ersten Modell werden nur Größe, Eigentümertyp und Branche berücksichtigt. Im zweiten Modell wird die Variable Anzahl der Branchen 1985 mit einbezogen. Für 1985 wurde nur ein Modell gerechnet, da der Zeitvergleich nur für 1995 durchgeführt wurde. Zuerst werden die Einzeleffekte, dann die Modelleffekte beschrieben.

Einzeleffekte:

Größe: Sowohl für 1985 als auch für 1995 kann ein hoch signifikanter Effekt der Größe, gemessen als Anzahl der Beschäftigten, nachgewiesen werden. Je größer ein Konzern, desto stärker ist er diversifiziert.

Branchen: Signifikante Effekte zeigen sich für die Branchen Energie, Fahrzeugbau, Chemie, Elektrotechnik/EDV und Stahl/Maschinenbau. Konzerne der Branche Energie weisen sowohl für 1985 als auch für 1995 einen höheren Grad der Diversifizierung auf als der Durchschnitt aller Konzerne. Für die Branche Fahrzeugbau konnte nur 1985 ein signifikanter Effekt nachgewiesen werden. Im Jahre 1985 waren Konzerne der Fahrzeugbranche weniger diversifiziert als der Durchschnitt aller Konzerne. Konzerne der Branche Chemie weisen diesen negativen Effekt für 1995 auf, nicht aber für 1985. Diese Konzerne sind also unterdurchschnittlich diversifiziert. Diese Konstellation gilt auch für Konzerne der Branche Elektrotechnik/EDV. Zu beiden Zeitpunkten positiv ist dagegen der Zusammenhang der Branche Stahl/Maschinenbau mit dem Grad der Diversifizierung. Sowohl 1985 also auch 1995 zeigt sich im Modell ein signifikant höherer Grad der Diversifizierung als der Durchschnitt aller Konzerne.

Eigentümertyp: Für Konzerne in ausländischem Besitz läßt sich für 1995 ein schwach signifikanter negativer Effekt nachweisen. Diese Konzerne werden im Modell als im Vergleich zum Durchschnitt aller Konzerne weniger diversifiziert ausgewiesen. Positive Effekte lassen sich 1985 und 1995 für den Eigentümertypus „Kein Mehrheitseigentümer" nachweisen. Zu beiden Zeitpunkten waren Konzerne ohne Mehrheitseigentümer wesentlich stärker diversifiziert als der Durchschnitt aller Konzerne.

Zeitvergleich: Wie schon bei den Modellen der Internationalisierung läßt sich ein starker Effekt des Status 1985 auf den im Jahre 1995 nachweisen. Man kann auch hier von einer stetigen Entwicklung ausgehen, da der Status 1985 der stärkste Prädiktor für den Status 1995 ist. Es existiert also auch in bezug auf Diversifizierung eine starke Pfadabhängigkeit.

Tabelle 34: Lineare Regressionen der Variablen „Anzahl der Branchen 1995" und „Anzahl der Branchen 1985" in bezug auf Größe, Branche, Eigentümer und „Anzahl der Branchen 1985"

	Anzahl der Branchen (logarithmiert) Ω		
	1995		1985
	Modell 1	Modell 2	Modell 1
Größenmerkmal			
Beschäftigtenzahl	4.331E-06***	1.307E-06	5.184E-06***
Branchen ΩΩ			
Bau	.130	.207	-.262
Energie	.665***	.294*	.750***
Banken/Versicherungen	.111	.0676	.0599
Fahrzeugbau	-.237	.138	-.538**
Chemie	-.269*	-.258*	-.0800
Elektrotechnik/EDV	-.451+	-.288	-.346
Stahl/Maschinenbau	.237+	-.0470	.460**
Großhandel	5.756E-03	5.048E-03	.0924
Einzelhandel	-6.48E-03	-.0300	-.0393
Merkmale des Eigentümers ΩΩΩ			
Inländisches Unternehmen	-.0334	.0717	-9.56E-02
Ausländisches Unternehmen	-.0904	-.228+	-7.34E-03
Öffentlicher Besitz	-.363	-.182	-.260
Kein Mehrheitsbesitz	.428***	.333***	.251*
Zeitvergleich			
Diversifizierungsgrad 1985 (log)	-	.613***	-
Konstante	.499***	.302***	.275**
r^2	.429	.609	.417
Korrigiertes r^2	.356	.555	.339
N	125	125	119

+ p<0.1, * p<0.05, ** p<0.01, *** p<0.001

Ω Angegeben ist jeweils der unstandardisierte Regressionskoeffizient B.

ΩΩ Referenzkategorie: Residualkategorie

ΩΩΩ Referenzkategorie: Familienbesitz

Modelleffekte[26]:
Während in Modell 1 nur Größe, Branche und Eigentümertypus in die Analyse einbezogen wurden, ist in Modell 2 auch der Grad der Diversifizierung 1985, gemessen als „Anzahl der Branchen, in denen ein Konzern Beteiligungen aufweist“, integriert. Die Unterschiede der Effekte in Modell 1 und Modell 2 werden im weiteren beschrieben. Wesentliche Effektveränderungen zeigen sich für die Variablen der Größe, der Branchen Elektrotechnik/EDV und Stahl/ Maschinenbau, sowie der Eigentümertypen „Ausländisches Unternehmen“ und „Kein Mehrheitseigentümer“.

Bei Berücksichtigung des Grades der Diversifizierung 1985 nimmt der Effekt der Branche Energie deutlich ab, bleibt aber signifikant. Der Status 1985 erklärt also einen wesentlichen Teil des Effektes der Branche Energie.

Der positive Effekt der Branche Elektrotechnik/EDV verliert bei Berücksichtigung des Grades der Diversifizierung 1985 die Signifikanz, die in Modell 1 noch gegeben war. Auch hier kann der Status 1985 einen wesentlichen Teil des Brancheneffektes erklären.

Auch der negative Effekt der Branche Stahl/Maschinenbau verliert in Modell 2 die Signifikanz, die in Modell 1 noch gegeben war. Wie in den vorhergehenden Fällen kann der Diversifizierungsgrad 1985 einen wesentlichen Teil des Brancheneffektes erklären.

Der Effekt von Konzernen mit ausländischem Eigentümer wird erst in Modell 2, also unter Berücksichtigung des Diversifizierungsgrades 1985, signifikant. Der Grad der Diversifizierung 1985 kann diesen Effekt also nicht erklären, sondern verstärkt diesen sogar.

Dagegen nimmt der Effekt der Konzerne ohne Mehrheitsbeteiligung von Modell 1 zu Modell 2 ab, bleibt aber hoch signifikant. Ein Teil dieses Effektes erklärt sich aus dem Grad der Diversifizierung 1985.

Das Modell 1 1995 und das Modell 1 1985 werden nun miteinander verglichen, um Veränderungen über die Zeit darzulegen (Tabelle 35). Zu beiden Zeitpunkten signifikant waren die Effekte der Größe, der Branchen Energie und Stahl/Maschinenbau und der Eigentümertyp „Kein Mehrheitseigentümer“. Nur 1985 signifikant war der Effekt der Branche Fahrzeugbau. Lediglich 1995 signifikant waren die Effekte der Branchen Chemie und Elektrotechnik/EDV.

Ebenso wie bei den Modellen der Internationalisierung nimmt auch hier der Effekt der Größe über die Zeit ab. Offensichtlich haben sich im Erhebungszeitraum auch relativ kleinere Konzerne stärker diversifiziert.

Der Effekt der Branche Energie ist zu beiden Zeitpunkten positiv, nimmt über die Zeit aber ab. Im Vergleich zum Durchschnitt aller Konzerne nimmt der höhere Grad der Diversifizierung ab. Eine analoge Ausprägung und Entwicklung nahm der Effekt der Branche Stahl/Maschinenbau.

[26] Modelleffekte sind nur für 1995 ausgewiesen, da für 1985 nur ein Modell gerechnet wurde.

Tabelle 35: Vergleich der Modelle 1985 und 1995 (Diversifizierung)

Vergleich 1985 und 1995 (Modell 1) (Diversifizierung)			
	1985	**1995**	**Tendenz**
Größenmerkmal			
Beschäftigtenzahl	+	+	🡻
Branchen			
Bau	*	*	■
Energie	+	+	🡻
Banken/Versicherungen	*	*	■
Fahrzeugbau	-	*	🡻
Chemie	*	-	🡹
Elektrotechnik/EDV	*	-	🡹
Stahl/Maschinenbau	+	+	🡻
Einzelhandel	*	*	■
Großhandel	*	*	■
Merkmale des Eigentümers			
Inländisches Unternehmen	*	*	■
Ausländisches Unternehmen	*	*	■
Öffentlicher Besitz	*	*	■
Kein Mehrheitseigentümer	+	+	🡹

Legende:

* Kein signifikanter Effekt
+ Signifikant positiver Effekt
- Signifikant negativer Effekt
■ Kein signifikanter Effekt
🡹 Zunehmender Effekt
🡻 Abnehmender Effekt
🡺 Gleichbleibender Effekt

Konzerne der Branche Fahrzeugbau waren dagegen zu beiden Zeitpunkten unterdurchschnittlich diversifiziert. Dieser Effekt nimmt über die Zeit ab.

Die Effekte der Branchen Chemie und Elektrotechnik/EDV waren 1985 nicht signifikant, während sie 1995 negativ signifikant wurden. Der Effekt hat also für beide Branchen über die Zeit zugenommen.

Zu beiden Zeitpunkten positiv war der Effekt des Eigentümertyps „Kein Mehrheitseigentümer“. Dieser Effekt nimmt über die Zeit zu.

5.5.8. Vergleich der Modelle der Internationalisierung und der Diversifizierung

Zum Ende der Analyse werden die Effekte der Modelle der Internationalisierung und des inländischen Beteiligungsbesitzes mit denen des Modells der Diversifizierung verglichen. Insbesondere wird untersucht, ob sich für die drei im weiteren verglichenen Elemente substitutive oder komplementäre Zusammenhänge zeigen lassen.

Tabelle 36: Vergleich der Effekte der Modelle ausländischer Beteiligungen, inländischer Beteiligungen und des Modells der Diversifizierung

Effektvergleich der Modelle Inland, Ausland und Diversifizierung			
	Ausland	**Inland**	**Diversifizierung**
Größenmerkmal			
Beschäftigtenzahl	↑+/↓+	↓+	↓+
Branchen			
Bau	◆	↓-	◆
Energie	↑-	↓+	↓+
Banken/Versicherungen	↑+	↓+	◆
Fahrzeugbau	↑+	↓-	↓-
Chemie	↓+	↑-	↑-
Elektrotechnik/EDV	↑+	↑-	↑-
Stahl/Maschinenbau	◆	↑+	↓+
Großhandel	◆	◆	◆
Einzelhandel	↑-/↓-	↑+	◆
Merkmale des Eigentümers			
Inländisches Unternehmen	↓+	↑-	◆
Ausländisches Unternehmen	↓-	◆	◆
Öffentlicher Besitz	◆	↑+	◆
Kein Mehrheitseigentümer	→+↑	→+↓	↑+

Legende:

◆ Kein signifikanter Zusammenhang
↑- Negativer Zusammenhang, zunehmend
↑+ Positiver Zusammenhang, zunehmend
↓- Negativer Zusammenhang, abnehmend
↓+ Positiver Zusammenhang, abnehmend
→- Negativer Zusammenhang, gleichbleibend
→+ Positiver Zusammenhang, gleichbleibend

Die Effekte der beiden Auslandsmodelle und der Inlandsmodelle wurden zusammengefaßt, das heißt, die Modelle der Indikatoren „Anzahl der Beteiligungen“ und „Summe des Grundkapitals der Beteiligungen“ wurden in Tabelle 36 gebündelt. So es in einem der beiden Modelle signifikante Effekte gab, sind diese aufgeführt. Existieren für eine unabhängige Variable unterschiedliche Effekte in den zusammengefaßten Modellen, werden beide Effekte ausgewiesen. Ist nur einer der beiden Effekte signifikant, wird lediglich dieser ausgewiesen.

Größe: Der Effekt der Größe ist für alle Bereiche positiv signifikant. Die Entwicklung über die Zeit zeigt für die Modelle Inland und Diversifizierung einen Rückgang dieser Effekte. Die Tendenz im Modell Ausland ist nicht eindeutig. Mit der Größe eines Konzerns steigt also sowohl das nationale als auch das internationale Engagement durch Beteiligungen sowie der Grad der Diversifizierung.

Branchen: Für die Branche Bau wurde kein Effekt auf den Grad der Diversifizierung nachgewiesen. Dies galt auch für das Modell der Internationalisierung, während im Modell Inland ein negativer Effekt gezeigt wurde.

Konzerne der Branche Energie sind überdurchschnittlich diversifiziert, unterdurchschnittlich internationalisiert und überdurchschnittlich mit inländischen Beteiligungen ausgestattet. Konzerne dieser Branche investieren also auf Kosten des internationalen Engagements in erster Linie in Inlandsbeteiligungen und Diversifizierung in andere Branchen. Allerdings nimmt sowohl der Effekt des Inlandsmodells als auch des Modells Diversifizierung über die Zeit ab.

Während für Konzerne der Branche Banken/Versicherungen sowohl für inländische als auch ausländische Beteiligungen positive Effekte nachgewiesen wurden, ist im Modell Diversifizierung kein signifikanter Effekt zu zeigen.

Für die Branche Fahrzeugbau lassen sich negative Effekte sowohl im Modell Diversifizierung als auch im Modell Inland nachweisen. In bezug auf ausländische Beteiligungen sind Konzerne dieser Art dagegen überdurchschnittlich engagiert. Für Konzerne dieser Branche wurde Internationalisierung als Mittel der Expansion gegenüber inländischen Beteiligungen und Diversifizierung bevorzugt. Dieselbe Konstellation zeigt sich auch für Konzerne des Bereichs Elektrotechnik/EDV.

Konzerne der Branche Chemie weisen sowohl für das Modell Inland als auch für das Modell Diversifizierung einen negativen Effekt aus, wohingegen der Effekt der Internationalisierung positiv ist. Hier scheint die Internationalisierung der Konzerne deutlich auf Kosten des inländischen Engagements und der Ausweitung in andere Bereiche zu gehen.

Für den Bereich Stahl/Maschinenbau zeigen sich positive Effekte im Modell Inland und im Modell Diversifizierung, wohingegen im Modell Ausland kein signifikanter Effekt nachgewiesen werden konnte. Auch hier sind Erweiterungen in erster Linie durch inländisches Wachstum und Diversifizierung zu sehen.

Die Branche Einzelhandel weist keinen signifikanten Effekt im Modell Diversifizierung auf. Da der Effekt im Modell Ausland negativ ist, im Modell Inland dagegen positiv, zeigt sich für diese Branche also hauptsächliches Wachstum im Inland ohne Diversifizierung und ohne Wachstum im Ausland.

Eigentümertyp: Kein signifikanter Effekt im Modell Diversifizierung ist für Konzerne im Besitz eines inländischen Unternehmens nachzuweisen. Da im

Modell Ausland ein positiver Effekt gefunden wurde und im Modell Inland ein negativer, läßt sich für Tochter-Unternehmen von inländischen Konzernen schließen, daß diese nur im Ausland überdurchschnittliches Engagement aufwiesen. Dieses Engagement geht von 1985 nach 1995 aber zurück.

Für Konzerne in ausländischem Besitz kann weder im Modell Inland noch im Modell Diversifizierung ein Effekt nachgewiesen werden. Der Effekt im Modell Ausland ist negativ, sinkt aber über die Zeit. Konzerne dieses Eigentümertyps sind ohne relevante Beteiligungsstrategie.

Konzerne in öffentlichem Besitz weisen lediglich im Modell Inland einen signifikanten Effekt auf. Sie haben ein überdurchschnittlich starkes inländisches Beteiligungsengagement.

Konzerne ohne Mehrheitseigentümer weisen schließlich in allen drei Modellen positive Effekte auf. Sie sind sowohl im Inland als auch im Ausland überdurchschnittlich qua Beteiligungen engagiert, sowie überdurchschnittlich diversifiziert.

5.5.9. Resümee

In diesem Kapitel wurden Regressionen für das Ausmaß der Internationalisierung, der inländischen Beteiligungen und den Grad der Diversifizierung gerechnet. Für jeden Indikator wurden Modelle für die Jahre 1985 und 1995 mit den unabhängigen Variablen Größe, Branche und Eigentümertypus erstellt. Zusätzlich zu diesen Variablen wurden für die einzelnen Modelle jeweils die komplementäre Variable der abhängigen Variable und für die Modelle des Jahres 1995 auch die der abhängigen entsprechenden Variable 1985 in das Modell einbezogen. Ziel war es, Muster der Internationalisierung auf Konzernebene zu identifizieren. Die Modelle wurden einzeln interpretiert und zusätzlich miteinander verglichen. Basis der Indikatoren der Internationalisierung und der inländischen Beteiligungen waren zum einen die Anzahl der Beteiligungen eines Konzerns und zum anderen die Summe des Grundkapitals aller Beteiligungen, die ein Konzern besitzt.

Es wurde gezeigt, daß mit der Größe eines Unternehmens die Internationalisierung zunimmt, aber auch für inländische Investitionen konnte dieser Zusammenhang festgestellt werden, diese Effekte sind für beide Zeitpunkte nachzuweisen.

Innerhalb der Branchen lassen die Ergebnisse folgende Unterscheidung zu: Einige Branchen weisen ein unterdurchschnittliches Niveau der Internationalisierung, aber ein überdurchschnittlich hohes inländisches Engagement auf (Einzelhandel, Energie). Andere weisen dagegen eine überdurchschnittliche Internationalisierung auf, dagegen sind die Beteiligungen im Inland unterdurchschnittlich (Chemie, Fahrzeugbau, Elektrotechnik/EDV). Nur in einer Branchengruppe konnte eine überdurchschnittliche Internationalisierung und ein überdurchschnittliches inländisches Aufkommen an Beteiligungen festgestellt werden (Banken/Versicherungen).

Hauptbefund der Eigentümertypen ist, daß Konzerne ohne Mehrheitseigentümer eine deutlich höhere Internationalisierung und eine höheres inländisches

Beteiligungsaufkommen aufweisen, als der Durchschnitt aller Konzerne. Dies gilt für beide Zeitpunkte dieser Untersuchung. Die Ergebnisse für die anderen Eigentümertypen sind uneinheitlich und sollten im einzelnen in den Modellanalysen nachgeschlagen werden.

Hauptaugenmerk dieses Teils der Analyse liegt aber auf der Untersuchung des Zusammenhangs von inländischen und ausländischen Beteiligungen, sowie dem Zusammenhang zwischen dem Zustand des Jahres 1985 und dem des Jahres 1995. Es konnte über alle Modelle gezeigt werden, daß der Status Quo der Internationalisierung des Jahres 1985 für den Status Quo 1995 die stärkste Erklärungskraft besitzt. Man kann also eine grundlegende Pfadabhängigkeit der Internationalisierung feststellen. Unternehmen, die schon im Jahre 1985 stärker internationalisiert waren, weisen dies im Modell auch für das Jahr 1995 auf. Dieser Zusammenhang konnte ebenso für inländische Beteiligungen gezeigt werden. In dieser Analyse kann keineswegs ein außerordentlicher Globalisierungsschub seit Beginn der achtziger Jahre nachgewiesen werden. Vielmehr deuten die Ergebnisse auf eine kontinuierliche Entwicklung der Internationalisierung deutscher Konzerne hin.

Die Tatsache, daß die Pfadabhängigkeit der Internationalisierung mit der Pfadabhängigkeit der Investitionen innerhalb Deutschlands einher geht, läßt das zweite zentrale Ergebnis schon vermuten. Es konnte gezeigt werden, daß das Aufkommen inländischer und ausländischer Beteiligungen stark voneinander abhängt. Im Modell wächst mit der inländischen auch die ausländische Investition. Dieser Zusammenhang konnte für beide Indikatoren zu beiden Zeitpunkten nachgewiesen werden. Des weiteren wurde gezeigt, daß dieser Effekt für das Jahr 1995 größer ist als für das Jahr 1985. Gäbe es substitutive Internationalisierung, also Internationalisierung auf Kosten inländischer Investitionen, so dürfte dieser Effekt für das Jahr 1995 nicht mehr existieren, zumindest müßte er deutlich abgenommen haben, tatsächlich aber hat dieser Effekt noch zugenommen. Der Zusammenhang zwischen inländischen und ausländischen Investitionen ist also eher komplementär als substitutiv. Es ist daher angebracht, von komplementärer Internationalisierung zu sprechen.

Zum Abschluß dieses Kapitels wurden für die beiden Jahre 1985 und 1995 zusätzlich Modelle für Indikatoren der Diversifizierung der untersuchten Konzerne gerechnet, um zu eruieren, ob sich ein substitutives Verhältnis zwischen Internationalisierung und Diversifizierung nachweisen läßt. Auch für das Modell der Diversifizierung läßt sich eine deutliche Pfadabhängigkeit feststellen, das heißt, Konzerne die im Jahre 1985 schon diversifiziert waren, weisen auch in 1995 eine starke Diversifizierung auf. Des weiteren lassen die Ergebnisse auf einen substitutiven Charakter dieser beiden Wachstumsmöglichkeiten eines Konzerns schließen. Dies läßt sich insbesondere an einzelnen Branchenergebnissen zeigen. Einzelne Branchen sind stark überdurchschnittlich internationalisiert, aber unterdurchschnittlich diversifiziert (Fahrzeugbau, Chemie, Elektrotechnik). Für die Branche Energie konnte dagegen die Konstellation unterdurchschnittlich internationalisiert, überdurchschnittlich diversifiziert nachgewiesen werden. Für keine Branche konnten Effekte in gleicher Richtung nachgewiesen werden.

Starke Übereinstimmungen der Effekte zeigen sich dagegen beim Vergleich des Modells der inländischen Beteiligungen und des Modells der Diversifizierung. Die Effekte der Branchen Energie, Chemie, Fahrzeugbau, Stahl/Maschinenbau und Elektrotechnik/EDV weisen für beide Modelle in die gleiche Richtung. Mit Ausnahme der Branche Stahl/Maschinenbau sind auch die Entwicklungen über die Zeit identisch.

Ein weiteres Ergebnis ist, daß die Effekte des Eigentümertypus „Kein Mehrheitseigentümer" innerhalb der Modelle des Inlands, des Auslands und der Diversifizierung allesamt signifikant positiv sind. Konzerne ohne Mehrheitseigentümer weisen also überdurchschnittliche Investitionen im In- und Ausland auf und sind zusätzlich überdurchschnittlich diversifiziert. Der gleiche Zusammenhang gilt für die Größe eines Konzerns. Je größer ein Konzern, desto stärker internationalisiert und diversifiziert ist er und desto höher ist sein inländisches Beteiligungsniveau.

TEIL B: Parameter der Investitionsentscheidung – Theoretische Grundlagen und qualitative Analyse

1. Einführung

Nachdem Teil A der quantitativen Untersuchung der Internationalisierung deutscher Konzerne gewidmet war, wird jetzt in Teil B - auf der Basis von Geschäftsberichten - die qualitative Untersuchung der Parameter der Investitionsentscheidung, also der Motive für Investitionen, durchgeführt. Zu Anfang erfolgt ein kurzer historischer Abriß zur Entstehung und Entwicklung multinationaler Unternehmen, der insbesondere den Wandel der Motive für Direktinvestitionen berücksichtigt. Es schließt sich ein theoretischer Rahmen der Parameter der Investitionsentscheidung und eine Typologie von Direktinvestitionen auf der Basis von Motiven an. Die empirischen Kapitel beginnen mit der Analyse der Motive für ausländische Investitionen, gefolgt von der Untersuchung der Motive inländischer Investitionen. Zuletzt werden die Ergebnisse verglichen und in einem größeren theoretischen Rahmen verortet.

2. Entstehung und Entwicklung der Multinationalen Unternehmen

Will man die Parameter der Investitionsentscheidung deutscher Konzerne ergründen, so lohnt sich ein weitergehender Blick in die Historie der Entwicklung Multinationaler Unternehmen. Drei Dinge sollten dabei deutlich werden. Die Internationalisierung deutscher Unternehmen begann bereits Ende des 19. Jahrhunderts, und die heutigen Entwicklungen bauen größtenteils darauf auf. Nach Chandler 1986 sind es weniger die Unternehmen, die sich verändert haben, sondern das Setting, in dem sie handeln. Schließlich haben sich auch die Motive, aus denen heraus Direktinvestitionen unternommen werden, im Laufe der Zeit stark verändert. In einem ersten Schritt wird nun die Entwicklung seit Ende des 19. Jahrhunderts unter besonderer Berücksichtigung der Motive für Direktinvestitionen erläutert. Anschließend werden die möglichen Parameter heutiger Unternehmen theoretisch hergeleitet.

Seit Beginn der Internationalisierung von Unternehmen läßt sich ein zyklischer Verlauf festmachen. Dunning (1993) beschreibt die Entwicklung seit 1880 als wechselhaftes Muster in bezug auf internationale Direktinvestitionen. Zwischen 1880 und dem Beginn des Ersten Weltkriegs war der erste Boom internationaler Direktinvestitionen zu verzeichnen. In den Zwischenkriegsjahren stagnierten die internationalen Aktivitäten multinationaler Unternehmen. Nach dem Zweiten Weltkrieg etablierte sich eine Periode des ununterbrochenen Wachstums. Dieses Wachstum verstärkte sich deutlich seit Anfang der achtziger Jahre, konstatiert Dunning. Bornschier (1976) stellt für die US-amerikanische Wirtschaft zwischen 1891 und 1971 drei Phasen der Auslandsexpansion fest: Phase I zwischen 1898 und 1914, Phase II zwischen 1925 und 1929 und Phase III von Ende der fünfziger bis Ende der Sechziger Jahre.

Hirst und Thompson kommen zu einer ähnlichen Interpretation der Entwicklungen:

„...it is generally agreed that manufacturing multinationals appeared in the world economy after the mid nineteenth century and that they were well established by the First World War. International business activity grew vigorously in the 1920s as the truly diversified and integrated MNC matured, but it slowed down during the depressed 1930s and war-torn 1940s, and began a fluctuating expansion again after 1950" (Hirst/Thompson, 1996, S. 19f.).

Chandler unterscheidet drei Phasen seit Entstehung der Multinationalen Unternehmen. Phase I von 1880 bis zum Ersten Weltkrieg, Phase II der Zwischenkriegsjahre und Phase III der Nachkriegsjahre. Im weiteren wird die Phaseneinteilung **Chandlers** übernommen, die Phase der Nachkriegsjahre wird Dunning (1993) folgend allerdings zweigeteilt in die Periode vor und die Periode nach 1960.

2.1. Entstehung und Entwicklung von Ende des 19. Jahrhunderts bis zum Ersten Weltkrieg

Die weltweiten ausländischen Direktinvestitionen beliefen sich im Jahre 1914 auf einen Betrag von 14 Milliarden US-Dollar, also in einer Größenordnung von 35 Prozent der gesamten internationalen langfristigen Kredite dieser Zeit. Direktinvestitionen spielten somit in dieser Periode eine ebenso wichtige Rolle wie seit den 1950er Jahren. (Dunning 1983, S. 85). Dunning legt des weiteren dar, daß die geographische Streuung der Direktinvestitionen in dieser Periode ein Ausmaß erreicht hat wie erst in den1980er Jahren wieder:

„Indeed, the territorial compass of FDI was probably wider than it has been for most of the last thirty-five years; Eastern Europe and China, for example, were both attractive to Western businessmen in the years preceding the First World War,..." (Dunning 1983, S. 86).

Dunning unterscheidet zwei verschiedene Gründe für Direktinvestitionen in diesem Zeitraum: Zum einen die „alte internationale Arbeitsteilung", zum anderen die sich entwickelnde internationale Produktion einzelner Unternehmen:

„While for the first three-quarters of the nineteenth century, direct capital exports mainly comprised expatriate investment of finance raised in the home country by corporations or individual entrepreneurs to purchase a controlling equity interest in a foreign company, the subsequent forty years saw the infancy and adolescence of the type of activity which mainly dominates today, viz. the setting up of foreign branches by enterprises already operating in their home countries" (Dunning 1983, S. 86).

Von den ausländischen Direktinvestitionen des Jahres 1914 waren über die Hälfte im primären Sektor angesiedelt, lediglich 15 Prozent wurden im Sektor der Verarbeitenden Industrie investiert (Dunning 1983, S. 89). Die starke Konzentration der ausländischen Direktinvestitionen auf den primären Sektor hatte zur Folge, daß diese hauptsächlich in sogenannten Entwicklungsländern angesiedelt waren. Der Teil der ausländischen Direktinvestitionen, der in die Verarbeitende Industrie floß, wurde hauptsächlich in Europa und den USA sowie

Rußland investiert. Grundsätzlich ist festzustellen, daß schon in dieser Periode mit den Ursprungsländern der Investoren auch Art und Schwerpunkt der ausländischen Direktinvestitionen divergierten. So konzentrierten sich deutsche und französische Direktinvestitionen hauptsächlich auf Europa, während britische Direktinvestitionen hauptsächlich im damaligen britischen Empire angesiedelt waren. Deutsche Direktinvestitionen waren insbesondere in der Chemischen Industrie führend. (vgl. Dunning 1983, S. 89ff)

Das Entstehen multinationaler Unternehmen Ende des 19. Jahrhunderts ist eng verknüpft mit der Entstehung vorwärts und rückwärts integrierter Unternehmen, mit dem Aufkommen von Massenproduktion und der Entwicklung von modernen Transport- und Kommunikationsnetzwerken (vgl. Chandler 1986, S. 406ff.). Nach Chandler transformierten technologische Innovationen das persönlich geführte, aus einer Einheit bestehende („single-unit") und nur einer Funktion folgende („single-function") Unternehmen in ein multifunktionales, in mehrere Einheiten unterteiltes und von hierarchisch gegliedertem Management geleitetes Unternehmen. Die neuen Technologien der Produktion und Distribution machten einen enormen Anstieg im Output und der Distribution möglich. Für die unter diesen Umständen möglich gewordene Massenproduktion war es notwendig, für einen reibungslosen Materialfluß zu sorgen. Dieser erst ließ die Kostenvorteile durch größere Anlagen wirksam werden, da er Voraussetzung für die Auslastung der Kapazitäten war. Dies bedingte wiederum, daß die Zulieferer nicht über den Markt koordiniert, sondern in die Organisation integriert wurden. Dasselbe galt für die Distribution der produzierten Güter. Die Massenproduktion erforderte auch hier die Integration der Verkaufsorganisationen in das produzierende Unternehmen. Die Massendistribution erforderte zudem starke Investitionen in spezialisierte, produktspezifische Anlagen und speziell ausgebildetes Personal. Schließlich verloren die Zwischenhändler ihren Größenvorteil, den sie bis zu dieser Zeit ob der Vertretung mehrerer Unternehmen hatten. Die Produzenten erreichten nun eine vergleichbare Größe.

Der mit den neuen Technologien zu erreichende hohe Output führte dazu, daß einige wenige Unternehmen in der Lage waren, die nationale und internationale Nachfrage zu befriedigen. Dies führte innerhalb von kürzester Zeit zur Ausbildung oligopolistischer Strukturen, was den engen Zusammenhang von „economies of scale", der Größe von Unternehmen und dem Konzentrationsprozeß innerhalb von Branchen verdeutlicht. Die Investitionen in aufwendige Anlagen zur produktspezifischen Distribution veranlaßten die massenproduzierenden Unternehmen dazu, mit neuartigen Produkten multinational zu werden. Zu diesem Zwecke investierten sie außerhalb des Heimatmarktes im Marketingbereich.

Viele der Unternehmen, die Ende des 19. Jahrhunderts diesen Weg beschritten, sind noch heute zentrale Akteure des internationalen Wettbewerbs. Ob Unternehmen einzelner Industriezweige die Vorteile der „economies of scale" nutzen konnten, entschied sich an der kapital- oder arbeitsintensiven Ausrichtung der Produktion. War die Produktion eines Industriezweiges kapitalintensiv, so konnten wesentlich stärkere Kostenvorteile durch die Massenproduktion und große Fertigungsstätten erzielt werden.

Chandler nennt zusammenfassend zwei Bedingungen, die Industriezweige erfüllen mußten, um große Industrieunternehmen hervorzubringen:

1. Es mußte eine Produktionstechnologie existieren, die mit der Realisierung von „economies of scale" und der Präsenz von Qualitätskontrolle erforderte, daß die Materialflüsse von ausgebildeten Managern ständig koordiniert und überwacht wurden.
2. Das Marketing und die Distribution von Massenprodukten erforderte Investitionen in produktspezifisches Humankapital und physisches Kapital.

Waren diese beiden Bedingungen in einem Industriezweig gegeben, entschied sich die Multinationalisierung von Unternehmen hauptsächlich durch die Einführung oder Nicht-Einführung administrativer Organisation. Nur im Falle der Implementierung begannen Unternehmen, in Produktionsstätten im Ausland zu investieren. In Deutschland waren die oben genannten Voraussetzungen vor allem in der Stahlindustrie, der Chemischen Industrie und im Maschinenbau gegeben. In diesen Branchen waren integrierte Industrieunternehmen mit ausreichender Größe vorhanden. Des weiteren existierten Management-Hierarchien, die den Materialfluß zwischen Bereitstellung, Produktion und Verkauf koordinieren und steuern konnten. Diese Unternehmen bauten internationale Netzwerke von Verkaufsbüros auf, um ihre Produkte zu vermarkten. Nach der Etablierung im Ausland gingen sie dazu über, auch Fabriken der jeweiligen Branche zu bauen oder zu erwerben. Die Entwicklungslogik von Investitionen im Ausland beschreibt Chandler folgendermaßen:

„Where transportation or tariffs substantially increased cost and where local markets were large enough to justify the building of plants sizable enough to achieve the cost advantages of scale, these companies built, or occasionally purchased plants to supply their marketing organizations. If these foreign markets continued to expand, the distant subsidiary often began to purchase its supplies as well as selling finished products locally. In this way, the foreign subsidiary became as integrated as its parent. In nearly all the new volume-producing industries, the pioneers continued to dominate for decades. (...) created powerful barriers to entry" (Chandler 1986, S. 421).

2.2. Entwicklung in der Zwischenkriegszeit

In der Zwischenkriegszeit spielten die multinationalen Unternehmen (MNU) eine zunehmend wichtigere Rolle. Die Anzahl der MNU nahm zu und die Unternehmen wurden größer. Deutsche MNU waren auch weiterhin hauptsächlich in der Chemischen Industrie, im Maschinenbau und in der Stahlbranche ansässig. Die Unternehmen, die als erste multinational wurden, konnten auch künftig ihren Wettbewerbsvorteil nutzen, aber die Marktanteile innerhalb des globalen Oligopols veränderten sich (vgl. Chandler 1986, S. 432). Andererseits mußten einige der Unternehmen der europäischen Länder, die am Ersten Weltkrieg beteiligt waren, Teile ihrer Investitionen der Vorkriegszeit verkaufen. Lediglich die US-amerikanischen Unternehmen blieben weitgehend davon verschont, litten aber ebenso wie Unternehmen anderer Länder unter dem Kollaps des internationalen Kapitalmarktes Ende der 1920er Anfang der 1930er Jahre (vgl. Dunning 1983, S. 91).

Dunning (1993) legt dar, daß insbesondere deutsche Unternehmen im Ersten Weltkrieg und danach wesentliche Teile ihrer ausländischen Beteiligungen verloren. In der folgenden Periode wurden diese auch nur langsam wieder aufgebaut. Vielmehr versuchten deutsche Unternehmen über internationale Kartelle und Verträge ihren Bedarf an Rohstoffen zu decken und Marktanteile in den führenden Industrienationen zu sichern. Bevorzugte Region deutscher Direktinvestitionen in der Zwischenkriegszeit war Skandinavien.

Nach Chandler wurden die deutschen MNU durch den Ersten Weltkrieg geschwächt, erholten sich aber von diesen Verlusten, nach kurzer Zeit fanden sie vor allem in Ost- und Südeuropa wieder Absatzmärkte. Auch er verweist darauf, daß das Aufkommen an Direktinvestitionen wesentlich geringer war als vor 1914, insbesondere weil während des Ersten Weltkriegs u.a. Fabriken in Übersee konfisziert wurden (vgl. Chandler 1986, S. 432). Insgesamt aber förderte das zunehmende Erstarken der Nationalstaaten in dieser Periode die Direktinvestitionen im Ausland. Zollbarrieren wurden verstärkt, Handelshemmnisse und Währungskontrollen wurden rigider. Der Versuch, die heimischen Märkte zu schützen und gleichzeitig neue Märkte zu erschließen, war ein kräftigeres Motiv als das Umgehen von Zöllen („tariff jumping“). In Europa konnte durch die wesentlich kleineren nationalen Märkte und das Fehlen von Kartellgesetzen Marktmacht durch vertragliche Kooperation erreicht und erhalten werden. Besonders stark galt dies für Deutschland, da Kartellvereinbarungen legal waren. Das Muster des internationalen Wettbewerbs in der Zwischenkriegszeit war das des Oligopols. Globale Kartelle konnten zwar kurzzeitig entstehen, waren aber nie über einen längeren Zeitraum zu beobachten. (vgl. Chandler 1986, S. 432ff.) Chandler beschreibt Strategie und Struktur der Zeit zwischen den Weltkriegen folgendermaßen:

„In these ways, the strategies and structures of multinational companies competing for shares of the global markets reflected during the interwar years the cost advantages of scale, the pace of technological change, the existing restrictions to trade, and the contractual arrangements between a small number of competitors to set price and output and to allocate markets" (Chandler, 1986, S. 438f.).

Investitionen europäischer Unternehmen gingen innerhalb dieser Periode hauptsächlich in europäische Länder und die USA, während US-amerikanische Unternehmen hauptsächlich in Südamerika, Kanada und den größeren europäischen Ländern investierten. Insgesamt führte die Situation nach dem Ersten Weltkrieg zu verstärkten importsubstituierenden Investitionen und zum Entstehen von grenzüberschreitenden Kartellen, welche die beteiligten Unternehmen vor destruktivem Wettbewerb schützen sollten (vgl. Dunning 1993). Die defensiven marktorientierten Direktinvestitionen nahmen zu, während die aggressiven und die Direktinvestitionen aus Effizienzgründen im Produktionsbereich nachließen. Direktinvestitionen aus Gründen der Ressourcengewinnung nahmen dagegen auch in dieser Periode kontinuierlich zu. Des weiteren schildert Dunning, daß „mergers and acquisitions" (M&A) relativ zu den „greenfield investments" zunahmen. Zum einen wurden M&A unternommen, um Produktions- und Transaktionskosten zu senken, zum anderen war das strategische Ziel vieler nationaler Oligopolisten, auch internationale Märkte zu erschließen. Dunning faßt die Entwicklung der Motive in der Zwischenkriegszeit folgendermaßen zusammen:

„... the developing world continued to attract the bulk of resource-based investment and the developed world most of the market-seeking investment. There were glimpses of rationalized or efficiency-seeking FDI (...). There were also the beginnings of strategic asset acquiring activity of MNE oligopolies moved towards more global production and marketing" (Dunning 1993, S. 125).

2.3. Entwicklung nach dem Zweiten Weltkrieg

Die Ende des 19. Jahrhunderts entstandene institutionelle Rahmengebung, in der sich der globale Wettbewerb vollzog, ist auch nach dem Zweiten Weltkrieg intakt geblieben. Verändert hat sich innerhalb des globalen Settings - nach Chandler - weniger die Anzahl und die Handlungen der MNU, sondern die der Nationalstaaten. Weiterhin dominierten Westeuropa und die USA den Welthandel, mit Japan als neuem Konkurrenten. Gleichzeitig entstanden neue Länder – hauptsächlich frühere Kolonien oder abhängige Staaten – die nun als Gastländer für Investitionen in Frage kamen. Die zentralen Akteure blieben dieselben, aber das Umfeld änderte sich stark. Hauptantriebskräfte dieses Wandels waren wie schon Ende des 19. Jahrhunderts wachsende Märkte und technologischer Wandel (vgl. Chandler 1986, S. 439ff.).

Die Zeit nach dem Zweiten Weltkrieg kann nach Dunning als Periode ununterbrochenen Wachstums betrachtet werden. Dabei ist dieser Zeitraum in zwei Phasen zu unterteilen: Eine Phase von Ende des Zweiten Weltkriegs bis 1960 und eine Phase ab 1960:

„The first – up to around 1960 – was one in which the US dominated new MNE activity. (...) The second period, spanning the following three decades, has witnessed the increasingly important role first of Continental European, the Japanese and finally some Third World countries as international direct investors. This period has also seen the opening up of new territories, especially Europe, to foreign-owned production, the liberalization of many cross-border markets, advances in regional economic integration, and the emergence of truly global MNEs" (Dunning 1993, S. 125).

Für die Periode bis 1960 konstatiert Dunning ein im Vergleich zur Weltproduktion und zum Welthandel moderates Wachstum der ausländischen Direktinvestitionen. Innerhalb dieser Periode setzte sich der Trend der Zeit vor dem Ersten Weltkrieg fort, wonach Unternehmen verstärkt in entwickelten Ländern investierten.

„In 1914, something like two-thirds of the capital stake was directed to developing countries; by 1938 this had fallen to 55 per cent, and by 1960 it was nearer 40 per cent" (Dunning 1983, S. 94).

Die zitierten Zahlen spiegeln eine Veränderung der Motive für Direktinvestitionen wider. Direktinvestitionen aus Gründen der Markterschließung oder –sicherung nahmen relativ zu Direktinvestitionen aus Gründen der Ressourcenerschließung oder -sicherung zu. Wie vor dem Ersten Weltkrieg konzentrierten sich Direktinvestitionen aus Gründen der Ressourcenerschließung oder -sicherung hauptsächlich auf die „Entwicklungsländer", während Direktinvestitionen zur Marktsicherung und Markterschließung hauptsächlich in entwickelten Ländern getätigt wurden. Investitionen aus Gründen der Rationalisierung nahmen kaum zu, Akquisitionen von Unternehmen, um deren Eigentumsvorteile zu erwerben, waren in diesem Zeitraum kaum zu verzeichnen. Des weiteren ist auch für diese Zeitspanne anzumerken, daß die Anzahl der „greenfield investments" im Vergleich zu M&As abnahm. Diese Entwicklung wurde schon in der Zwischenkriegszeit beobachtet:

„... the proportion of new subsidiaries (...), which were established by green field ventures (as compared with acquisition, merger or reorganisation) fell from 55 per cent in 1946-52 to 48 per cent in 1959-61; the corresponding figures for the pre-1914 period and 1919-39 were 67 per cent and 58 per cent respectively" (Dunning 1983, S. 96).

Nach 1950 wuchsen sowohl die heimischen als auch die internationalen Märkte schneller als je zuvor. Handelshemmnisse, die Märkte voneinander abschotteten, wurden abgebaut. Mit der Entstehung der Europäischen Gemeinschaft durch den Vertrag von Rom 1957 entstand ein Markt für europäische Hersteller, der mit dem amerikanischen in Größe und Wachstum vergleichbar war und ist. Dieser war groß genug, um die „economies of scale" voll zu entfalten. Mit diesen Veränderungen einher ging die Auflösung von Vorkriegskartellen und Vertragsvereinbarungen von Unternehmen. Ende der fünfziger Jahre waren es nicht mehr die vertraglichen Kooperationen, die Marktmacht sicherten, in praktisch allen globalen Oligopolen wurde nun funktional und strategisch um Marktanteile gekämpft (vgl. Chandler 1986, S. 439ff.).

Die Phase nach 1960 zeichnet sich nach Dunning (vgl. 1983, S. 96f.) insbesondere durch die Verringerung des Anteils der USA und Großbritanniens und dem Anstieg des Anteils Westdeutschlands, der Schweiz und Japans aus. Insgesamt gilt, daß die Anzahl der Länder mit Unternehmen, die Direktinvestitionen tätigten, seit 1960 stark zugenommen hat. In diesem Zeitraum nahm auch der Anteil der Direktinvestitionen, die in den USA oder Westeuropa angesiedelt waren, deutlich zu. Ähnlich bedeutend wie die sich verändernden Märkte war der technologische Wandel. Die Diffusion vorhandener und die Entwicklung neuartiger Technologien, insbesondere die Kommunikations- und Informationstechnologien, waren entscheidend für die Modellierung der Bedingungen des internationalen Wettbewerbs. In den sechziger und siebziger Jahren verbreiteten sich zusätzlich zu neuen Technologien auch neue Managementtechniken. In den meisten Fällen bedeutete das eine Transformation von einer Holding-Gesellschaft zu einem multidivisionalen Unternehmen. Die Tochtergesellschaften wurden rationalisiert und eine starke Unternehmensleitung („corporate office“) implementiert.

Chandler geht davon aus, daß auch 1986 die MNU noch in den Industriezweigen gehäuft auftraten, in denen sie auch Ende des 19. Jahrhunderts vertreten waren. Des weiteren sind auch die führenden MNU immer noch jene, die auch Ende des 19. Jahrhunderts diese Positionen inne hatten (vgl. Chandler 1986, S. 440ff.). Die Motive für Direktinvestitionen verschoben sich allerdings von der Markterschließung und der Ressourcensicherung weg, hin zu strategischen Direktinvestitionen und solchen aus Gründen der Effizienz (vgl. Dunning 1993, S. 128). Dunning beschreibt den Wandel der Motive für Direktinvestitionen folgendermaßen:

„As the extent of multinationality of MNCs has widened, the nature of international production has undergone a transformation. From investing overseas primarily to exploit natural resources for export, or to supply local markets with a similar product to those produced at home, MNCs have increasingly engaged in regional or global process and product specialization, to take advantage of differential resource endowments, scale economies and integrated markets“ (Dunning 1979, S. 271f.).

Im wesentlichen überschneiden sich die Einschätzungen von Dunning und Chandler bezüglich der veränderten Motive für Direktinvestitionen. Dunning beobachtet für die neunziger Jahre des weiteren vier hauptsächliche Entwicklungen (Dunning 1998, S. 52f). (1) Die Rolle der Transaktionskosten hat sich verändert. Da diese Kosten gesunken sind, werden weitaus aggressivere Direktinvestitionen zur Markterschließung möglich. Damit wird die internationale Arbeitsteilung verstärkt. (2) Die komplementären Anlagen im Ausland basieren weit stärker auf Know-how und Wissen des Gastlandes. Sie sind wesentlich stärker in der Ökonomie des Standortlandes verwurzelt. (3) Die Akquisition von „strategic assets“ ist wesentlich wichtiger geworden. Die gekauften Unternehmen müssen weniger den Zugang zu den Märkten oder zu Rohstoffen absichern, als eher den Zugang zu wissensintensiven Anlagen. Wettbewerbsvorteile werden also zunehmend durch Akquisitionen zugekauft. Das heißt, Unternehmen werden nicht mehr *wegen* der spezifischen Wettbewerbsvorteile des erwerbenden Unternehmens gekauft, sondern um Wettbewerbsvorteile des erworbenen Unternehmens zu erschließen. (4) Direktinvestitionen in „Entwicklungsländer“ werden unternommen, um Zugang zu den Märkten herzustellen oder Vorteile durch niedrige Arbeitskosten zu erzielen und/oder den Zugang zu günstigen Rohstoffen zu sichern.

Diverse Untersuchungen der Motive für Direktinvestitionen im Ausland kommen zu eindeutigen Ergebnissen. Zum Beispiel Beyfuß/Kitterer (1990) oder eine Untersuchung des ifo-Instituts (1996) geben an, daß eine Mehrheit der Investitionen aus Gründen der Markterschließung bzw. des Markterhaltes unternommen wird. Zweitwichtigste Rolle bei den Direktinvestitionsentscheidungen spielen danach die Kostenargumente, also die Steigerung der Effizienz durch

Senkung der Kosten.[27] Diese Untersuchungen berücksichtigen nicht den von Dunning eingeführten Typus der „strategic assets", und kommen deswegen zu anderen Ergebnissen. Übereinstimmend ist aber, daß Direktinvestitionen aus Gründen der Markterschließung und –sicherung eine zentrale Rolle spielen.

2.4. Zusammenfassung

Im obigen Kapitel wurde die Entwicklung der Direktinvestitionen seit dem Jahre 1870 kurz beschrieben, wobei der Schwerpunkt auf der Erläuterung der Motive für Direktinvestitionen lag. Da es einen Zusammenhang zwischen geographischer Verteilung und den Motiven von Direktinvestitionen gibt, wurde auch auf diese kurz eingegangen. Die Änderung der geographischen Verteilung der Direktinvestitionen über die Zeit ist relevant für die Motive der Direktinvestitionen, weil Direktinvestitionen aus Gründen der Ressourcensicherung hauptsächlich in sogenannten Entwicklungsländern zu finden sind, während Direktinvestitionen aus Gründen der Marktsicherung und -erschließung, sowie „strategic assets" hauptsächlich in entwickelten Ländern getätigt werden. Direktinvestitionen zur Steigerung der Effizienz sind eher in den sogenannten Entwicklungsländern anzusiedeln, aber gerade die Steigerung der Effizienz durch weltweite Vernetzung der Produktion ist auch in entwickelten Ländern denkbar.

Das vorangegangene Kapitel hat gezeigt, daß die Direktinvestitionen im Laufe des beschriebenen Zeitraums immer stärker in entwickelten Ländern plaziert wurden, während sie in sogenannten unterentwickelten Ländern zurückgingen. In der ersten untersuchten Periode der Jahre 1870 bis 1914 wurde attestiert, daß der weit überwiegende Teil aller Direktinvestitionen in sogenannte Entwicklungsländer ging. Waren es im Jahre 1914 noch cirka zwei Drittel aller Direktinvestitionen, die in sogenannten Entwicklungsländern investiert wurden, so fiel dieser Anteil bis 1938 auf 55 Prozent. Im Jahre 1960 war der Anteil der Direktinvestitionen in Entwicklungsländern nahe 40 Prozent der gesamten Direktinvestitionen. Im weiteren Verlauf hat dieser Anteil weiter abgenommen (vgl. Teil A, Kap. 4.2.4.).

Die obige Analyse der Entwicklung der Direktinvestitionen zeigt aber insbesondere, daß sich die Motive, im Ausland zu investieren, sehr stark gewandelt haben. Nimmt man die im weiteren noch genauer erläuterte Unterscheidung der Direktinvestitionen in vier Typen von Dunning (vgl. Teil B - Kapitel 3) als Grundlage, zeigt sich folgendes Bild. Das Motiv der Ressourcensicherung oder Ressourcenerschließung war Ende des 19. Jahrhunderts das häufigste für Direktinvestitionen. Des weiteren wurden Direktinvestitionen aus Gründen der Markterschließung unternommen. Direktinvestitionen aus Gründen der Effizienz und sogenannte „strategic assets" waren dagegen zu dieser Zeit kaum vorhanden. In der Zwischenkriegszeit war die Motivlage ähnlich derjenigen der vorhergehende Periode. Investitionen aus Gründen der Marktsicherung bzw. Markt-

[27] Für eine Zusammenfassung und Bestätigung der Ergebnisse durch ökonometrische Analysen sei auf die Analyse „Entwicklung und Bestimmungsgründe grenzüberschreitender Direktinvestitionen" im Monatsbericht 8/97 der Deutschen Bundesbank verwiesen.

erschließung sowie solche aus Gründen der Ressourcensicherung oder der Erschließung dieser standen im Vordergrund. Weiterhin waren sowohl „strategic assets" als auch Direktinvestitionen aus Effizienzgründen fast nicht vorhanden.

Direktinvestitionen aus Gründen der Marktsicherung wurden vor allem in entwickelten Ländern getätigt, während das Ziel der Direktinvestitionen zur Ressourcensicherung bzw. -erschließung hauptsächlich sogenannte „Entwicklungsländer" waren. In der Zeit nach dem Zweiten Weltkrieg bis in das Jahr 1960 nahmen Direktinvestitionen aus Gründen der Sicherung bzw. Erschließung eines Marktes zu, während der Anteil der Direktinvestitionen, die der Ressourcensicherung bzw. -erschließung dienten, zurückging. Direktinvestitionen aus Gründen der Effizienz und „strategic assets" spielten auch in dieser Periode noch keine wesentliche Rolle. Mit den sechziger Jahren setzt eine Veränderung in der Verteilung der Motive für Direktinvestitionen ein. Während jene aus Gründen der Ressourcenerschließung und -sicherung und aus Gründen der Markterschließung und -sicherung zurückgingen, nahmen die Direktinvestitionen aus Gründen der Effizienz und „strategic assets" stark zu. Abbildung 1 faßt die relative Entwicklung der Motive über die Zeit zusammen[28]. Die Graphik zeigt auch die von Dunning vermutete Entwicklung der achtziger und neunziger Jahre.

Abbildung 1: Relative Verteilung der Motive für Direktinvestitionen über die Zeit

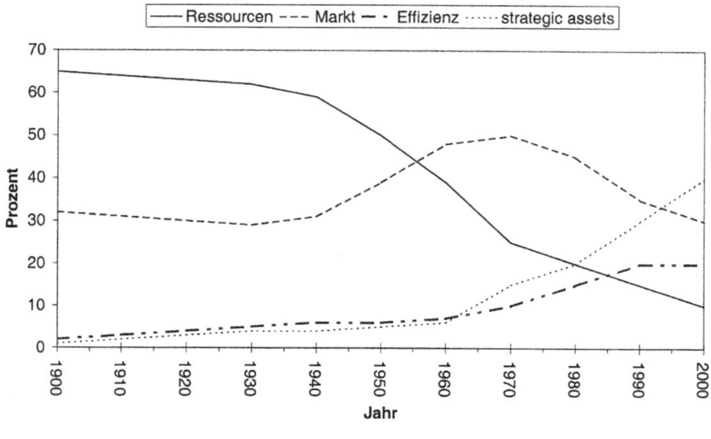

[28] Es handelt sich hierbei nicht um exakt erhobene Zahlen, sondern um Tendenzen, wie sie von den oben genannten Autoren beschrieben wurden. Es sind also grobe Entwicklungen angetragen worden.

Neben geographischer Verteilung und Motiven von Direktinvestitionen wurde schließlich noch zusätzlich die Frage erörtert, wie sich sogenannte „greenfield investments" im Verhältnis zu mergers & aquisitions (m&a) verhielten. Im behandelten Zeitraum nahm die Anzahl der „greenfield investments" im Verhältnis zu den m&a stark ab. Diese Entwicklung ist über den ganzen Zeitraum zu beobachten, verschärft sich aber seit Ende der achtziger Jahre (vgl. Wortmann 1999).

3. Theoretischer Rahmen der Parameter der Investitionsentscheidung

Ein gemeinsames Charakteristikum der meisten Theorien multinationaler Unternehmen ist, daß sie partialanalytischen Charakter haben. So erklären Theorien des monopolistischen Vorteils, warum multinationale Unternehmen sich auf fremden Märkten durchsetzen können (z.B. Hymer 1976). Die Standorttheorie erklärt, warum multinationale Unternehmen in bestimmten Ländern operieren und in anderen nicht (z.B. Tesch 1980). Die Produktzyklustheorie analysiert, wann Unternehmen wo produzieren (z.B.Vernon 1974). Die Internalisierungstheorie bzw. der Transaktionskostenansatz erklärt, über welche Institutionen ein Unternehmen seine spezifischen Vorteile im Ausland nutzt (z.B. Coase 1937, Williamson 1975, Brown 1976, Teece 1983). In den unterschiedlichen Theorien werden die Fragen nach dem **Warum,** dem **Wo** und dem **Wie** internationalen Engagements von Unternehmen getrennt untersucht. Dunning hat ein eklektisches Aussagesystem entwickelt, das alle drei Grundfragen zu beantworten in der Lage sein soll. Im weiteren werden grundlegende Theorien der Multinationalen Unternehmung angerissen und deren Hauptaussagen dargelegt[29].

3.1. Theorie des monopolistischen Vorteils

Die Theorie von Hymer (1976) basiert auf der Annahme, daß im Gegensatz zur Zinssatz- und Kapitaltheorie für Portfolio- und Direktinvestitionen nicht die gleichen Faktoren zur Erklärung herangezogen werden können:

„The important theoretical shortcoming of the interest-rate theory is that it does not explain control. If interest rates are higher abroad than at home, an investor will do well to lend money abroad, but there is no logical necessity for him to control the enterprise he lends to. If we wish to explain direct investment, we must explain control" (Hymer 1976, S. 23).

Entscheidend für die Erklärung von Direktinvestitionen ist der Aspekt der Kontrolle über die gemachte Investition. Direktinvestitionen sind kombinierte Faktorbewegungen aus Kapital, Technologie, Know-how, Managementleistun-

[29] Bei der Darstellung der Theorien wurde eine Auswahl getroffen. Das bedeutet nicht, daß der Autor andere Theorien für nicht relevant hält, sondern daß sie für den weiteren Gang der Argumentation nicht von Belang sind. Denkbar wären z.B. noch die Behaviouristische Theorie (vgl. Aharoni 1966) oder die Risikoportfoliotheorie (vgl. Markowitz 1952, Rugman 1975, 1979, 1981).

gen etc., also nicht pure Kapitalanlagen. Sie entstehen nicht durch den internationalen Austausch von Kapital, sondern durch „international operations of national firms" (Hymer 1976). Hymer und Kindleberger versuchten dieses Phänomen mit der Industrial-Organization-Theorie zu erklären.

„The investing company can earn a higher rate of return abroad than at home – as it must if it undertakes the risks and overcomes the costs of operating in a different political and legal environment, at a distance from its decision-making center. It is not enough for the return to be higher abroad than at home. If this were all, capital would move through organized capital markets rather than through firms that specialize in the production and distribution of goods" (Kindleberger 1969, S. 11f.).

Nach Hymer gibt es zwei Arten von Gründen, warum Investoren direkte Kontrolle über ihr angelegtes Kapital behalten wollen. Zum einen „direct investments" (Typ 1), die durch direkte Kontrolle größere Sicherheit in bezug auf das eingesetzte Kapital erlangen wollen. Wie bei den Portfolioinvestitionen steht das Zinsmotiv im Vordergrund. Zum anderen „international operations" (Typ 2), die durch die Konzentration mehrerer Unternehmen in einem Konzern den Wettbewerb zwischen Unternehmen aus verschiedenen Ländern verhindern sollen, oder um eigene Wettbewerbsvorteile in Gänze nutzen zu können.

„If the market is imperfect, the owner may not be able to appropriate fully the returns to the ability unless he controls its use" (Hymer 1976, S. 26).

Neben der Existenz von Vorteilen müssen diese auch transferierbar und unzugänglich für andere sein:

„But this is not so unless the firms possess some advantage which they can transfer from one country to another but which cannot be acquired by local firms. With perfect international markets for technology, management, labor skills, components, and other material input, the market abroad will be served by a local firm" (Kindleberger 1969, S. 13).

Die Wettbewerbsvorteile können nur entstehen, weil unvollkommene Märkte existieren. Johnson (1970) sieht in überlegenem, kommerziell nutzbarem Wissen den entscheidenden Wettbewerbsvorteil Multinationaler Unternehmen. Da dieses Wissen aber, so es nicht unternehmensintern bleibt, den Charakter eines öffentlichen Gutes hat, sind Direktinvestitionen am besten zur Ausnutzung dieses Vorteils geeignet. Caves (1971) verweist auf die Unterschiede in bezug auf Produktdifferenzierung zwischen Branchen. Dies gilt als Erklärung für die unterschiedliche Ausprägung von Direktinvestitionen in den einzelnen Branchen.

3.1.1. Theorien des oligopolistischen Parallelverhaltens

Nach Caves, Hymer und Kindleberger sind multinationale Unternehmen hauptsächlich auf oligopolistischen Märkten tätig. In einem Anbieter-Oligopol gibt es starke marktbedingte Interdependenzen zwischen den Oligopolisten. Es existieren zwei typische Reaktionsmuster (Jahrreiß 1984): Zum einen kann ein Unternehmen seinem Konkurrenten ins Ausland folgen, um dessen Wettbewerbsvorteile nicht zu groß werden zu lassen (follow-the-leader strategy), zum anderen kann das Eindringen eines Konkurrenten in den eigenen Markt mit einer Ge-

geninvestition beantwortet werden (cross investments). Beide Verhaltensweisen sind Störungen des oligopolistischen Gleichgewichts. Dieses Gleichgewicht beschreibt einen Zustand, in dem alle Oligopolisten auf aggressives Verhalten verzichten, weil Reaktionen anderer Anbieter auf dieses Verhalten in jedem Fall ungünstige Rückwirkungen zur Folge hätte.

3.2. Coase-Williamson-Tradition

Internalisierungstheorie und Transaktionskostenansatz erklären, über welche Institutionen ein Unternehmen den Austausch von Gütern organisiert. Unternehmen entscheiden danach, ob sie Güter auf dem Markt erstehen oder innerhalb der Unternehmung die Produktion der Güter selbst zentral steuern (Markt oder Hierarchie). Entscheidendes Kriterium ist, ob mit der Internalisierung der Produktion Transaktionskosten gespart werden können. Firmen entstehen, weil damit Kosten des Preismechanismus durch die unternehmensinterne Abwicklung der Transaktionen eingespart werden können. (Coase 1937) Als Regel gilt:

„... a firm will tend to expand until the costs of organizing an extra transaction within the firm become equal to the costs of carrying out the same transaction by means of exchange on the open market or the costs of organising in another firm" (Coase 1937, S. 395).

Brown (1976) versuchte mit dem Ansatz von Coase eine wesentliche Frage in bezug auf Multinationale Unternehmen zu beantworten, die Kindleberger aussparte:

„Why should it be so difficult to collect the full rent of a monopolistic advantage through the market ?" (Brown, 1976, S. 38).

Zur Beantwortung dieser Frage modifizierte er die Theorie von Coase in zwei Punkten: Zum einen sah er die Transaktionskosten des Marktes und unternehmensinterne Organisationskosten im internationalen Kontext als höher an. Zum anderen ist die Einsparung von Umsatzsteuern im internationalen Kontext nicht möglich. Durch die Transformation der Theorie vom nationalen in den internationalen Kontext kann die Entstehung multinationaler Unternehmen erklärt werden:

„Multinational firms appear where it is cheaper to allocate international resources internally than it is to the market to do so" (Brown 1976, S. 39).

David Teece (1983) bietet auf der Grundlage des „markets and hierarchies"-Ansatzes von Williamson (1975) eine Erklärung der Entstehung von multinationalen Unternehmen an. Vertikale Integration durch Direktinvestitionen ist vor allem auf dem Rohstoffmarkt von Nutzen, da diese zu größerer Versorgungssicherheit führt. Dies ist aber mit Kontrollkosten verbunden und kann dazu führen, daß einzelne Manager statt den Zielen des Mutter-Unternehmens ihre eigenen verfolgen. Horizontale Direktinvestitionen entstehen in erster Linie durch das Nutzen des Know-how als entscheidender monopolistischer Vorteil. Neben diesem Wettbewerbseffekt betont Teece die Schwierigkeiten, die die Unvollkommenheit des Marktes für kommerziell nutzbares Wissen mit sich bringt.

3.2.1. Long-Run-Theory von Buckley und Casson

Buckley und Casson (1976) gaben mit ihrer „Long-Run Theory of the Multinational Enterprise" der Internalisierungstheorie eine internationale Ausrichtung. Dabei gehen sie wie die Theorie des monopolistischen Vorteils von Marktunvollkommenheiten aus, setzen aber einen anderen Schwerpunkt:

„... it emphasis very general forms of imperfect competition stemming from the costs of organising markets, and it concentrates on imperfections in intermediate-product markets" (Buckley/Casson 1976, S. 33).

Märkte für Zwischenprodukte sind ein Koordinationsinstrument bei Produktions- und Absatzprozessen. Als Zwischenprodukte gelten nicht nur Rohstoffe, sondern auch Know-how, Erfahrung oder Managementfähigkeiten. Wenn die Märkte für Zwischenprodukte unvollkommen sind, schafft das Anreize, diese zu internalisieren. Buckley und Casson sehen in der Internalisierung den Grund für die Entstehung der multinationalen Unternehmen.

„We shall argue that prior to the Second World War multinationality was a by-product of the internalisation of intermediate-product markets in multistage production processes, and that post-war it is a by-product of the internalisation of markets in knowledge" (Buckley/Casson 1976, S. 58).

Die Entwicklung der multinationalen Unternehmen nach dem Zweiten Weltkrieg ist in erster Linie auf die Internalisierung von Know-how zurückzuführen. Buckley und Casson erklären diese Entwicklung daraus, daß Unternehmen schneller wachsen und multinational werden, wenn sie forschungsintensiv sind[30]. Die Vorteile der Internalisierung, die sich durch Unvollkommenheiten auf dem externen Markt ergeben, müssen gegen die Internalisierungskosten abgewogen werden (insbesondere Kommunikationskosten). Nur wenn die Vorteile überwiegen, wird die Entscheidung zur Internalisierung getroffen.

3.3. Produktlebenszyklusmodell

Das Produktlebenszyklusmodell ist ein Erklärungsansatz sowohl für internationalen Handel (z.B. Vernon 1966, Wells 1972) als auch für Direktinvestitionen (Vernon 1974). Grundlegende Annahme ist, daß Produktionen im Zeitverlauf vorhersehbaren Veränderungen sowohl in den Produktionsprozessen als auch in den Absatzbedingungen unterliegen. Danach lassen sich drei Phasen im Leben eines Produktes unterscheiden: Einführungsphase, Reifephase und Standardisierungsphase. In der Einführungsphase bleibt Entwicklung und Produktion im Heimatland. Die geringe Auslandsnachfrage wird durch Exporte befriedigt.

„... the search for knowledge is an inseparable part of the decision-making process and (...) relative ease of access to knowledge can profoundly affect the outcome... One implication of that fact is that producers in any market are more likely to be aware of the possibility of introducing new products in that market than producers located elsewhere would be" (Vernon 1966, S. 192).

---

[30] Dies gilt für Unternehmen, die sich in Phase 1 („aggressive expansion") der Entwicklung von forschungsintensiven Unternehmen befinden. (vgl. Buckley/Casson 1976, S.56ff.)

In der Reifephase erreicht die Produktion einen gewissen Standardisierungsgrad. Der Kostengesichtspunkt, insbesondere niedrige Lohnkosten, tritt in den Vordergrund. Auslandsinvestitionen werden bevorzugt in Industrieländern vorgenommen.

„Nevertheless, though the subcategories may multiply and the efforts at product differentiation increase, a growing acceptance of certain general standards seem to be typical" (Vernon 1966, S. 196).

Ist die Standardisierungsphase erreicht, werden Kosten endgültig zum entscheidenden Wettbewerbsfaktor:

"If we can assume that highly standardized products tend to have a well-articulated, easily accessible international market and to sell largely on the basis of price (...), then it follows that such products will not pose the problem of market information quite so acutely for the less-developed countries" (Vernon 1966, S. 203).

Weniger industrialisierte Länder werden bevorzugt als Produktionsstandort gewählt, da dort besonders niedrige Lohnkosten zu verzeichnen sind.

Vernon (1974) argumentiert auf Basis der Annahme oligopolistischer Märkte, die durch verschiedene Markteintrittsbarrieren geschützt sind. Innovative Oligopole basieren auf der Entwicklung neuer und Weiterentwicklung bestehender Produkte. Produktion und Verkauf werden zunächst auf dem Hauptmarkt durchgeführt.

„The tendency to give only limited heed to factor costs at this early stage in the location process can be explained on economic grounds. In many cases, neither the product nor the production process is well standardised at the time of its introduction; so it is not possible with any precision to compare rival production sites" (Vernon 1974, S. 94).

Reife Oligopole beruhen auf Skalenvorteilen im Bereich Produktion. Marketing und Transport sind die grundlegenden Markteintrittsbarrieren. Hauptziel ist die Aufrechterhaltung des oligopolistischen Gleichgewichts.

„... when demand declines, the suppliers may be tempted to sell at less than full cost. If any major supplier succumbs to the temptation, however, the industry as a whole is exposed to the disconcerting consequences of competitive price-cutting" (Vernon 1974, S. 98).

In gesättigten Oligopolen sind weder der innovative Charakter der Produkte noch die Skalenvorteile weiterhin Markteintrittsbarrieren. Die Kosten treten als Standortfaktor in den Vordergrund.

„There are cases, however, in which firms hang on. (...) Where the need to hang on is strong, the industry must resign itself to some degree of genuine price competition. In such cases, the question of costs takes on added importance. If cheaper materials or components can be secured from foreign locations, the pull to those locations is strong" (Vernon 1974, S. 105).

In einer Weiterentwicklung unterscheidet Kojima (1978, 1982) zwischen handelsorientierten und nicht-handelsorientierten Direktinvestitionen. Handelsorientierte Direktinvestitionen werden in erster Linie von Unternehmen aus

Ländern getätigt, die unter komparativen Nachteilen leiden. Nichthandelsorientierte Direktinvestitionen sind das Ergebnis oligopolistischer Verhaltensweisen.

3.4. Standorttheorie

Die Entscheidung über eine Investition ist immer auch eine internationale Standortentscheidung. Die Investitionsentscheidung ist eine sinnvolle Kombination von standortspezifischen und unternehmensspezifischen Determinanten.

Direktinvestitionen *„sind in der Regel vielmehr Ausdruck der Bestrebungen, standortbedingte Wettbewerbsnachteile, die durch Handelshemmnisse, durch häufig weitere Transportwege, durch Wechselkurseinflüsse, durch unterschiedliche Produktionsbedingungen usw. entstehen, zu vermeiden und die Wettbewerbsvorteile anderer Standorte zu erlangen" (Tesch 1980, S. 334).*

Zentraler Erklärungsfaktor für Direktinvestitionen bei Tesch (1980) sind die standortbedingten Wettbewerbsvorteile. Danach schlagen sich Standortvorteile in Verfügbarkeits-, Preis- und Nicht-Preis-Vorteilen sowie in Verfahrens- und Skalenvorteilen nieder. Standortfaktoren lassen sich je nach Typ der Motive der Investition unterscheiden. Für marktorientierte Investitionen *„dürften absatzbezogene Standortfaktoren wie z. B. Marktgröße (-potential) und Marktwachstum von besonderer Bedeutung sein" (Jahrreiß 1984, S. 98).* Standortfaktoren für kostenorientierte Investitionen sind die Preise der Produktionsfaktoren und die Kosten des Reimports und des Exports in Drittländer. Investitionen zur Sicherung von Rohstoffquellen werden an solchen Standorten getätigt, an denen Rohstoffvorkommen existieren und der Zugang zu diesen gesichert ist. Investitionen zum Erwerb von Know-how sind nicht an Standortfaktoren gebunden.

„Standortbedingte Faktoren treten hier relativ in den Hintergrund, da die Suche nach einem Unternehmen, das im Besitz des gewünschten Know-how's ist, dominiert" (Jahrreiß 1984, S. 99).

Jahrreiß geht zudem auf Standortfaktoren ein, die primär unabhängig vom jeweiligen Investitionstyp sind. Für Direktinvestitionen im internationalen Rahmen sind dies hauptsächlich politische Faktoren (z. B. Politische Instabilität). Diese sind aber in ihrer Bedeutung schwächer einzuschätzen als die ökonomischen Standortfaktoren. (vgl. Jahrreiß 1984, S. 130ff.)

3.5. Dunnings Eklektische Theorie

Die drei Ansätze, Theorien des monopolistischen Vorteils, Internalisierungstheorien und Standorttheorien, sind in einer neuen Theorie, Dunnings eklektischem Aussagesystem (Dunning 1981, 1993), integriert worden. Kernstück des Aussagesystems ist das **OLI-Schema**. Dieses Schema entwickelt, welche Bedingungen erfüllt sein müssen, damit ein Unternehmen Auslandsdirektinvestitionen durchführt. Im einzelnen sind das **ownership specific advantages (O)**, **location (L)** und **internalisation (I)**. Diese drei Bedingungen werden nun erläutert.

- **Ownership specific advantages**[31] (Eigentumsvorteil)
  Das Unternehmen muß einen Nettoeigentumsvorteil gegenüber den ausländischen Unternehmen bezüglich der Bedienung des jeweiligen Auslandsmarktes besitzen. Dieser Vorteil muß zumindest für einen gewissen Zeitraum Exklusiveigentum des Unternehmens sein.
- **Internalisation** (Internalisierungsvorteil)
  Es muß für das Unternehmen lohnend sein, diesen Vorteil selbst zu nutzen (**Internalisierung**), anstatt ihn an ausländische Unternehmen zu verkaufen oder zu verpachten.
- **Location** (Standortvorteil)
  Unternehmensinterne Verwertung wird dann die Form einer Direktinvestition annehmen, wenn die **Standortfaktoren** eine Produktion im Ausland vorteilhaft erscheinen lassen. Sonst werden Auslandsmärkte und der eigene Markt durch lokale Produktion bedient.

Dunning faßt die Einflüsse der drei Faktoren folgendermaßen zusammen:
"At any given moment of time, the more a country's enterprises possess ownership specific advantages, relative to enterprises of other nationalities, the greater the incentive they have to internalise rather than externalise the use; and the more they find it in their interest to exploit them from a foreign location, the more they (and the country as a whole) are likely to engage in international production" (Dunning 1981, S. 31).

Nach Dunning (1981) trifft die Benennung eklektisch aus drei Gründen zu. Zum einen verbindet sie wesentliche Ansätze zur Erklärung von Direktinvestitionen. Zum zweiten ist sie erklärungskräftig für alle Typen der Direktinvestitionen. Zum dritten ist die eklektische Theorie in der Lage, die drei hauptsächlichen Arten des internationalen Engagements (Direktinvestitionen, Export und contractual resource transfers) einzubinden.

3.5.1. Das OLI-Schema

Die Kombination bzw. die Existenz der drei Vorteilsarten bestimmt die Art und Weise, wie ein Unternehmen Märkte im Ausland bedient. Dies zeigt sich in Abbildung 2.

In jeder der drei Arten der Marktbedienung sind Eigentumsvorteile (ownership) Voraussetzung für das Auslandsengagement. Welcher Art die Marktbedienung ist, entscheidet sich daran, ob auch Internalisierungsvorteile und Standortvorteile für das jeweilige Unternehmen existieren. Hat ein Unternehmen nur Eigentumsvorteile, z. B. Größe, Marketing, Forschung und Entwicklung oder eine etablierte Position auf dem Heimatmarkt etc., will diese aber nicht mit eigenen Produkten in anderen Märkten nutzen, also auch keinen ausländischen Standort für Produktion kaufen oder erstellen, dann wird sich das Unternehmen für die

[31] Eine Auflistung möglicher „ownership specific advantages" findet sich bei Dunning (1979, S.276, 1993, S.82f.)

Vergabe von Lizenzen oder dem Verkauf von Patenten entscheiden (contractual resource transfers). Hat das Unternehmen zusätzlich Internalisierungsvorteile, z.B. Vermeidung von Transaktionskosten, Vermeidung von Verhandlungskosten, Schutz von Patenten oder Sicherstellung der Qualität des Produktes etc., will aber nicht im Ausland produzieren, wird es sich für Export entscheiden. Im Falle der Direktinvestitionen liegen schließlich zusätzlich zu Eigentums- und Internalisierungsvorteilen auch noch Standortvorteile vor. Standortvorteile sind z.B. spezifische Marktbedingungen, Vermeidung von Transport- und Kommunikationskosten, Zölle oder niedrige Produktionskosten etc.

Abbildung 2: Alternativen der Marktbedienung nach gegebenen Vorteilen

		Vorteile		
		ownership	internalisation	(foreign) location
Art der Markt-bedienung	Ausländische Direktinvestitionen	Ja	Ja	Ja
	Export	Ja	Ja	Nein
	contractual resource transfers	Ja	Nein	Nein

Quelle: Dunning 1981, S.32

Im weiteren wird zusätzlich eine Unterscheidung bezüglich der strukturellen Determinanten getroffen. Im einzelnen soll unterschieden werden zwischen Vorteilen auf der Ebene von Nationen, Industriezweigen und einzelnen Unternehmen.

„In other words, the propensity of enterprises of a particular nationality to engage in foreign production will vary according to the economic et al. characteristics of their home countries and the country(ies) in which they propose to invest, the range and type of products (including intermediate products) they intend to produce, and their underlying management and organisational strategies (which, inter alia may be affected by their size and attitude to risk diversification)" (Dunning 1981, S. 34).

Abbildung 3 zeigt die möglichen Kombinationen von Vorteilen und strukturellen Merkmalen. In der Analyse ist zu unterscheiden, auf welcher Ebene (Strukturelle Merkmale) die Vorteile angesiedelt sind. Ein Beispiel für Eigentumsvorteile auf der Ebene des Landes wäre das Ausmaß an Schutz des Eigentums eines Landes oder die Industriepolitik. Auf Branchenebene benennt Dunning zum Beispiel die Ausdifferenzierung der Produkte innerhalb einer Branche als solchen Vorteil. Auf Unternehmensebene kann diese Vorteilsart z.B. das Ausmaß der Innovation, der Diversifizierung oder auch die Größe eines Unternehmens sein (vgl. Dunning 1981, S. 35).

Abbildung 3: OLI-Schema nach Land, Branche und Unternehmen

Strukturelles Merkmal / OLI-Schema	Land	Branche	Unternehmen
ownership (Warum?)			
location (Wo?)			
internalisation (Wie?)			

Quelle: Dunning 1981, S.35

Diese Unterscheidung der strukturellen Merkmale wird im weiteren Vorgehen von Relevanz sein, da in der Analyse auf diese zurückgegriffen wird. Für diese Arbeit wird die Unterscheidung von Vorteilen auf Länderebene und auf Ebene der Unternehmen im Vordergrund stehen. Vorteile in bezug auf unterschiedliche Länder werden nur bei den Gastländern relevant. Eigentumsvorteile (ownership) und Standortvorteile (location) werden für die weitere Arbeit im Zentrum stehen, die Vorteile der Internalisierung sind in der Analyse dagegen im Hintergrund, da nur Direktinvestitionen untersucht werden (Dunkle Fläche). Es wird also nicht die Frage beantwortet, warum Direktinvestitionen als Methode der Internationalisierung gewählt wurden.

4. Typen der Direktinvestition

Dunning (1993, zurückgehend auf Behrman 1972) unterscheidet vier Haupttypen der Direktinvestition in bezug auf den Zweck der Investition, also die Parameter der Investitionsentscheidung: Typ A („natural resource seeking“), Typ B („market seeking“), Typ C („efficiency seeking“) und Typ D („strategic asset seeking“). Im weiteren werden diese vier Typen erläutert.

4.1. Typ A: Natural Resource Seeking

Dieser Typ der Direktinvestition dient der Sicherung und dem Zugang zu Ressourcen. Ressourcen sollen zu niedrigeren realen Kosten erschlossen werden, als das im Heimatland möglich wäre. Ziel ist es, das Unternehmen profitabler und wettbewerbsfähiger zu machen. Der größte Teil des Outputs dieser Beteiligungen wird in entwickelte Industrieländer exportiert. (vgl. Dunning 1993, S.57)

Als Direktinvestitionen des Typs A sollen in diesem Zusammenhang nur Investitionen zur Erschließung oder Sicherung von Rohstoffen gelten.[32]

4.2. Typ B: Market Seeking

Direktinvestitionen dieser Art werden zur Sicherung oder Erschließung von Märkten getätigt. Beteiligungen dieses Typs werden also erworben oder aufgebaut, um ein bestimmtes Land oder eine Region mit Waren und Dienstleistungen zu versorgen. Neben Marktgröße und voraussichtlichem Wachstum des Marktes können folgende Gründe für Investitionen des Typs B sprechen: Unternehmen folgen ihren Hauptkunden oder Hauptzulieferern ins Ausland; die Produkte müssen an die Anforderungen des jeweiligen Marktes angepaßt werden; die Produktions- und Transaktionskosten einer Produktionsstätte vor Ort können niedriger sein als die Versorgung des Marktes durch Export; multinationale Unternehmen sehen die Notwendigkeit, in all jenen führenden Märkten präsent zu sein, in denen ihre Wettbewerber auch präsent sind; schließlich kann noch die Zoll- oder Importpolitik von Ländern zum Bau oder Kauf von Produktionsstätten im Ausland führen. (vgl. Dunning 1993, S. 58)

4.3. Typ C: Efficiency Seeking

Investitionen des Typs C sollen zu größerer Effizienz führen. Sie ziehen aus den unterschiedlichen Faktorausstattungen, der Kultur, dem institutionellen Rahmen, dem ökonomischen System und der Politik sowie den Marktstrukturen einzelner Länder Nutzen. Ziel ist es, möglichst niedrige Kosten der Produktion (z.B. Produktivität, Lohnkosten, Produktionskosten) zu erreichen oder durch die Produktion in mehreren Ländern mit ähnlicher ökonomischer Struktur „economies of scale and scope" zu nutzen (vgl. Dunning 1993, S. 59).

4.4. Typ D: Strategic Asset Seeking

Investitionen des Typs D sollen insbesondere der Sicherung und Ausweitung von Eigentumsvorteilen dienen (z.B. wissensintensive Hochtechnologien). Im Unterschied zu anderen Direktinvestitionen werden hier nicht Eigentumsvorteile zur Produktion im Ausland genutzt, sondern sollten gerade durch diese Investitionen gesichert und ausgeweitet werden. Typ D umfaßt den **Erwerb** von ausländischen Unternehmen, um langfristige strategische Ziele zu erreichen. Hauptsächlich ist dies die Erhaltung oder der Ausbau der Wettbewerbsfähigkeit. Ziel ist nicht, die eigenen Markt- oder Kostenvorteile zu nutzen, sondern diese Vorteile von Unternehmen durch deren Übernahme zuzukaufen, um die eigene Wettbewerbsposition zu stärken oder die der Mitbewerber zu schwächen. Investitionen dieses Typs sollen der ganzen Unternehmung Vorteile bringen (vgl. Dunning 1993, S. 60).

---

[32] Dunning (1993, S. 57) subsumiert unter dieser Kategorie des weiteren Investitionen, die die Ressource „möglichst billige Arbeitskraft" und/oder „besondere technologische Kapazitäten, Management- oder Organisationsfähigkeiten" erwerben wollen. Aus Gründen der Trennschärfe wird unter diesem Typ **nur** die Erschließung oder Sicherung von Rohstoffen verstanden.

5. Parameter der Investitionsentscheidung - Empirie

Nach der Darstellung der Historie, der Theorie und der Typen von Direktinvestitionen wird nun anhand einer qualitativen Inhaltsanalyse untersucht, welche Parameter der Investitionsentscheidung in den Geschäftsberichten zu finden sind. Des weiteren soll die Frage geklärt werden, wie häufig die einzelnen Typen der Direktinvestition zu finden sind und welche Ausprägungen dieser Typen nachgewiesen werden können.

5.1. Qualitative Analyse der Geschäftsberichte

Im Rahmen dieser Arbeit wurde ein Datensatz erstellt, der die Entwicklungspfade deutscher Konzerne nachvollziehbar machen soll. Grundlage der Erhebung sind die Geschäftsberichte 1984-1995 von 17 deutschen Konzernen[33]. Diese Geschäftsberichte wurden unter den Gesichtspunkten Diversifizierung und Internationalisierung des jeweiligen Konzerns untersucht. Außerdem wurde innerhalb dieser Erhebung die Struktur, also der organisatorische Aufbau, der Unternehmung und die Erläuterungen zur Strategie, also der weiteren Planungen des Unternehmens, erhoben. Untersucht wurden die Geschäftsberichte mit der Technik der qualitativen Inhaltsanalyse[34].

Grundsätzliches Ziel der Untersuchung war es, die relevanten Textstellen der Konzernentwicklung zu identifizieren und aufzunehmen. Genauer sollten Informationen zu den Themen **Strategie, Struktur, Beteiligungen, Internationalisierung** und **Diversifizierung** gesammelt werden. Diese fünf Begriffe können als Strukturierungsdimensionen gelten. Auf diese fünf Kategorien hin wurde jeder Geschäftsbericht jedes Jahres untersucht. Letztendlich sollte für jedes Strukturierungsmerkmal die gesamte Information, die im Geschäftsbericht enthalten ist, als Zitat gesammelt werden.

5.2. Analyse der Begründunsgszusammenhänge

Datenbasis der Analyse der Parameter der Investitionsentscheidung sind die in den Geschäftsberichten genannten Begründungszusammenhänge einzelner Beteiligungen der untersuchten Konzerne im Inland und Ausland. Die Beteiligungen werden in die oben beschriebene Typologie von Beteiligungen eingeordnet.

5.2.1 Begründungszusammenhang einzelner Beteiligungen im Ausland

In den Geschäftsberichten finden sich Aussagen zum Kauf oder zur Errichtung einzelner Beteiligungen[35], Übernahmen oder Neugründungen im Ausland. Im weiteren werden diese Begründungen den einzelnen Typen von Direktinvestitionen zugeordnet. Zusätzlich wird überprüft, ob Erklärungsmuster, wie sie in den

---

[33] Eine Liste der untersuchten Konzerne ist im Appendix zu finden.

[34] Zur Methode der qualitativen Inhaltsanalyse sei auf Mayring 1995, Mayring 1996 und Flick 1995 verwiesen.

[35] Untersucht wurden diejenigen Beteiligungen und Niederlassungen, die auch im quantitativen Datensatz dieser Arbeit zu finden sind. Damit wird sichergestellt, daß Beteiligungen und Niederlassungen erst ab einer relevanten Größe in Betracht kommen.

oben beschriebenen theoretischen Ansätzen beschrieben sind, im empirischen Material nachvollzogen werden können.

Tabelle 1: Häufigkeit der Direktinvestitiontypen ausländischer Beteiligungen in Prozent

Direktinvestitiontyp		Anteil in Prozent
Natural Resource Seeking	(Typ A)	4 %
Market Seeking	(Typ B)	53 %
Efficiency Seeking	(Typ C)	4 %
Strategic Asset Seeking	(Typ D)	39 %

N = 26 Quelle: Eigene Berechnung

Die untersuchten Begründungen[36] bieten ein sehr eindeutiges Bild (siehe Tabelle 1). Am häufigsten vorkommende Typen sind zum einen Investitionen aus Gründen der Markterschließung oder des Markterhalts und zum anderen sogenannte „strategic assets". Investitionen aus Gründen der Kostenersparnis und solche, die den Zugang zu Ressourcen als Begründung heranziehen, sind dagegen von lediglich geringer Bedeutung.Die einzelnen Typen werden nun anhand des empirischen Materials eingehender vorgestellt.

5.2.1.1. Typ A: Natural Resource Seeking

Im Datensatz konnte nur eine ausländische Beteiligung identifiziert werden, deren Erwerb mit dem Zugang zu oder der Sicherung von Ressourcen begründet wurde.

„Mit der zum Jahreswechsel 1991/92 erworbenen Beteiligung an der Consol Energy Inc. haben wir unsere Position auf dem bedeutenden amerikanischen Steinkohlenmarkt ausbauen können. Inzwischen wurde der Board entsprechend den Beteiligungsverhältnissen paritätisch mit Mitgliedern von Rheinbraun und DuPont besetzt" (RWE AG Geschäftsbericht 1991/92, S. 24).

Selbst in diesem Fall ist der Begründungszusammenhang nicht eindeutig der Ressourcensicherung oder dem Ressourcenzugang zuzuordnen. Wie aus dem Zitat klar wird, ist die Positionierung auf dem amerikanischen Markt mindestens von gleicher Bedeutung. Zumindest die oben beschriebene weitgehende Exportorientierung dieser Beteiligungsart ist hier nicht wiederzufinden. Grundsätzlich wird hier aber der Zugang zu Ressourcen gesichert.

---

[36] Untersucht wurden Begründungen zu insgesamt 94 in- und ausländischen Übernahmen, Beteiligungen und Neugründungen von 17 Konzernen. Von 38 Begründungen ausländischer Übernahmen, Beteiligungen und Neugründungen konnten 26 einem der vier Typen zugeordnet werden. Die restlichen 12 Begründungen bezogen sich dagegen auf Umstrukturierungen (z.B. Zusammenfassung zweier Konzernunternehmen, Gründung einer Holding ohne operatives Geschäft) innerhalb des Konzerns.

In Übereinstimmung mit den in Kapitel 2 des Teils B dargelegten Untersuchungen kann festgestellt werden, daß Typ A als Motivlage nur noch eine untergeordnete Rolle spielt.

5.2.1.2. Typ C: Efficiency Seeking

Ein überraschendes Ergebnis zeigt sich, betrachtet man Direktinvestitionen, die aus Gründen der Effizienz unternommen werden. Nach Durchsicht des Materials konnte nur eine Begründung gefunden werden, die dem Typ C zuzuordnen ist.

„Mit großer Sorgfalt wurden unter einer Vielzahl von Angeboten auch alle Möglichkeiten geprüft, das neue Motorenwerk in den neuen Bundesländern zu errichten. Ausschlaggebend für die Standortentscheidung in Ungarn waren jedoch die erheblichen Kostenvorteile gegenüber alternativen Produktionsstätten" (Audi AG Geschäftsbericht 1992, S. 19).

Diese Passage war die einzige in allen untersuchten Geschäftsberichten, die explizit die Entscheidung aufgrund von Kostenvorteilen nennt. Die Wahl fiel auf Ungarn, weil an diesem Standort im Vergleich zu allen möglichen Alternativen die niedrigsten Kosten zu erwarten waren.

Das Ergebnis spiegelt das in Kapitel 2 dargelegte Problem der Nicht-Berücksichtigung des Typs D in anderen Untersuchungen wieder, da sich in der Literatur zwar Ergebnisse zeigen, die einen lediglich moderaten Anteil dieses Typs C an allen Direktinvestitionen attestieren, nicht aber einen so geringen, wie er sich hier darstellt (vgl. Dunning 1993; Deutsche Bundesbank 1997, Haertel/Jungnickel 1996, Beyfuß/Kitterer 1990).

5.2.1.3. Typ B: Market Seeking

Ein großer Anteil der Direktinvestitionen wird aus Gründen der Marktsicherung, des Markterhalts oder der Markterschließung getätigt. Unternehmen gründen oder kaufen Produktionsstätten im Ausland, um „näher am Markt zu sein".

„Wir sehen uns damit einem unserer strategischen Ziele, auf allen bedeutenden und zukunftsträchtigen Versicherungsmärkten der Welt angemessen vertreten zu sein, erheblich nähergerückt"(Allianz AG Holding Geschäftsbericht 1990, S. 8).

An anderer Stelle:

„Wichtiger ist vielleicht noch, daß die Allianz mit diesem bedeutenden und traditionsreichen Sachversicherer endlich eine auf Dauer tragfähige Position und landesweite Präsenz in dem größten Versicherungsmarkt der Welt erreicht hat"(Allianz AG Holding Geschäftsbericht 1991, S. 9).

Exemplarisch wird hier eine Beteiligung aus der Versicherungsbranche gewählt. Dies bedeutet nicht, daß es sich hierbei um einen Sonderfall handelt, denn die Begründungen im Verarbeitenden Gewerbe gehen in dieselbe Richtung. Angestrebtes Ziel ist in diesem Fall die Erschließung des amerikanischen Marktes für Sachversicherungen. Ist es hier unmittelbar schlüssig, daß man im Markt vertreten sein muß, um diesen auch bedienen zu können, so gilt dies aber auch für das Verarbeitende Gewerbe. Leitlinie ist, daß in Märkten, in denen verkauft werden soll, auch produziert werden muß.

„Ohnehin wird die Nähe zum jeweiligen Markt, die Produktion vor Ort, mehr und mehr zu einem wichtigen Wettbewerbsfaktor. Vor allem die Märkte im asiatisch-pazifischen Raum und in Latein- und Mittelamerika, Regionen der Welt, die sich auch weiterhin durch ein sehr dynamisches Wachstum auszeichnen werden, erfordern aufgrund ihrer jeweiligen Bedarfsstruktur andere, neuartige Produktkonzepte" (Daimler-Benz AG Geschäftsbericht 1994, S. 4).

Direktinvestitionen des Typs B machen nach Datenlage (53 %) den größten Anteil an allen ausländischen Direktinvestitionen aus. Dies deckt sich mit den in Kapitel 2 dargelegten Analysen.

5.2.1.4. Typ D: Strategic Asset Seeking

Wie Direktinvestitionen des Typs B nehmen auch Direktinvestitionen zum Erreichen von langfristigen strategischen Zielen eine zentrale Rolle ein. Prinzipiell sind alle oben genannten Motive in diesem mit eingeschlossen (vgl. Dunning 1993, S.83), zentrales Kriterium ist aber, daß nicht eigene Eigentumsvorteile genutzt, sondern Vorteile der gekauften Unternehmen erworben werden. Des weiteren stehen die strategischen Erwägungen im Vordergrund. Zur Begründung des Erwerbs eines Unternehmens in den USA schreibt die RWE AG in ihrem Geschäftsbericht 1990/91:

„Zu den wichtigen Zielen im Unternehmensbereich Mineralöl und Chemie gehört die Verstärkung der Chemiesparte, um auch hier weltweit als anerkannter Marktteilnehmer operieren zu können. (...) Damit hat RWE-DEA für ihre wichtigsten Chemieprodukte eine beachtliche Stellung in Nordamerika erworben und die Chancen für den Zugang zu den asiatischen Märkten deutlich vergrößert" (RWE AG Geschäftsbericht 1990/91, S. 4f.).

Zwei Eigentumsvorteile des gekauften Unternehmens werden genutzt: Zum einen die Produkte und Produktionsanlagen des gekauften Unternehmens als Stärkung des Unternehmensbereiches Mineralöl und Chemie, zum anderen die Stellung des gekauften Unternehmens auf dem nordamerikanischen Markt. Als weiteres Beispiel soll der Erwerb von SEAT durch die Volkswagen AG dienen.

„Durch die Zusammenarbeit mit SEAT sehen wir eine besondere Chance, uns stärker in den unteren Modellbereichen zu etablieren, in denen SEAT die Rolle übernehmen wird, die Audi in den höheren Wettbewerbsklassen wahrnimmt" (Volkswagen AG Geschäftsbericht 1985, S. 13).

Und weiter:

„Unter diesen Aspekten und infolge einer stark ausgeweiteten inländischen Teilefertigung für Automobilmontage in Spanien wird unsere Beteiligung an SEAT in Spanien und Deutschland zur Beschäftigung und zur Verbesserung der Struktur der Arbeitsteilung im Konzern mit positiver Auswirkung auf unsere Stückkosten beitragen" (Volkswagen AG Geschäftsbericht 1985, S.14).

Die Beteiligung an SEAT hat für den Volkswagen-Konzern in seiner Gesamtheit große Bedeutung. Der Zukauf der Marke SEAT und der Produktionsanlagen dient als Produktpaletten-Erweiterung des ganzen Konzerns. SEAT soll ein neues Marktsegment abdecken, das der Konzern bisher nicht erschlossen hat. Zusätzlich werden Synergieeffekte durch verbesserte Arbeitsteilung erwartet, die die Effizienz steigern und damit die Kosten senken sollen. Es werden somit Eigentumsvorteile von SEAT erworben.

Dunning sieht einen seit den achtziger Jahren steigenden Anteil der Direktinvestitionen des Typs D an allen Direktinvestitionen. In dieser Analyse machen Investitionen des Typs D über ein Drittel aller ausländischen Direktinvestitionen aus.

5.2.1.5. Zusammenfassung und Bewertung

Die bisherigen Ergebnisse zeigen, daß Direktinvestitionen des Typs D („strategic asset seeking“) und des Typs B („market seeking“) vorherrschend sind. Direktinvestitionen des Typs A („resource seeking“) und des Typs C („efficiency seeking“) sind dagegen von untergeordneter Bedeutung. Während sich die Ergebnisse für Typ A und B mit anderen Untersuchungen decken, divergieren diejenigen der Typen C und D. Dies liegt in der Einführung des Typs D, der einerseits tatsächlich einen anderen Typus der Direktinvestition darstellt, andererseits aber quer zu den drei weiteren Kategorien liegt. Durch die Eigenart des Erwerbs von Eigentumsvorteilen anderer Unternehmen kann dieser Typ als eigenständig betrachtet werden. Die Eigentumsvorteile der anderen Unternehmen beruhen aber auf den Typen A, B und C. Aufgrund dieser Tatsache werden viele der Direktinvestitionen aus Effizienzgründen dem Typ D zugeordnet. Im weiteren wird genauer untersucht, welcher Art die Direktinvestitionen dieses Typs sind.

5.2.2. Fallbeispiele einzelner Beteiligungen – Was sind zugekaufte Eigentumsvorteile ?

Um „strategic assets“, also den Typ D, genauer zu analysieren, werden im weiteren typische Beispiele zugekaufter Eigentumsvorteile dargestellt. Grundsätzlich ist dabei immer zu beachten, daß die oben dargestellten Typen nicht in „Reinform“ wiedergefunden werden können. Sie erfüllen die Funktion eines Idealtypus.

5.2.2.1. Fallbeispiele

Ähnlich der Analyse der Motive zeigt sich, daß innerhalb der Direktinvestitionen des Typs D das Motiv Ressourcenbeschaffung keine Rolle spielt. Es konnte keine Passage innerhalb dieser Gruppe mit dieser Begründung gefunden werden. Direktinvestitionen aus Gründen der Markterschließung innerhalb des Typs D sind auch nicht nachzuweisen. Hier zeigt sich allerdings eine Schwierigkeit in der Abgrenzung der verschiedenen Motivlagen. Dunning schreibt, *„strategic and economic good sense usually go hand in hand“ (Dunning 1993, S.60).* Viele der Direktinvestitionen aus Marktgründen könnten also auch unter den Typ D subsumiert werden. Allerdings soll der Typus der „strategic assets“ hier enger gefaßt werden. Zwei Faktoren sind für die Zuordnung zum Typ D entscheidend: Zum einen der Zukauf von Eigentumsvorteilen und zum anderen die Einbindung in ein längerfristiges strategisches Konzept. Direktinvestitionen aus Marktgründen sind nach dieser Definition hauptsächlich Direktinvestitionen aus **Motiven**

1. Ordnung, d. h., sie verfolgen das Ziel der Markterschließung oder des Markterhalts unmittelbar. Anders ist das, betrachtet man die Direktinvestitionen aus Gründen der Effizienz. Hier handelt es sich fast ausschließlich um Direktinvestitionen aus **Motiven 2. Ordnung**. 2.Ordnung sind jene Motive, die nicht direkt eines der drei Motive anstreben, sondern es über den „Umweg" eines strategischen Konzepts erreichen wollen. Das strategische Motiv steht im Vordergrund, es handelt sich somit um Investitionen des Typs D.

Welcher Art sind diese strategischen Motive? Im weiteren werden verschiedene Arten der Direktinvestition des Typs D dargestellt. Ein immer wiederkehrendes Motiv ist, einen Geschäftsbereich innerhalb des Konzerns stärken zu wollen. So begründet die Mannesmann AG den Kauf einer Beteiligung in den USA folgendermaßen:

„Durch den Erwerb der Plastics Machinery Division der Van Dorn Corporation, USA, wird der Kunststoffmaschinenbereich weiter verstärkt und eine Präsenz in Nordamerika erreicht" (Mannesmann AG Geschäftsbericht 1992, S. 13).

Im Vordergrund dieser Erwerbung steht unmittelbar keines der drei oben genannten Motive. Ziel ist es, den Bereich Kunststoffmaschinen zu stärken. Zusätzliches Motiv ist die Präsenz in Nordamerika. Mit der Beteiligung sind also mehrere Motive verbunden, aber maßgeblich für die Kaufentscheidung waren hier die Eigentumsvorteile des gekauften Unternehmens.

Ein anderes strategisches Motiv ist das der Entscheidung zur Diversifikation. Ein Konzern entscheidet sich, in für das Unternehmen neue Bereiche expandieren zu wollen. Dies soll auch auf dem Wege des Zukaufs eines Unternehmens verwirklicht werden, wobei das gekaufte Unternehmen im Ausland angesiedelt ist. Die Begründung für Investitionen dieser Art lautet z.B. folgendermaßen:

„Diese Ausweitung entspricht unserer strategischen Zielsetzung, im Maschinenbau neue Ansätze für Marktnischen zu finden ..." (AGIV Geschäftsbericht 1987, S. 8).

Im Zentrum der Entscheidung steht nicht der Standort (Österreich), sondern die Produkte des gekauften Unternehmens. Zielsetzung war der Kauf eines Unternehmens im Bereich Maschinenbau, und die Wahl fiel auf eine österreichische Beteiligung. Das gekaufte Unternehmen stellt Produkte her, die von den bisherigen Unternehmen der AGIV nicht produziert wurden. Hauptmotiv des Kaufs ist also die Entscheidung zur Diversifikation.

Ein drittes strategisches Motiv ist der Zukauf einer Marke oder eines Markennamens:

„Von besonderer Bedeutung und zukunftweisend für die Erschließung der Märkte in Zentral- und Osteuropa ist die Zusammenarbeit in der Tschechischen und Slowakischen Föderativen Republik (CSFR), mit dem tschechischen Traditionsunternehmen SKODA in Mlada Boleslav. Skoda (...) soll nun neben Volkswagen, Audi und SEAT die vierte eigenständige Marke im Volkswagen-Konzern werden, der sich zu einem wahrhaft europäischen Hersteller mit weltumspan-

nenden Aktivitäten entwickelt hat, dessen einzelne Konzernglieder arbeitsteilig im Markt wirken" (Volkswagen AG Geschäftsbericht 1990, S. 11).

In diesem Fall entscheidet sich der Konzern, durch eine Beteiligung eine neue Marke in den Konzern zu integrieren. Wie schon bei SEAT beobachtet, soll Skoda das untere Marktsegment abdecken. Zusätzliches Motiv ist die Markterschließung Zentral- und Osteuropas. Mehrere Motive sind in diesem Fall für die Entscheidung zur Investition von Bedeutung. Die Einordnung der Investitionen innerhalb der Typologie der Direktinvestitionen kann also grundsätzlich nur eine Gewichtung der verschiedenen Motivlagen sein. Wieder ist aber in erster Linie der Zukauf von Eigentumsvorteilen (Marke, Distributionskanäle) handlungsleitend. Eingebettet ist die Investition in die von Volkswagen propagierte *„Mehrmarkenstrategie"* (Volkswagen AG Geschäftsbericht 1988, S. 17).

Ein weiteres Beispiel für diese Art der Direktinvestition ist der Kauf von Fokker durch die Daimler-Benz AG:

„Fokker wird als integraler Bestandteil des Bereichs die Systemführung für das Segment der 65- bis 120-sitzigen Regionaljets haben" (Daimler-Benz AG Geschäftsbericht 1992, S. 32).

An anderer Stelle:

„Mit dem Erwerb der Mehrheitsbeteiligung am niederländischen Flugzeughersteller Fokker haben wir unsere strategische Position in der Luftfahrt entscheidend verbessert, da wir nunmehr über die ganze Produktpalette vom kleinen Turboprop-Flugzeug bis hin zum großen Jet verfügen" (Daimler-Benz AG Geschäftsbericht 1993, S. 30).

Auch hier wird deutlich, daß das strategische Ziel des Angebots einer gesamten Produktpalette im Flugzeugbereich Hauptmotiv der Investition war. Dies soll für den ganzen Luftfahrtbereich von Daimler-Benz Vorteile bringen.

5.2.3. Begründungszusammenhang einzelner Beteiligungen im Inland

Nach der Analyse der Motive ausländischer Direktinvestitionen werden nun die Motive für inländische Beteiligungen, Übernahmen und Neugründungen untersucht. Es wird die Typologie von Dunning übernommen, um die Ergebnisse der inländischen und ausländischen Verteilung vergleichen zu können.

Tabelle 2: Häufigkeit der inländischen Direktinvestitiontypen in Prozent

Direktinvestitiontyp		Anteil in Prozent
Natural Resource Seeking	(Typ A)	0 %
Market Seeking	(Typ B)	42 %
Efficiency Seeking	(Typ C)	0 %
Strategic Asset Seeking	(Typ D)	58 %

N = 36 Quelle: Eigene Berechnung

Auch im Inland sind Typ B und Typ D vorherrschend (Tabelle 2). Investitionen aus Gründen der Kostenersparnis oder der Ressourcenerschließung konnten im empirischen Material nicht gefunden werden. Während in der Untersuchung der ausländischen Direktinvestitionen deutscher Konzerne aber als häufigste Ursache die Markterschließung bzw. Marktsicherung ermittelt wurde, sind für innerdeutsche Direktinvestitionen die „strategic assets" am häufigsten nachzuweisen.

5.2.3.1. Typ A: Natural Resource Seeking

Es konnten keine Investitionen dieses Typs im Datensatz nachgewiesen werden. Investitionen zur Erschließung oder Sicherung von Ressourcen sind im Erhebungszeitraum innerhalb Deutschlands irrelevant.

5.2.3.2. Typ B: Market Seeking

42 Prozent aller untersuchten Investitionen sind aus Gründen der Markterschließung oder Marktsicherung getätigt worden. Auch innerhalb Deutschlands werden also Beteiligungen erworben, um Positionen im Markt zu sichern oder auszuweiten:

„Mit der Beteiligung an der Raffinerie Schwedt haben wir eine gute Versorgungsbasis für unsere Verkaufsaktivitäten in den neuen Bundesländern und in Teilen Osteuropas geschaffen" (RWE AG Geschäftsbericht 90/91, S. 35).

Die Beteiligung an der Raffinerie wird hier von der RWE AG als wichtige Versorgungsbasis für die Bedienung des ostdeutschen und osteuropäischen Marktes interpretiert. Entscheidend für den Kauf ist der marktnahe Standort der Raffinerie. Naheliegend ist das Motiv der Investition im folgenden Beispiel:

„Mit dem zum 1.3.86 wirksam gewordenen Erwerb von Helco konnte die AVA das bisherige Vertriebsgebiet Ost abrunden und den Vertrieb gleichzeitig auf neue Regionen ausdehnen" (AVA AG Geschäftsbericht 1985, S. 15).

Es ist unmittelbar einleuchtend, daß im Einzelhandel Marktnähe als Motiv im Vordergrund steht. So ist der Erwerb von Helco durch die AVA in erster Linie als Zukauf von Distributionskanälen zu verstehen. Die AVA wollte sich innerhalb Deutschlands einen größeren Markt erschließen. Als abschließendes Beispiel soll ein Erwerb einer Beteiligung in der Baubranche dienen:

„Der Aufbau unserer Präsenz in den neuen Bundesländern ist weit fortgeschritten. Der zu erwartenden Bedeutung des Baumarkts im Großraum Berlin entsprechend haben wir unsere Kapazitäten dort erheblich verstärkt und unsere Aktivitäten unter der Führung unserer Hauptniederlassung Berlin-Brandenburg neu geordnet. Die im Dezember 1991 von uns erworbene Bau-Union Potsdam GmbH zählt zu den bedeutenden Bauunternehmen in Brandenburg. In den anderen Regionen Ostdeutschlands bauen wir unsere Niederlassungen kontinuierlich weiter aus" (Bilfinger+Berger AG Geschäftsbericht 1991, S. 14).

Auch hier wird durch das Zitat deutlich, daß die Bilfinger+Berger AG für die Bedienung des Marktes, in diesem Fall Ostdeutschland, Präsenz innerhalb des Marktes als notwendig erachtet. Mit dem Zukauf der Bau-Union Potsdam soll der ostdeutsche Markt erschlossen bzw. gesichert werden.

Bei Betrachtung der Beispiele fällt auf, daß die besondere Situation der Öffnung der DDR und der anschließenden Vereinigung der beiden deutschen Staaten in bezug auf dieses Motiv für Investitionen eine wichtige Rolle spielte. Die

Erschließung des ostdeutschen Marktes hat also maßgeblichen Einfluß auf die hervorgehobene Position dieses Motivs für innerdeutsche Beteiligungen, Neugründungen und Übernahmen gehabt.[37]

5.2.3.3. Typ C: Efficiency Seeking

Es konnten keine Begründungen für Beteiligungen, Übernahmen oder Neugründungen dieses Typs gefunden werden. Dies erscheint aber durchaus plausibel, da insbesondere die mit diesem Typus gemeinte Kostenersparnis durch Investitionen innerhalb Deutschlands nicht zu realisieren ist. Vorstellbar wäre lediglich gewesen, daß die Sondersituation in Ostdeutschland zu Investitionen dieses Typs geführt hätte, da z.B. das Lohnniveau in dieser Region niedriger als in Westdeutschland war. Dies konnte aber nicht nachgewiesen werden.

5.2.3.4. Typ D: Strategic Asset Seeking

Für mehr als die Hälfte (58 %) aller untersuchten Begründungen werden strategische Motive für Investitionen genannt. Es sei noch einmal darauf hingewiesen, daß prinzipiell alle vorher genannten Motive in diesem Typus mit eingeschlossen sind. Zentral ist, daß nicht eigene Eigentumsvorteile genutzt werden, sondern mit den Beteiligungen oder Übernahmen zugekauft werden. Der strategische Zweck der Investition steht im Vordergrund. Es soll im weiteren anhand von Beispielen innerdeutscher Beteiligungen, Übernahmen und Neugründungen untersucht werden, welcher Art die „strategic assets“ im Inland sind.

Die folgenden Zukäufe von Unternehmen der Bilfinger+Berger AG verdeutlichen ein erstes Motiv:

„Mit dem Erwerb einer qualifizierten Mehrheit an der Passavant-Werke AG sind wir im vergangenen Jahr erstmals in einem neuen bauverwandten Bereich aktiv geworden. Die Passavant-Werke AG befaßt sich vor allem mit der Umwelttechnik“ (Bilfinger + Berger AG Geschäftsbericht 1988, S. 16).

Der Zukauf der Passavant-Werke AG dient dem strategischen Ziel der Ausweitung des Geschäftes der Bilfinger + Berger AG in einen bauverwandten Bereich. Dieser Bereich wird erst mit dem Kauf dieser Beteiligung erschlossen. Als ein erstes Motiv kann also das Ziel der Diversifizierung identifiziert werden. Dieses Motiv wurde auch schon bei der Untersuchung der ausländischen Beteiligungen, Übernahmen und Neugründungen gefunden.

War für den Zukauf der gerade beschriebenen Beteiligung noch die grundsätzliche Entscheidung des Einstiegs in einen neuen Bereich ausschlaggebend, so ist im nächsten Beispiel der Ausbau dieses Geschäftsbereiches das Motiv für den Zukauf eines Unternehmens.

„..., die eine hohe Kompetenz auf dem Sektor der Abwassertechnik, speziell in der Schlammbehandlung, besitzt. Die Verfahrenstechniken und die Produkte von Roediger ergänzen die Aktivitäten unserer Beteiligungsgesellschaft Passavant-Werke AG“ (Bilfinger + Berger Geschäftsbericht 1992, S. 55).

---

[37] Für eine genauere Untersuchung ostdeutscher Unternehmensnetzwerke und der Verflechtung mit westdeutschen Unternehmen sei auf Windolf/Schief (1999) verwiesen.

Die Bilfinger + Berger AG hatte nach dem Einstieg bei der Passavant-Werke AG nun vier Jahre später die Erweiterung und Stärkung dieses Geschäftsbereichs durch die Übernahme der Roediger-Gruppe geplant. Hier zeigt sich ein zweites Motiv von „strategic assets“: Die Stärkung oder Erweiterung eines Geschäftsbereiches. Auch dieses Motiv konnte schon in der Untersuchung ausländischer Beteiligungen, Übernahmen und Neugründungen nachgewiesen werden.

Ein weiteres Motiv für Investitionen dieser Art ist die Nutzung von Synergieeffekten. Dies soll anhand zweier prominenter Beispiele aus dem Bereich Einzelhandel verdeutlicht werden. Die Karstadt AG begründet den Kauf der Hertie Waren- und Kaufhaus GmbH u.a. folgendermaßen:

„Innovative Sortimentsgestaltung und die Fähigkeit, gute Qualitäten zu günstigen Preisen anzubieten, bedingen nicht nur eine weltweit operierende Einkaufsorganisation, sondern ebenso die Aggregierung artikelweiser Quantitäten, die sich vorteilhaft produzieren lassen; erforderlich ist des weiteren eine effektive und leichtgängige Steuerung der Warenflüsse. Die Einbindung der Hertie Waren- und Kaufhaus GmbH in den Karstadt-Konzern verschafft daher beiden Unternehmensgruppen erhebliche Verbundvorteile; sie liegen insbesondere auf den Feldern Einkauf, Verkauf, Informationswirtschaft, Logistik und Verwaltung. Im Hinblick auf die prinzipielle Identität der Geschäftssysteme kann mit einer weitgehenden Nutzung dieser Synergieeffekte gerechnet werden. Die Übernahme des Hertie-Konzerns entspricht mithin unserer strategischen Zielsetzung, die Position unseres Unternehmens im innerstädtischen Einzelhandel weiter auszubauen“ (Karstadt AG Geschäftsbericht 1993, S. 38 .

Das Zitat verbindet zwei Motive für den Kauf von Hertie. Zum einen wird die Stärkung eines Geschäftsbereiches als Motiv genannt. Der innerstädtische Einzelhandel soll innerhalb der Karstadt AG durch diese Übernahme gestärkt werden. Zum anderen wird mit Verbundvorteilen gerechnet, da insbesondere die Bereiche Einkauf und Verkauf für beide Unternehmensgruppen gebündelt werden können. Durch die Übernahme von Hertie sollen also Synergieeffekte entstehen. Ähnlich begründet die Kaufhof AG den Kauf der Horten AG:

„Zur Stärkung der Betriebsform Warenhaus hat der Kaufhof-Konzern im Jahr 1994 dieses Geschäftsfeld durch Erwerb einer Mehrheitsbeteiligung an der Horten AG stabilisiert und ausgebaut“ (Kaufhof AG Geschäftsbericht 1994, S. 7).

Und weiter:

„Mit diesem Engagement wird die Gesamtstruktur des Warenhausgeschäfts durch Nutzung seiner traditionellen Vorteile und der entstehenden Synergien verbessert. Die Pluspunkte der Betriebsform, nämlich die Präsenz an erstklassigen innerstädtischen Standorten mit Potential zum Ausbau und die umfassende, citygerechte Angebotspalette, bieten den beiden Unternehmen Chancen, durch ein aufeinander abgestimmtes Vorgehen zusätzliche Wachstums- und Ertragspotentiale zu erschließen“ (Kaufhof AG Geschäftsbericht 1994, S. 7).

Beim Vergleich mit dem obigen Beispiel der Karstadt AG sieht man in diesem Zitat die nahezu identische Argumentation. Wieder wird zum einen auf die

Stärkung eines Geschäftsfeldes abgehoben und die Entstehung von Synergien als Motiv des Kaufs genannt.

Als letztes Beispiel für ein „strategic asset“ im Inland wird der Kauf von Dornier durch die Daimler-Benz AG angeführt.

„Dornier plant, im Flugzeugbau seine Produktionskapazitäten in München neu zu strukturieren und den Standort in Immenstaad/Bodensee zu erweitern“ (Daimler-Benz AG Geschäftsbericht 1986, S. 20).

Hier findet sich das schon in der Analyse der Motive für ausländische Beteiligungen, Übernahmen und Neugründungen gefundene Motiv des Zukaufs einer Marke oder eines Markennamens wieder. Das Beispiel ist bewußt gewählt worden, um die Analogie zwischen inländischem (Bsp.: Dornier) und ausländischem Investitionsverhalten (Bsp.: Fokker) deutlich zu machen. Das gleiche Motiv führt im gleichen Konzern im einen Fall zum Kauf eines Unternehmens im Inland, im anderen Falle zum Kauf eines Unternehmens im Ausland.

5.3. Vergleich der Motive inländischer und ausländischer Beteiligungen, Übernahmen und Neugründungen

Vergleicht man die Untersuchung ausländischer und inländischer Beteiligungen, Übernahmen und Neugründungen, zeigt sich eine hohe Übereinstimmung der gefundenen Ergebnisse. Es wurde gezeigt, daß sowohl im In- als auch im Ausland im wesentlichen zwei Typen der Investition vorherrschend sind. Zum einen sind dies Investitionen aus Gründen der Markterschließung oder Marktsicherung, zum anderen Investitionen aus strategischen Motiven heraus. Investitionen zur Steigerung der Effizienz und solche zur Erschließung oder Sicherung von Ressourcen spielen sowohl im Inland als auch im Ausland nahezu keine Rolle. Während im Ausland über fünfzig Prozent der Direktinvestitionen der Marktsicherung oder Markterschließung (53 %) dienen, konnten für das Inland lediglich 39 % der Investitionen diesem Typus zugeordnet werden. „Strategic assets“ sind im Ausland mit 39 % vertreten, während im Inland 58 Prozent der Fälle diesem Typus entsprachen. Investitionen aus strategischen Motiven spielen im Inland eine noch größere Rolle als im Ausland. Dies muß auch vor dem Hintergrund einer Sondersituation innerhalb Deutschlands gesehen werden. Mit der Wirtschafts- und Währungsunion der beiden deutschen Staaten 1990 ergab sich für die untersuchten Konzerne die Möglichkeit, den ostdeutschen Markt zu erschließen. Deswegen sind viele der dem Typ B zugeordneten Investitionen gerade auf die Erschließung des ostdeutschen Marktes zurückzuführen. Ohne diese einmalige Entwicklung wäre der Anteil der „strategic assets“ im Inland vermutlich noch höher gewesen.

Die Aufschlüsselung der strategischen Motive des Typs D hat in beiden Untersuchungen dieselben Ergebnisse vorgebracht. Strategische Motive sind sowohl im Inland als auch im Ausland:

- Stärkung eines Geschäftsbereiches
- Diversifizierung in andere Branchen

- Nutzung von Synergieeffekten
- Zukauf einer Marke oder eines Markennamens

Diese strategischen Motive wurden anhand von Beispielen sowohl im Inland als auch im Ausland belegt. Die Vermutung liegt nahe, daß Investitionen dieses Typs nicht vom inländischen oder ausländischen Standort der gekauften Unternehmung abhängig sind.

Im Rahmen dieses Abschnitts wird nicht der Anspruch erhoben, sämtliche möglichen Eigentumsvorteile darzustellen, die Motiv für den Kauf eines Unternehmens sein können. Deutlich werden soll, daß eine nicht geringe Anzahl von Direktinvestitionen getätigt werden, weil bestimmte Eigentumsvorteile des gekauften Unternehmens erworben werden sollen. Entscheidendes Kriterium ist in den beschriebenen Fällen nicht der geographische Ort der Unternehmung, sondern der Nutzen der zugekauften Eigentumsvorteile im strategischen Konzept des Käufer-Unternehmens. Prinzipiell gilt für diese Art der Beteiligungen, daß sie auch innerhalb Deutschlands möglich sind und getätigt werden, so ein geeignetes Unternehmen zum Verkauf steht. Um die Frage zu beantworten, warum diese auch international getätigt werden, scheint die Einführung des Konzeptes „Markt für Unternehmenskontrolle“ opportun.

6. Theoretische Einordnung

Die theoretische Einordnung der gefundenen Ergebnisse erfolgt anhand der Synthese zweier theoretischer Konzepte. Das oben dargestellte Eklektische Paradigma wird mit der Gegenüberstellung des Marktes für Unternehmenskontrolle und des Marktes für Standorte verbunden. Zu diesem Zwecke wird kurz auf das Konzept des „Marktes für Unternehmenskontrolle“ eingegangen.

6.1. Der Markt für Unternehmenskontrolle

Windolf definiert den Markt für Unternehmenskontrolle folgendermaßen:

„Der Markt für Unternehmenskontrolle ist ein Markt, auf dem Unternehmen oder Betriebsstätten gekauft, verkauft oder reorganisiert werden.“ (Windolf 1994, S. 81)

Windolf führt weiter aus, daß sich neben dem schon existierenden Kapital-, Arbeits- und Produktmarkt ein Unternehmens-Markt ausdifferenziert hat, der autonome Konjunkturzyklen durchläuft und von den anderen Märkten abgegrenzt ist. Gehandelt wird auf diesem Markt *„die Kontrolle über Produktionskapazitäten, Marktanteile, neue Technologien und Arbeitskräfte“ (Windolf 1994, S. 81).*

Ein Land mit großem Binnenmarkt oder aber ein Wirtschaftsraum mit freiem transnationalen Kapitalverkehr ist Voraussetzung für einen entwickelten Markt für Unternehmenskontrolle, der sich deswegen erst in den letzten 25 Jahren entwickeln konnte.

„Die Voraussetzung für einen wirklichen Markt ist Masse. Die Anzahl der Käufer und Verkäufer darf eine bestimmte Zahl nicht unterschreiten, um Preis-

bildung und Liquidität zu ermöglichen. Erst wenn die Transaktionen auf dem Markt für Unternehmenskontrolle eine bestimmte Größe erreichen, kann man erwarten, für ein Unternehmen jederzeit einen Käufer zu finden" (Windolf 1994, S. 85).

Betrachtet man nun Deutschland und die Europäische Union, so zeigt sich, daß der Markt für Unternehmenskontrolle nicht auf einen nationalen Rahmen beschränkt, sondern international dimensioniert ist. Unternehmen werden also auch jenseits nationaler Grenzen gekauft, wenn sie den jeweiligen strategischen Zweck erfüllen. In bezug auf die in diesem Kapitel untersuchten Direktinvestitionen und Investitionen innerhalb Deutschlands kann dieses Konzept nun als Erklärung für Direktinvestitionen des Typs D verwendet werden. Diese Direktinvestitionen sind Folge der Entstehung eines Marktes für Unternehmenskontrolle, zumindest werden sie durch diese begünstigt. Investitionen zur Erfüllung eines langfristigen strategischen Konzepts können also auch international getätigt werden. Direktinvestitionen deutscher Konzerne sind zwar nicht nur innerhalb der EU angesiedelt, aber diese machen mehr als die Hälfte aller Direktinvestitionen aus[38], und sie sind seit Beginn der achtziger Jahre stärker angestiegen als Direktinvestitionen in alle anderen Weltregionen.[39]

Windolf benennt Motive[40], die erreichbar werden, weil der Markt für Unternehmenskontrolle schnellen Zu- und Verkauf von Unternehmen ermöglicht. Diese sind, wie die der „strategic assets", Motive der langfristigen Entwicklung eines Konzerns. Um diese langfristige Entwicklung zu gewährleisten, werden Unternehmen mit entsprechenden Eigentumsvorteilen auf dem Markt für Unternehmenskontrolle erworben. Dieser Markt ist aber nicht national, sondern international, gekauft werden Unternehmen, die für die langfristige Entwicklung geeignet erscheinen.

Im weiteren wird unterschieden zwischen dem gerade beschriebenen Markt für Unternehmenskontrolle und dem Markt für Standorte. Der Markt für Standorte bezeichnet den Markt für geographische Orte der Investition. Auf diesem Markt stehen die Vorteile des Standortes im Vordergrund. Die verschiedenen Typen der Direktinvestition, das Eklektische Paradigma und die vorgestellten Marktarten werden nun zu einem Modell verbunden.

6.2. Direktinvestitionstypen, Eklektisches Paradigma und Markt für Unternehmenskontrolle

Die oben dargestellten Direktinvestitionstypen werden anhand Dunnings Eklektischer Theorie eingeordnet. Es wird dabei auf die genannten Vorteilsarten und

[38] Ende 1995 lag der Vermögensbestand in unmittelbaren und mittelbaren Direktinvestitionen deutscher Unternehmen bei 375,8 Mrd. DM, 208,0 Mrd. DM davon waren innerhalb der EU-Länder investiert. (vgl. Deutsche Bundesbank 1997, S.71)

[39] Der Anstieg des Bestandes an Direktinvestitionen deutscher Unternehmen (Ende 1993 bis Ende 1995) betrug für die EU 18,75%, für alle anderen Regionen nur 9,18% (vgl. Deutsche Bundesbank 1997, S.71).

[40] Windolf (1994, S.85) erwähnt „empire building" und Metamorphose von Unternehmen.

Strukturellen Merkmale (Abbildung 3) zurückgegriffen. Vorweg werden einige Annahmen getroffen:

(1) Im Zusammenhang mit der Typologisierung von Direktinvestitionen wird im weiteren aus naheliegenden Gründen auf den Aspekt der Internalisierung verzichtet.

(2) Als Vorteilsarten für Direktinvestitionen sind somit Ownership specific advantages (O) und Location (L) zu unterscheiden. Diese dürfen aber nicht als „Entweder - Oder" interpretiert werden, sondern die Typen der Direktinvestitionen unterscheiden sich in der Gewichtung der beiden Vorteilsarten.

(3) Aus Gründen der Vereinfachung wird auf der Ebene der strukturellen Merkmale nur noch zwischen Land und Unternehmen unterschieden. Auch hier ist zu beachten, daß einzelne Vorteilsarten nicht nur auf der einen oder der anderen Ebene angesiedelt sind, sondern daß die Gewichtung innerhalb der einzelnen Direktinvestitionstypen unterschiedlich stark ist.

Unter diesen Voraussetzungen ergibt sich ein Koordinatensystem, das von der Vorteilsart an der Y-Achse und dem strukturellen Merkmal an der X-Achse aufgespannt wird. Innerhalb dieser beiden Dimensionen werden die Direktinvestitionstypen verortet.

Abbildung 4: Einordnung der Direktinvestitionstypen in bezug auf Vorteile und Ebene der Vorteile

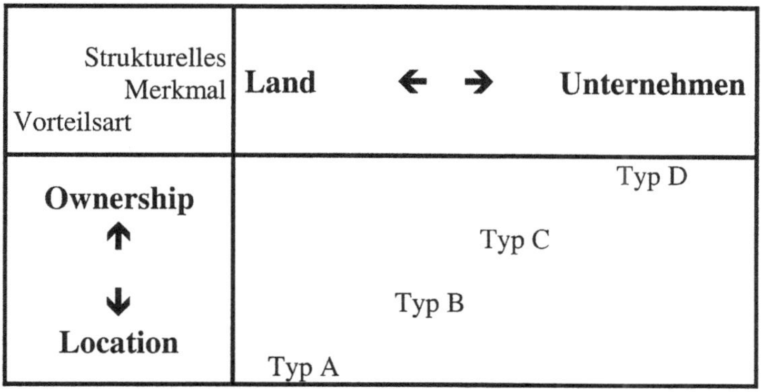

Abbildung 4 zeigt die Positionierung der Direktinvestitionstypen innerhalb des Koordinatensystems. Direktinvestitionen des Typs A („Ressourcen") sind in erster Linie standortgebunden. Die Vorteilsart ist auf der Ebene des geographischen Ortes angesiedelt. Direktinvestitionen des Typs B („Markt") sind sowohl eine Frage des Standortes als auch der Eigentumsvorteile des investierenden Unternehmens. Handlungsleitend ist die Marktgröße auf der Ebene des geographischen Ortes, sowie das zu verkaufende Produkt als Eigentumsvorteil des

Unternehmens. Insofern sind die Vorteilsarten gleichbedeutend. Direktinvestitionen des Typs C („Effizienz“) nehmen auch eine Zwischenstellung ein, da sie auf der einen Seite günstige Produktionsbedingungen – eine Standortentscheidung – wählen, auf der anderen Seite aber auch Eigentumsvorteile des investierenden Unternehmens nutzen, da auf Produkte dieses Unternehmens zurückgegriffen wird. Direktinvestitionen des Typs D („strategic assets“) beruhen dagegen auf dem Erwerb von Eigentumsvorteilen anderer Unternehmen, um diese für das gesamte Unternehmen nutzen zu können. Diese Eigentumsvorteile sind auf der Ebene der Unternehmen angesiedelt.

Die Typen A, B und C können alle – zumindest zum Teil – auf einen Wettbewerb der Standorte zurückgeführt werden. Für diese Formen der Direktinvestition gilt, daß Eigentumsvorteile auf Seiten des Käufer-Unternehmens angesiedelt sind. Im Falle des Typs D aber werden Eigentumsvorteile des gekauften Unternehmens genutzt, um langfristige strategische Ziele des Käufer-Unternehmens zu verwirklichen. Für diesen Typus wurde die Kategorie des „Marktes für Unternehmenskontrolle“ eingeführt. Direktinvestitionen des Typs D sind in erster Linie keine Entscheidungen für Standorte, sondern Entscheidungen für Unternehmen selbst. Diese werden auf dem Markt für Unternehmenskontrolle gehandelt.

In das oben eingeführte Koordinatensystem werden nun analog zu der Einordnung der Direktinvestitionstypen auch die Kategorien „Markt für Standorte“ und „Markt für Unternehmenskontrolle“ eingeordnet.

Abbildung 5: Markt für Standorte und Markt für Unternehmenskontrolle in bezug auf Vorteile und Ebene der Vorteile

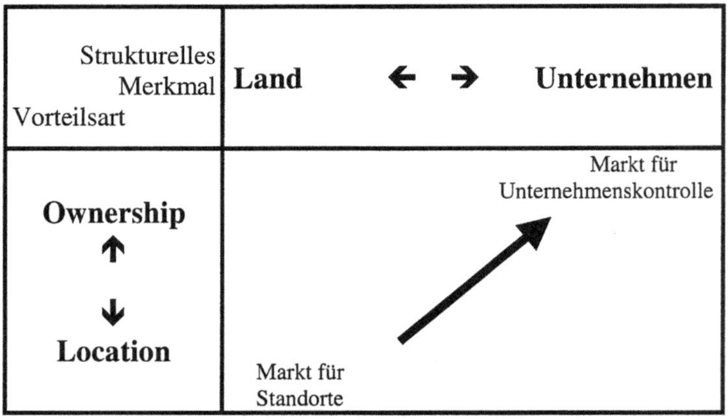

Ebenso wie die Direktinvestitionstypen können die beiden Marktarten anhand der Vorteilsarten und der Strukturellen Merkmale eingeordnet werden, wie in Abbildung 5 zu sehen ist. Hier wird argumentiert, daß auf dem Markt für Standorte die Vorteilsart „location“ entscheidend ist. Des weiteren ist diese auf dem

Markt für Standorte hauptsächlich bei dem Strukturellen Merkmal „Land" angesiedelt. Auf dem Markt für Unternehmenskontrolle ist dagegen die Vorteilsart „ownership" entscheidend, hauptsächliches Strukturelles Merkmal ist das Unternehmen. Nun dürfen diese beiden Marktarten aber nicht als vollständig getrennt voneinander verstanden werden, sondern als Kontinuum zwischen den beiden Endpunkten Markt für Standorte und Markt für Unternehmenskontrolle. Zwischen den Endpunkten finden sich Mischformen dieser beiden Marktarten. Die Einordnung der Direktinvestitionstypen in das Dunningsche Schema kann nun verbunden werden mit der Einordnung der Marktarten innerhalb dieses Koordinatensystems, die Typen der Direktinvestitionen können den Marktarten zugeordnet werden.

Auf dem Kontinuum von „Markt für Standorte" bis „Markt für Unternehmenskontrolle" liegen Investitionen des Typs A in der Nähe des Marktes für Standorte, während Investitionen des Typs D auf dem Markt für Unternehmenskontrolle gehandelt werden. Investitionen des Typs B und C können keinem der beiden Märkte eindeutig zugeordnet werden. Sie verbinden Elemente beider Märkte. Beide Märkte sind international, aber nur auf dem Markt für Standorte ist der geographische Ort das entscheidende Motiv für Investitionen. Auf dem Markt für Unternehmenskontrolle sind Eigentumsvorteile der Unternehmen das vorrangige Motiv, der geographische Ort ist zweitrangig.

Wir haben gesehen, daß Investitionen des Typs D („strategic assets") einen wesentlichen Teil der untersuchten Investitionen im In- und Ausland ausmachen. Genau dieser Typus der Direktinvestitionen wird aber nicht auf dem Markt für Standorte, sondern auf dem Markt für Unternehmenskontrolle gehandelt. Insbesondere die Tatsache, daß dieser Typus auch im Inland von hoher Relevanz ist, zeigt eine hohe Indifferenz bezüglich des Standortes der Unternehmen. Die Rede vom Standortwettberb ist für diesen relevanten Teil der Direktinvestitionen also stark irreführend. Es handelt sich in diesem Fall um Unternehmenswettbewerb, der allerdings international ist.

7. Resümee

Direktinvestitionen im Ausland werden aus verschiedenen Motiven heraus unternommen. Es wurde gezeigt, daß unter den vier Direktinvestitionstypen, „resource seeking" (Typ A), „market seeking" (Typ B), „efficiency seeking" (Typ C) und „strategic asset seeking" (Typ D), Investitionen aus Gründen der Sicherung oder Erschließung von Märkten und strategisch motivierte Investitionen einen überwiegenden Anteil aller Direktinvestitionen ausmachen. Die zwei weiteren Typen von Direktinvestitionen konnten dagegen nur in geringer Anzahl gefunden werden. Dieses Ergebnis zeigt sich auch für die Analyse der inländischen Beteiligungen, Übernahmen und Neugründungen. Auch hier sind Typ B und Typ D vorherrschend. Lediglich die Gewichtung ist unterschiedlich. Während in der Analyse der ausländischen Direktinvestitionen 39 % dem Typ D zugeordnet werden, sind es im Inland über fünfzig Prozent (58 %). Dementsprechend sind Investitionen aus Gründen der Markterschließung oder –sicherung im Ausland häufiger (53 %) als im Inland (39 %).

Direktinvestitionen des Typs D nehmen eine Sonderstellung ein, da in diesen Fällen nicht Eigentumsvorteile des Käufer-Unternehmens genutzt werden, um im Ausland zu investieren, sondern Unternehmen gekauft werden, um deren Eigentumsvorteile nutzen zu können. Als strategische Motive dieses Typs konnten empirisch nachgewiesen werden:

- Stärkung eines Geschäftsbereiches
- Diversifizierung in andere Branchen
- Nutzung von Synergieeffekten
- Zukauf einer Marke oder eines Markennamens

Diese strategischen Motive wurden sowohl im Inland als auch im Ausland nachgewiesen. Der Schluß liegt nahe, daß bei Investitionen dieses Typs nicht entscheidend ist, ob im In- oder Ausland investiert wird, sondern ob ein Unternehmen, dessen Kauf den strategischen Zweck erfüllen kann, zur Verfügung steht.

Weiter wurde argumentiert, daß sich unter den Direktinvestitionstypen eine Rangfolge in bezug auf die Vorteilsart und das Strukturelle Merkmal (Ebene der Vorteilsart) bilden läßt. Während Direktinvestitionen des Typs A im wesentlichen Standortvorteile auf der Ebene des geographischen Ortes nutzen, stehen für Direktinvestitionen des Typs D Eigentumsvorteile auf der Ebene der Unternehmen im Vordergrund. Analog zu der Einordnung der Direktinvestitionstypen wurden zwei verschiedene Marktarten eingeführt. Investitionen des Typs A werden auf dem Markt für Standorte gehandelt, Investitionen des Typs D auf dem Markt für Unternehmenskontrolle. Die zwei restlichen Typen B und C nehmen eine Zwischenstellung ins ein, weil sie Komponenten beider Marktarten in sich vereinen.

Während man also auf der einen Seite durchaus von Standortwettbewerb sprechen kann, ist auf der anderen Seite des Kontinuums die Rede vom Unternehmenswettbewerb angebracht, da hier die Standortvorteile zugunsten der Eigentumsvorteile von Unternehmen in den Hintergrund treten. Beide Märkte sind international. Während aber der Markt für Unternehmenskontrolle ein Wettbewerb in internationalem Rahmen ist, ist der Markt für Standorte ein internationaler Wettbewerb.

TEIL C: Motive, Strategie und Internationalisierung – Fallbeispiele

1. Einführung

Die Empirie des Teils A befaßte sich im wesentlichen mit der quantitativen Analyse von Internationalisierung, innerdeutschem Beteiligungsaufkommen und Diversifizierung deutscher Konzerne. Teil B beinhaltete die qualitative Analyse der Motive deutscher Konzerne, im Ausland zu investieren. In diesem Teil der Arbeit wird nun anhand zweier Fallbeispiele die Analyse der Motive der Investitionen mit der quantitativen Analyse in Verbindung gesetzt, wobei insbesondere die Entwicklung über die Zeit Beachtung findet. Die zwei im weiteren dargestellten und untersuchten Konzerne sollen exemplarisch den Zusammenhang zwischen Internationalisierung, Motiven der Internationalisierung, inländischer Entwicklung, strategischen Leitlinien und der Performance aufzeigen. Strategische Leitlinien sind langfristig gesteckte Ziele eines Konzerns, im Gegensatz zu den in Teil B untersuchten Motiven für Direktinvestitionen, die sich auf die jeweilige untersuchte Beteiligung, Übernahme oder Neugründung bezogen. Im Idealfall sollten also aus den strategischen Leitlinien der Konzerne Motive für Direktinvestitionen abgeleitet werden können, die dann in Form von Investitionen umgesetzt werden.

Für die Analyse ausgesucht wurden die Rheinisch-Westfälische Elektrizitätswerke AG (RWE AG) und die Allianz Holding AG, weil diese Konzerne stellvertretend für Typen der Entwicklung von Konzernen stehen. Des weiteren werden die beiden Entwicklungspfade der Konzerne exemplarisch dargestellt, um sie dann in einer Typologie von Konzernen und Entwicklungspfaden zu verorten. Die Analyse erfolgt jeweils in vier Schritten. Zu Anfang wird die Situation des Konzerns im Jahre 1985 in bezug auf Internationalisierung und Diversifizierung geschildert, im Hauptteil folgt die Entwicklung des Konzerns zwischen 1985 und 1995. Als nächstes wird der Zustand im Jahre 1995 diskutiert und abschließend die weitere Entwicklung des Konzerns seit dem Jahre 1995 untersucht.

2. RWE AG

2.1 Situation 1985

Die RWE AG war im Jahre 1985 ein relativ wenig internationalisiertes Unternehmen. Dies belegen sowohl die Zahlen des Datensatzes der Beteiligungen als auch die Umsatzzahlen zu diesem Zeitpunkt. Der Datensatz der Beteiligungen weist für 1985 35 inländische und drei ausländische Beteiligungen des RWE-Konzerns aus. Ein stark verschobenes Verhältnis inländischer zu ausländischen Beteiligungen zeigt sich, betrachtet man die Summe des Grundkapitals der Beteiligungen, da eine der ausländischen Beteiligungen[41] außerordentlich groß ist. Im Inland werden im Datensatz der Beteiligungen insgesamt Beteiligungen mit 3.495,28 Mio. DM ausgewiesen, während im Ausland Beteiligungen mit einem Grundkapital von insgesamt 1.619 Mio. DM aufgenommen sind. Auch bei Betrachtung der Verteilung des Umsatzes des Konzerns auf In- und Ausland zeigt sich eine relativ niedrige Internationalisierungsquote. Im Geschäftsbericht 1986/87 wird der Umsatz innerhalb Deutschlands mit 22.705,4 Mio. DM beziffert, der ausländische Umsatz beläuft sich dagegen auf ca. 4.450 Mio. DM (Europa: 2.880,9 Mio. DM; Übriges Ausland: 1.568,9 Mio. DM)

Je nach Indikator ergibt sich also ein Verhältnis inländischer zu ausländischen Geschäftstätigkeit von 5,1 : 1 (Umsatz), 11,7 : 1 (Beteiligungen) und 2,1 : 1 (Grundkapital der Beteiligungen), wobei zu berücksichtigen ist, daß das Verhältnis bezogen auf das Grundkapital als deutlich verzerrt angesehen werden muß.

Tabelle 1: Situation der RWE AG 1984/85

Internationalisierung:		
Anzahl inländischer Beteiligungen:	35	
Anzahl ausländischer Beteiligungen:	3	
Summe des Grundkapitals inländischer Beteiligungen:	3.495,28	Mio. DM
Summe des Grundkapitals ausländischer Beteiligungen:	1.619,00	Mio. DM
Umsatz Deutschland*	22.705,4	Mio. DM
Umsatz Europa:	2.880,9	Mio. DM
Umsatz übriges Ausland:	1.568,9	Mio. DM
Diversifizierung:		
Diversifizierungsgrad (Quantitativer Datensatz):	7	
Umsatzaufteilung:		
Elektrizitätserzeugung und –verteilung		
sowie andere Versorgungsbereiche	16.634,4	Mio. DM
Braunkohlebergbau	1.264,8	Mio. DM
Mineralöl und Chemie	7.905,7	Mio. DM
Sonstiges:		
U. a. Bau elektrotechn. Anlagen der Energieversorgung	2.621,0	Mio. DM

Quelle: Geschäftsbericht RWE AG, eigene Berechnungen

*Zahlen des Geschäftsjahres 86/87

[41] Es handelt sich hierbei um die französische „Centrale Nucléaire Européenne à Neutrons Rapides SA, Paris“, deren Grundkapital mit 1267 Mio. DM zu Buche schlägt. Dieses Unternehmen hatte den Bau und Betrieb des französischen Demonstrationskraftwerkes „Super-Phenix“ als Ziel. Das Projekt wurde 1998 beendet. Allerdings hielt die RWE AG nur 16 % dieses Unternehmens.

Der Konzern ist schon 1985 stark diversifiziert, was sich anhand des aus dem Beteiligungsdatensatz erstellten Diversifizierungsindikators und aus der Verteilung des Umsatzes auf die einzelnen Geschäftsbereiche zeigen läßt. Der Indikator der Diversifizierung ist, bezogen auf den quantitativen Datensatz der Beteiligungen, die Anzahl der Branchen, in denen ein Konzern Beteiligungen aufweist (siehe Teil A- Tabelle 33). Für den RWE-Konzern wurde hier ein Wert von sieben ermittelt, ein sehr hoher Grad der Diversifizierung.

Im Geschäftsbericht 1984/1985 werden explizit die Bereiche Elektrizitätserzeugung und –verteilung sowie andere Versorgungsbereiche, Braunkohlebergbau, Mineralöl und Chemie und Bau elektrotechnischer Anlagen der Energieversorgung ausgewiesen. Nach Umsatz größter Bereich ist die Elektrizitätserzeugung und –verteilung mit 16,6 Mrd. DM, gefolgt von dem Bereich Mineralöl und Chemie mit 7,9 Mrd. DM Umsatz. Insgesamt beträgt der Außenumsatz 28,4 Mrd. DM. Die Umsatzzahlen verweisen auf eine starke Dominanz des größten Geschäftsbereiches.

Sowohl der Indikator des quantitativen Datensatzes als auch die Verteilung des Umsatzes auf verschiedene Geschäftsbereiche verweisen auf eine relativ starke Diversifizierung des Konzerns. Allerdings zeigt sich auch eine Dominanz des Bereichs Energieversorgung und –verteilung. In Publikationen wird zusätzlich darauf hingewiesen, welcher Art die Beteiligungen waren, die nicht zum Kerngeschäft des RWE gehörten:

„Das RWE galt noch in den achtziger Jahren als ‚Stromversorger mit interessanten Beteiligungen' (...) Die Unternehmen außerhalb des Strom- und Braunkohlenbereichs wurden nicht strategisch geführt, sondern als Finanzbeteiligungen gehalten, in deren Geschäft die Konzernmutter nicht eingriff" (Heck 1998, S. 263).

Die bis dahin vorhandenen Beteiligungen jenseits des Kerngeschäftes wurden also als Portfolioinvestitionen gehalten.

2.2. Entwicklung zwischen 1985 und 1995

Die Entwicklung des RWE-Konzerns wird auf drei Ebenen nachvollzogen. Zum einen werden die in den Geschäftsberichten skizzierten Leitlinien dargestellt und analysiert. Zum anderen sollen die Motive der Beteiligungen, Übernahmen und Neugründungen erläutert und belegt werden. Schließlich werden für das Jahr 1995 noch der Umsatz, Anzahl der Beteiligungen und Summe des Grundkapitals der Beteiligungen, sowie der Diversifizierungsgrad aus dem Beteiligungsdatensatz dargelegt.

2.2.1. Strategische Leitlinien des RWE-Konzerns

In den Geschäftsberichten der Jahre 1984 bis 1987 wurden keine wesentlichen strategischen Leitlinien gefunden. Die grundsätzliche Strategie in bezug auf Internationalisierung und Diversifizierung hat sich in dieser Zeit nicht geändert. Ende der achtziger Jahre lassen die Geschäftsberichte erkennen, daß die RWE AG auf weitere Diversifizierung des Geschäftes setzt. Begründet wird dies mit den geringeren Geschäftserwartungen innerhalb des Energiesektors.

„Wertschöpfung und Kapitalzufuhr hatten auch wesentlichen Anteil am reibungslosen Wiederaufbau unserer Stromversorgung nach dem Krieg. Erhebliche Mittel wurden hierfür benötigt, so daß der Einsatz aller Finanzierungsquellen geboten war. In einer Zeit, in der der Stromverbrauch - wie jetzt - sehr viel verhaltener wächst und der Investitionsbedarf in diesem Sektor geringer wird, sehen wir es als unsere Aufgabe an, rückfließende Mittel vermehrt zur Stärkung der anderen, nicht-strombezogenen Aktivitäten einzusetzen. Wir wollen damit unsere Geschäftsbasis verbreitern, nicht um der Größe willen, sondern im Interesse einer höheren Effizienz und Wettbewerbsfähigkeit sowie einer breiteren Risikostreuung. Dies dient sowohl der Sicherung der Arbeitsplätze als auch einer langfristig sicheren und soliden Kapitalverzinsung" (RWE AG Geschäftsbericht 88/89, S. 4).

Die Expansion der RWE AG war zu diesem Zeitpunkt über die Stärkung der nicht-strombezogenen Aktivitäten geplant. Ein anderes Zitat macht deutlich, daß insbesondere der Bereich Abfallwirtschaft zu einem neuen Standbein der RWE AG ausgebaut werden sollte. Im Geschäftsbericht 1987/88 wird zum ersten Mal auf einen geplanten Geschäftsbereich verwiesen, den Geschäftsbereich Abfallwirtschaft:

„Vor dem Hintergrund der drängenden Probleme gewinnt eine umweltverträgliche Verwertung und Entsorgung von Abfällen zunehmend an Bedeutung. Mit Blick hierauf wird sich das RWE aktiv an der Lösung dieser Probleme beteiligen. Zu diesem Zweck haben wir ein Abfallwirtschaftskonzept entwickelt, das zum einen eine wesentliche Verminderung der Abfallmengen, zum anderen eine umweltschonende Entsorgung vorsieht. Hierbei können wir uns auf in vielen Jahren gewonnene Erfahrungen im Umweltschutz bei unseren eigenen Betriebs- und Produktionsstätten stützen. Auf der Grundlage dieses Konzepts, das das gesamte Spektrum der Abfallwirtschaft umfaßt, sind wir in der Lage, allen interessierten Kommunen, Regionen sowie Industrie- und Gewerbebetrieben ein abgerundetes Dienstleistungsangebot zu unterbreiten. Hier sehen wir ein aussichtsreiches Betätigungsfeld für unser Unternehmen" (RWE AG Geschäftsbericht 87/88, S. 16).

Mit der Öffnung der Märkte Osteuropas und Ostdeutschlands 1989 ergaben sich für die RWE AG zusätzliche Ziele die Erschließung dieser Märkte betreffend. Zum einen hatte der Konzern das Ziel, in verschiedenen Arbeitsbereichen in Ostdeutschland tätig zu werden:

Entsprechend liegen die Schwerpunkte unserer DDR-Aktivitäten in den Bereichen Stromerzeugung und -verteilung, Braunkohlengewinnung, Entsorgung, aber auch auf dem Bau- und Mineralölsektor" (RWE AG Geschäftsbericht 89/90, S. 5).

Die Erschließung der Märkte sollte aber nicht nur für Ostdeutschland gelten, sondern auch für die Märkte der früheren Ostblockstaaten:

„Neue Märkte sehen wir für den Konzern in den früheren Ostblockstaaten. Joint-ventures, Beteiligungen oder Neugründungen setzen jedoch ein sich stabilisierendes wirtschaftliches Umfeld mit zuverlässigen Rahmenbedingungen voraus. Dieser Prozeß braucht Zeit. Für eine spätere konkrete Zusammenarbeit in

größerem Umfang ist aber bereits heute die Präsenz vor Ort wichtig" (RWE AG Geschäftsbericht 92/93, S. 5).

Neben der Erschließung des ostdeutschen Marktes und der Märkte Mittel- und Osteuropas werden im weiteren Verlauf auch Schwerpunkte der Investition in anderen Regionen gesetzt:

„Im Rahmen unserer Strategie, die internationalen Geschäftsbeziehungen weiter auszubauen, stehen der größte Absatzmarkt der Welt, Nordamerika, und die weltweit dynamischste Wachstumsregion, der asiatisch-pazifische Raum, an herausgehobener Stelle. Durch gezielte Engagements wollen wir unsere Position in den neuen Industrieländern stärken. Wir können dabei auf eine Vielzahl bereits bestehender Verbindungen zurückgreifen" (RWE AG Geschäftsbericht 93/94, S. 5).

Die Erschließung strategisch wichtiger Märkte wird verknüpft mit dem Gedanken an verstärkte Wirtschaftlichkeit und das Shareholder-Value-Konzept:

„Globales Denken im Ganzen muß stärkeren Einfluß auf unser Handeln erhalten. Dabei ist es selbstverständlich, daß in einem international agierenden Industrieunternehmen, das seinen Mitarbeitern und Aktionären verpflichtet ist, die Erfüllung der Wirtschaftlichkeitskriterien und die Erzielung einer guten Rendite hohe Priorität haben" (RWE AG Geschäftsbericht 93/94, S. 5).

Im folgenden Jahr wird dieser Gedanke präzisiert:

„Kontinuität zeichnet den RWE-Konzern aus. Dabei steht für mich (den Vorstandsvorsitzenden, Anm. S.Sch.) der Shareholder Value im Mittelpunkt. Konzerninterne spezifische Renditevorgaben sollen dazu beitragen, die Verzinsung des eingesetzten Kapitals weiter zu verbessern. Unsere Holdingorganisation und die breite Geschäftsbasis des Konzerns bieten gute Voraussetzungen für eine kontinuierliche Steigerung des Unternehmenswerts" (RWE AG Geschäftsbericht 94/95, S. 6).

Neben diesem verstärkten Blick auf die Rendite der schon bestehenden Geschäftsbereiche stellt die RWE AG zu diesem Zeitpunkt die Erschließung eines weiteren Geschäftsbereiches in Aussicht:

„Ein Engagement von besonderer strategischer Bedeutung sehen wir auf dem Zukunftsmarkt Telekommunikation. Auf der Basis unserer vorhandenen Netze und des umfangreichen Konzern-Know-hows bauen wir eine Telefongesellschaft auf, die eine starke Marktstellung einnehmen soll. Wir sind hier auf einem guten Weg, auch international erfahrene Telekommunikationsdienstleister als Partner einzubinden und zugleich bestehende Kooperationen mit deutschen Strom-Verbundunternehmen zu erweitern" (RWE AG Geschäftsbericht 94/95, S. 6).

Man kann den inhaltlichen Verlauf der strategischen Leitlinien in einzelne Phasen unterteilen. Diese Phasen sind nicht gegeneinander abgeschlossen, sondern gehen ineinander über, da die zuerst getroffenen Leitlinien bestehen bleiben. Zusammenfassend werden hier die propagierten Entwicklungsziele der RWE AG in Abbildung 1 dargestellt. Die einzelnen Leitlinien ziehen sich vom Zeitpunkt ihrer ersten Erwähnung bis zum Ende des Erhebungszeitraumes durch, da keines dieser Entwicklungsziele im Erhebungszeitraum aufgegeben wurde. Dies bedeutet aber nicht, daß alle Ziele auch vollständig verwirklicht wurden. Anhand der im folgenden dargestellten Untersuchung der Beteiligungen, Übernahmen und Neugründungen der RWE AG soll erhoben werden, ob jene mit den in diesem Kapitel genannten Zielen korrespondieren.

Abbildung 1: Strategische Leitlinien der RWE AG im Zeitverlauf

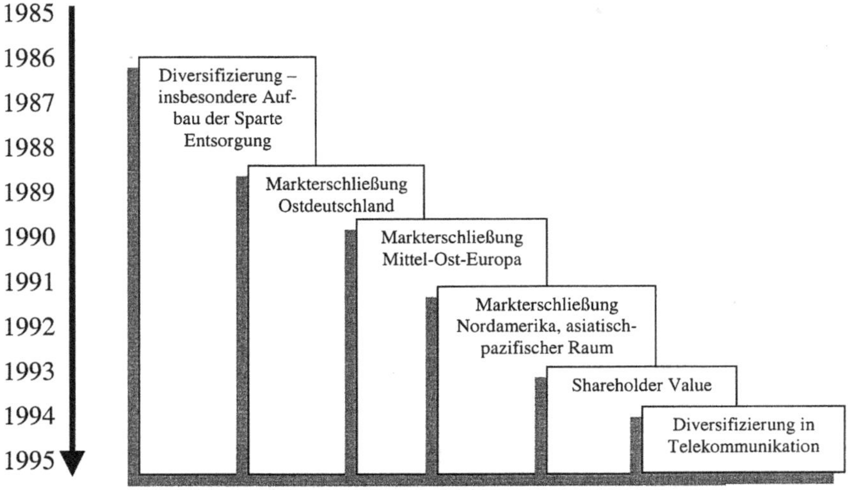

2.2.2. Motive der Beteiligungen, Neugründungen und Übernahmen des RWE-Konzerns

Anhand der gefundenen Begründungen einzelner Beteiligungen, Übernahmen und Neugründungen der RWE AG läßt sich die Umsetzung der Strategien prüfen. Neben diesen Begründungen wird auch auf allgemeine Aussagen über den Geschäftsverlauf innerhalb der Geschäftsberichte zurückgegriffen. Auch hier wird eine chronologische Darstellungsweise gewählt.

Die Umsetzung der ersten gefundenen strategischen Leitlinie - Diversifizierung und Stärkung nicht-strombezogener Bereiche - läßt sich anhand der Geschäftsberichte gut dokumentieren, wobei einzelne Beteiligungen oder Übernahmen der Erfüllung mehrerer Zwecke dienen können. Im Vordergrund der Diversifizierung stand ab dem Jahre 1987 die Etablierung eines neuen Geschäftsbereiches „Entsorgung“ im Konzern. Dieser Geschäftsbereich wurde auch durch den Kauf der Trienekens AG, Viersen verstärkt:

„Diese Gesellschaft - spezialisiert auf Handling und Logistik der Müllbeseitigung - bietet für uns eine gute Basis als Zulieferer für die geplanten Verbrennungsanlagen und für das Entsorgungsgeschäft, vor allem in den niederrheini-

schen Stammgebieten unserer Stromversorgung" (RWE AG Geschäftsbericht 87/88, S. 9).

Durch den Zukauf des Unternehmens sollten Kapazitäten im Bereich Entsorgung, die schon innerhalb des Konzerns verfügbar waren, unterstützt werden:

„Im Aufbau befindet sich der Bereich Entsorgung. Auch hier verfügen wir über langjährige umfangreiche Erfahrungen und die notwendige Kompetenz, um an der Lösung der anstehenden drängenden Probleme aktiv mitzuarbeiten. Wir bieten daher Kommunen an, die bisherige, vor allem auf dem Strom- und Gassektor bestehende Zusammenarbeit auch auf diesen zunehmend wichtiger werdenden Bereich auszudehnen. Inzwischen sind wir mit der Entsorgungsgesellschaft Trienekens, einem mittelständischen Unternehmen, eine Kooperation eingegangen und haben uns beteiligungsmäßig engagiert. Alle Entsorgungsvorhaben werden unter dem Dach der neuen 100%igen Tochtergesellschaft RWE Entsorgung Aktiengesellschaft konzentriert" (RWE AG Geschäftsbericht 88/89, S. 4f.).

Die Aktivitäten des Bereiches Entsorgung wurden mit der Gründung der RWE Entsorgung AG als Obergesellschaft gebündelt. Auch im weiteren Verlauf wurde dieser Bereich durch Neugründungen, Beteiligungen und Übernahmen vergrößert. Der Schwerpunkt der Investitionstätigkeit lag aber auf Akquisitionen von Unternehmen:

„Der Konzernbereich Entsorgung hat bei seiner Investitionstätigkeit den Schwerpunkt auf Unternehmensakquisitionen gelegt. Hierdurch soll die operative Leistungsfähigkeit gestärkt werden (RWE AG Geschäftsbericht 90/91, S. 41).

Investitionen erfolgten sowohl im Inland als auch im europäischen Ausland (Niederlande, Belgien, Frankreich, Spanien, Großbritannien, Italien), wobei es sich um kleinere Akquisitionen handelte, insgesamt wuchs RWE Entsorgung mit rasanter Geschwindigkeit:

„RWE Entsorgung expandierte in wenigen Jahren zum Marktführer der privaten deutschen Entsorgungswirtschaft. In der Spitze zählten über 400 Unternehmen zum Beteiligungsbereich" (Heck 1998, S. 278).

Neben der Etablierung dieses neuen Geschäftsbereiches wurden schon existierende Geschäftsbereiche durch Zukäufe gestärkt. Der Bereich Bau wurde durch den Zukauf der Leighton Holdings Ltd., Sydney/Australien, vergrößert:

„Ein Großteil der durch ausländische Beteiligungsgesellschaften erbrachten Bauleistung entfällt auf die Leighton Holdings Ltd. in Sydney/Australien. Die Gesellschaft ist über eine Vielzahl von Unterbeteiligungen in Australien, im asiatisch-pazifischen Raum und in den USA engagiert" (RWE AG Geschäftsbericht 89/90, S. 48).

Anhand dieses Beispiels zeigt sich, daß mehrere strategische Ziele beziehungsweise verschiedene Motive gleichzeitig verfolgt und erreicht werden können. Natürlich wurde hier neben dem strategischen Ziel der Stärkung eines Geschäftsbereiches auch die Erschließung des Marktes im asiatisch-pazifischen Raum und in den USA verfolgt. In späteren Geschäftsberichten wurde dieses Ziel dann auch explizit formuliert. Der Bereich Bau wurde zusätzlich gestärkt durch eine Aufstockung der seit den zwanziger Jahren gehaltenen Beteiligung an der HOCHTIEF AG von 44 auf 56 Prozent. (vgl. Heck 1998, S. 263) Außerdem wurde im Jahre 1993 die niederländische Ballast Nedam N.V. erworben. 1998 wickelte HOCHTIEF achtzig Prozent des Auslandsgeschäftes über Beteiligungsgesellschaften ab (vgl. Heck 1998, S. 280).

Eine ähnliche Verknüpfung der strategischen Ziele und Motive gilt auch für das nächste Beispiel aus dem Bereich Mineralöl und Chemie, der Erwerb der Vista Chemical Company, Houston, USA:

„Zu den wichtigen Zielen im Unternehmensbereich Mineralöl und Chemie gehört die Verstärkung der Chemiesparte, um auch hier weltweit als anerkannter Marktteilnehmer operieren zu können" (RWE AG Geschäftsbericht 90/91, S. 4).

Und weiter:

„Damit hat RWE-DEA für ihre wichtigsten Chemieprodukte eine beachtliche Stellung in Nordamerika erworben und die Chancen für den Zugang zu den asiatischen Märkten deutlich vergrößert" (RWE AG Geschäftsbericht 90/91, S. 4).

Hier verbinden sich wieder die Motive der Stärkung eines Geschäftsbereiches mit der Erschließung ausländischer Märkte, in diesem Fall der Märkte der USA und Asiens. Im weiteren wurden zur Stärkung des Geschäftsbereiches im Jahre 1992 noch die italienische D.A.C. Industrie Chimiche S.p.A., Mailand und 1995 die EniChem Augusta S.p.A., Palermo erworben. Neben dem Bereich Chemie wurde zusätzlich der Bereich Mineralöl durch den Zukauf der Deutschen Texaco AG, Hamburg, ausgeweitet. Ziele waren auch hier die Stärkung des Geschäftsbereichs:

„Die Einbeziehung der DTA bedeutet eine wesentliche Verstärkung und sinnvolle Ergänzung unserer bisherigen Aktivitäten in diesem Bereich und damit eine Diversifikation in einem uns vertrauten Arbeitsgebiet" (RWE AG Geschäftsbericht 87/88, S. 8).

Der Kauf der Deutschen Texaco AG war als Stärkung des Bereichs Mineralöl unabdingbar geworden:

„Dieser Zukauf (der Deutschen Texaco AG, Anm. S.Sch.) bot dem RWE endlich eine unternehmerisch verläßliche Lösung für die über Jahre hinweg verlustreiche Konzernenkelin und Raffineriegesellschaft Union Rheinische Braunkohlen Kraftstoff AG, Wesseling, die den schärfer werdenden Kampf auf dem deutschen Mineralmarkt allein auf Dauer nicht hätte überleben können" (Heck 1998, S. 262).

Neben diesem Ziel der Stärkung der Geschäftsbereiche wird sowohl in der Mineralöl- als auch in der Chemiesparte auch auf den Aspekt der Stabilität verwiesen:

„Anders als Ende der achtziger Jahre sind heute das Mineralöl- und Chemiegeschäft der RWE-DEA in Größe und Struktur so ausgerichtet, daß sich zyklische Ertragsschwankungen weitgehend ausgleichen" (Heck 1998, S. 277).

Als weiterer Nachweis der konsequenten Umsetzung der strategischen Leitlinie der Stärkung nicht-strombezogener Bereiche kann auch der Erwerb der Harris Graphics Corporation, USA, durch die Heidelberger Druckmaschinen AG, ausgewiesen im Geschäftsbericht 1988/89, dienen (vgl. RWE AG Geschäftsbericht 88/89, S. 4)

Die genannten Beispiele bestätigen die Umsetzung der strategischen Leitlinie „Diversifizierung" durch den Ausbau des Bereichs Entsorgung und der Stärkung der Geschäftsbereiche Chemie und Mineralöl, Bau und Maschinen- und Anlagenbau. Insbesondere der Zukauf der Texaco wurde ex post als *„Auslöser für den Umbau des RWE-Konzerns" (Heck 1998, S. 263)* interpretiert. Deutlich wird auch, daß dieses Ziel zum Teil gekoppelt wird mit dem Ziel der Internationalisierung.

Als weitere strategische Leitlinie wurde die Markterschließung Ostdeutschlands identifiziert. Die Umsetzung kann nur ungenügend anhand von Zitaten in den Geschäftsberichten belegt werden, aber die Liste der zugekauften Unternehmen innerhalb Ostdeutschlands verweist auf eine Umsetzung dieser strategischen Leitlinie. So wurden in Ostdeutschland Beteiligungen an der Energieversorgung Südsachsen AG, Chemnitz, der Westsächsische Energie AG, Leipzig, der Energieversorgung Spree-Schwarze Elster AG, Cottbus, der GASAG Berliner Gaswerke AG und der Petrolchemie und Kraftstoffe Schwedt AG, Schwedt, erworben. Die Liste der Beteiligungen in Ostdeutschland zeigt, daß auch das Ziel der Markterschließung Ostdeutschlands sehr konsequent verfolgt wurde. Hierbei spielte aber die politische Rahmensetzung, also die Umsetzung der Wiedervereinigung im Einigungsvertrag und dem Stromvertrag der beiden deutschen Staaten im Jahre 1990, eine zentrale Rolle. Dort wurde zwischen der DDR-Regierung und der Treuhandanstalt die Aufteilung der ostdeutschen Stromversorgung auf die drei Verbundunternehmen RWE Energie, PreussenElektra und Bayernwerk vereinbart (vgl. Heck 1998, S. 273). Das ostdeutsche Engagement des RWE-Konzerns folgte also auch wesentlich einer politischen Vereinbarung, die zudem noch unter den ostdeutschen Kommunen hoch umstritten war und so vor dem Bundesverfassungsgericht verhandelt werden mußte. Die endgültige Privatisierung und somit die Übernahme der Unternehmen konnte deshalb erst im Jahre 1994 erfolgen.

Die RWE-Gruppe investierte auch in andere Bereichen, wie Entsorgung, Druckmaschinen, Bau und Mineralöl, intensiv in Ostdeutschland:

„Seit 1990 hat die RWE-Gruppe in den neuen Bundesländern rund sieben Milliarden Mark investiert und beschäftigte Mitte 1997 dort etwa 30000 Mitarbeiter" (Heck 1998, S. 275).

Insbesondere das Beispiel der Petrolchemie und Kraftstoffe Schwedt AG zeigt einmal mehr, daß hier wieder mehrere strategische Ziele gleichzeitig verfolgt wurden:

„Mit der Beteiligung an der Raffinerie Schwedt haben wir eine gute Versorgungsbasis für unsere Verkaufsaktivitäten in den neuen Bundesländern und in Teilen Osteuropas geschaffen" (RWE AG Geschäftsbericht 90/91, S. 35).

Zusätzlich zur Markterschließung Ostdeutschlands wurde mit dieser Beteiligung auch das Ziel der Erschließung osteuropäischer Märkte verfolgt. Neben diesem Hinweis auf Engagement in Osteuropa sind in den Geschäftsberichten nur wenige Passagen zu finden, die auf verstärkte Investitionen oder Markterschließungen in dieser Region verweisen. Das folgende Zitat gibt einen Hinweis darauf, warum die Erschließung der Märkte Osteuropas durch Beteiligungen, Übernahmen und Neugründungen schwierig zu gestalten war:

„Unsere Aktivitäten richten sich zunehmend auch auf Osteuropa. In diesen Ländern hat sich der RWE-Konzern im vergangenen Geschäftsjahr durch Know-how-Transfer, Joint-Ventures und dort, wo die Rahmenbedingungen dies bereits zulassen, durch konkretes unternehmerisches Engagement eine günstige Startposition gesichert" (RWE AG Geschäftsbericht 93/94, S. 5).

Zentral in diesem Zitat sind die Rahmenbedingungen in den osteuropäischen Staaten. Es kann hier nur spekuliert werden, welche Bedingungen in diesem Zusammenhang im Vordergrund stehen. Vermutlich sind dies aber die infrastrukturellen Bedingungen, sowie die politische Stabilität und Rechtssicherheit in den Transformationsstaaten. Die Unsicherheiten in diesen Bereichen werden als Grund für das niedrige Engagement in Osteuropa angegeben. Im Vergleich zu den Aktivitäten in Ostdeutschland ist dieses strategische Ziel im Erhebungszeitraum weit weniger konsequent umgesetzt worden. Die Versuche, diesen Markt zu erschließen, beschränkten sich im Erhebungszeitraum weitestgehend auf Kooperation wie Know-how-Transfer und Beratung.

„Mit der zunehmenden Öffnung Osteuropas ergeben sich für RWE Energie aufgrund der Brückenfunktion ihres Netzes weitreichende Entwicklungsmöglichkeiten. RWE Energie hat ihre internationalen Aktivitäten durch eine Vielzahl von Kooperationsvereinbarungen mit west- und osteuropäischen Energieversorgungsunternehmen ausgeweitet. Sie bietet Partnern in der CSFR, Polen, Ungarn und Rußland umfassende Kompetenz auf allen Ebenen der Elektrizitätsversorgung an" (RWE AG Geschäftsbericht 92/93, S. 21).

Die Aktivitäten im osteuropäischen Raum beschränken sich weitgehend auf den Bereich Energieversorgung. Anders wurde dagegen bei der Erschließung der Märkte Nordamerikas und des asiatisch-pazifischen Raums verfahren. Es wurde schon weiter oben gezeigt, daß der RWE-Konzern in verschiedenen Geschäftsbereichen durch Beteiligungen und Übernahmen dieses Ziel verfolgt hatte. So wurde die Beteiligung an der Vista Chemical Company, Houston, USA, im Bereich Chemie beschrieben, sowie der Zukauf der Leighton Holdings Ltd. in Sydney/Australien im Bereich Bau. Als weiteres Beispiel wurde noch der Kauf der Harris Graphics Corporation, USA, durch die Heidelberger Druckmaschinen AG, genannt. Die Stärkung der nicht-strombezogenen Geschäftsbereiche war verbunden mit der Erschließung der Märkte Nordamerikas und des asiatisch-pazifischen Raums. Die Verfolgung dieses Ziels kann anhand weiterer Beispiele zusätzlich belegt werden:

„Mit der zum Jahreswechsel 1991/92 erworbenen Beteiligung an der Cnsl Energy Inc. haben wir unsere Position auf dem bedeutenden amerikanischen Steinkohlenmarkt ausbauen können. Inzwischen wurde der Board entsprechend den Beteiligungsverhältnissen paritätisch mit Mitgliedern von Rheinbraun und DuPont besetzt" (RWE AG Geschäftsbericht 91/92, S. 24).

Auch hier verbindet sich die Erschließung eines geographischen Marktes, nämlich des nordamerikanischen, mit der Stärkung eines Geschäftsbereiches, dem Bereich Bergbau. Führungsgesellschaft dieses Bereichs ist die Rheinbraun AG. Consol war zu diesem Zeitpunkt der ertragsstärkste und - gemessen an der Förderung - zweitgrößte Steinkohlenproduzent der USA mit knapp 9000 Beschäftigten. Consol bediente mit 84% ihrer Förderung den amerikanischen Markt. Es werden aber noch zusätzliche Gründe für diese Akquisition genannt:

„Die zunehmende Internationalisierung und Liberalisierung der Energiemärkte sowie die aktuelle energie- und umweltpolitische Entwicklung haben uns veranlaßt, die Unternehmenstätigkeit im Bergbaubereich weiter zu diversifizieren und uns noch stärker im wachstumsträchtigen Weltkohlenmarkt zu engagieren" (RWE AG Geschäftsbericht 91/92, S. 4).

Und weiter:

„Langfristig eröffnet uns dieses Engagement jedoch eine Option zur Sicherung unserer eigenen Primärenergiebasis" (RWE AG Geschäftsbericht 91/92, S. 4).

Neben der Erschließung des amerikanischen Marktes und der Stärkung des Geschäftsbereiches wird hier in bezug auf Kohle mit einem globalen Markt argumentiert, den zu erschließen das Ziel der RWE AG ist. Des weiteren wird ein strategischer Aspekt des Konzernes betont, da das Engagement bei Consol auch die Versorgung des Bereichs Energieversorgung mit Primärenergie sichern soll. Auch in diesem Beispiel zeigt sich wiederum deutlich, daß eine Vielzahl von Motiven, beziehungsweise strategischen Zielen, mit der Akquisition eines Unternehmens verbunden sein können. Insgesamt kann festgestellt werden, daß das strategische Ziel der Erschließung der Märkte Nordamerikas und des asiatisch-pazifischen Raums im Erhebungszeitraum konsequent verfolgt und umgesetzt wurde.

Als weiteres strategisches Ziel wurde ab dem Jahre 1993 die Orientierung am „Shareholder Value" propagiert. Mit diesem Ziel verbinden sich hier in erster Linie konzerninterne Renditevorgaben. Der Konzern hatte primär das Ziel einer Erhöhung der Produktivität und Verbesserung der Rentabilität geplant:

„Nach den Jahren der großen Akquisitionen und des Geschäftswachstums werden wir jetzt unsere besondere Aufmerksamkeit auf eine Optimierung der inneren Strukturen, auf die Erhöhung der Produktivität und eine Verbesserung der Rentabilität in allen Geschäftsfeldern legen"(RWE AG Geschäftsbericht 94/95, S. 6).

Das Zitat kann als Wechsel von einer Expansionsstrategie hin zu einer Konsolidierungsstrategie interpretiert werden. Während in den Jahren zuvor sowohl in bezug auf Diversifizierung als auch auf Internationalisierung expandiert wurde, sollten nun die Strukturen effizienter gestaltet werden.

Letztes identifiziertes strategisches Ziel, welches im Geschäftsbericht genannt wurde, ist das der Diversifizierung in den Geschäftsbereich Telekommunikation.
„Zur Bündelung der Konzerninteressen auf dem Gebiet der Telekommunikati-

on..." (RWE AG Geschäftsbericht 93/94, S. 13) wurde die RWE Unitel AG gegründet. Diese sollte als Dachgesellschaft des Bereichs Telekommunikation dienen. Zusätzlich wurden weitere Gesellschaften gegründet und Beteiligungen zugekauft. Zusammen mit der Mannesmann Eurokom, der Deutschen Bank, der Energieversorgung Schwaben und zwei weiteren Partnern gründete die RWE Energie AG die GfD Gesellschaft für Datenfunk mbH. Ziel dieser Gesellschaft war der Aufbau eines bundesweiten Funknetzes. Des weiteren wurden Anteile an der CNI Communications Network International GmbH erworben:

„Die CNI wird Corporate Networks betreiben, mit deren Hilfe Sprache, Daten und Bilder über Festnetze übertragen werden können. Auch dieses Geschäftsfeld bietet gute Wachstumsperspektiven" (RWE AG Geschäftsbericht 93/94, S. 13).

Als weiteres Beispiel für das Engagement mag der Erwerb sämtlicher Anteile der Preussag Mobilfunk GmbH dienen. Der Erwerb dieses Unternehmens wird explizit mit dem Ziel der Diversifizierung begründet:

„Auf der Linie einer zielorientierten Diversifizierung liegt auch der im September 1994 erfolgte Erwerb sämtlicher Anteile der Preussag Mobilfunk GmbH" (RWE AG Geschäftsbericht 93/94, S. 13).

Im folgenden Geschäftsbericht 1994/95 wird die Rolle der inzwischen in RWE Telliance AG umfirmierten RWE unitel AG verdeutlicht:

„Die RWE Telliance ist für die strategische Weiterentwicklung der Unternehmensgruppe, für die Erschließung neuer Geschäftssegmente auf nationaler und internationaler Ebene sowie für technische und vertriebsorientierte Konzepte verantwortlich" (RWE AG Geschäftsbericht 94/95, S. 7).

Insgesamt ist festzustellen, daß in der kurzen Zeit nach der strategischen Entscheidung zur Diversifizierung in den neuen Geschäftsbereich Telekommunikation die Etablierung insbesondere durch Akquisition und Neugründung konsequent verfolgt wurde. Allerdings stand diese Entwicklung am Ende des Erhebungszeitraumes noch an ihrem Anfang.

2.3. Situation 1995 des RWE Konzerns

Am Ende des Untersuchungszeitraums erweist sich der RWE-Konzern als ein deutlich stärker internationalisiertes und diversifiziertes Unternehmen als im Jahre 1985. Der Datensatz der Beteiligungen, Übernahmen und Neugründungen weist für das Jahr 1995 52 inländische und 13 ausländische Beteiligungen auf (1985: 35; 3). Sowohl im Inland als auch im Ausland ist also ein deutlicher Anstieg zu verzeichnen, wobei dieser im Ausland stärker ist. Ein anderes Ergebnis zeigt sich bei Betrachtung des Umsatzes im In- und Ausland. Innerhalb Deutschlands lag der Umsatz im Berichtsjahr 1994/95 bei 53.121 Mio. DM, im Ausland bei insgesamt 10.464 Mio. DM (1985: 22.705,4 Mio.; DM; 4.450 Mio. DM). Auch hier ist sowohl im Inland als auch im Ausland ein deutlicher Anstieg zu verzeichnen, aber die Steigerung im In- und Ausland ist für den Umsatz nahezu gleich groß. Für die Summe des Grundkapitals der Beteiligungen ergibt sich im Inland ein Betrag von 24.928,69 Mio. DM, im Ausland sind es 5.227,39 Mio. DM. (1985: 3.495,28 Mio. DM; 1.619,00 Mio. DM). In bezug auf die

Summe des Grundkapitals zeigt sich wiederum ein deutlicher Anstieg im In- und Ausland, wobei hier aber ein wesentlich stärkerer Anstieg der Summe des Grundkapitals der inländischen Beteiligungen zu verzeichnen ist.

Der Vergleich des inländischen mit dem ausländischen Engagement stellt sich im Jahre 1995 folgendermaßen dar: Auf der Basis der Anzahl der Beteiligungen ist das Verhältnis inländischer zu ausländischen Beteiligungen 4 : 1 (1985: 11,7 : 1). Legt man den Umsatz zugrunde, so ergibt sich ein Verhältnis von 5 : 1 (1985: 5,1 : 1). Betrachtet man die Summe des Grundkapitals, so ergibt sich ein Verhältnis von 4,7 : 1 (1985: 2,1 : 1). Während sich also das Verhältnis in bezug auf die Anzahl der Beteiligungen radikal zugunsten der ausländischen Beteiligungen verändert hat, ist es, betrachtet man die Umsatzzahlen, nahezu gleich geblieben. Die Werte der Summe des Grundkapitals sind aufgrund der Verzerrungen im Jahre 1985 nur schwer zu vergleichen. Es fällt aber unmittelbar auf, daß die Ergebnisse der einzelnen Indikatoren konvergieren.

Tabelle 2: Situation der RWE AG 1994/95

Internationalisierung:		
Anzahl inländischer Beteiligungen:	52	
Anzahl ausländischer Beteiligungen:	13	
Summe des Grundkap. inländischer Bet.:	24.928,69	Mio. DM
Summe des Grundkap. ausländischer Bet.:	5.227,39	Mio. DM
Umsatz Deutschland	53.121	Mio. DM
Umsatz Ausland	10.464	Mio. DM
davon: Umsatz Europa	3.661	Mio. DM
Umsatz übriges Ausland	6.803	Mio. DM
Diversifizierung:		
Diversifizierungsgrad (Quantitativer Datensatz):	9	
Umsatzaufteilung:		
Elektrizitätserzeug./–vert. sowie andere Vers.	21.560	Mio. DM
Bergbau und Rohstoffe	4.992	Mio. DM
Mineralöl und Chemie	23.765	Mio. DM
Maschinen-, Anlagen- und Gerätebau	6.397	Mio. DM
Bau	5.782	Mio. DM
Entsorgung	1.047	Mio. DM
Sonstige (u.a. Telekommunikation)	42	Mio. DM

Quelle: Geschäftsbericht RWE AG, eigene Berechnungen

Der RWE-Konzern ist am Ende des Erhebungszeitraumes noch stärker diversifiziert, als er es schon im Jahre 1985 war. Dies läßt sich anhand der in Tabelle 2 gezeigten Indikatoren der Diversifizierung darstellen. Der aus dem quantitativen Datensatz ermittelte Diversifizierungsgrad erreicht im Jahre 1995 den Wert 9

(1985: 7). Der schon im Jahre 1985 hohe Wert ist also noch einmal angestiegen. Die Analyse der Entwicklung im Erhebungszeitraum zeigt, daß zum einen der Bereich Entsorgung und zum anderen der Bereich Telekommunikation etabliert wurde. Während der Bereich Entsorgung zum Ende des Erhebungszeitraumes, gemessen am Umsatz, eine schon relevante Größe erreicht hatte (1047 Mio. DM), war der Bereich Telekommunikation noch unbedeutend. Hier muß allerdings berücksichtigt werden, daß die Entwicklung des Bereiches Entsorgung wesentlich früher begann als die des Bereiches Telekommunikation. Bei Betrachtung der Verteilung des Umsatzes auf die einzelnen Geschäftsbereiche zeigt sich außerdem, daß sich nicht nur die Anzahl der Geschäftsbereiche erhöht hat. Zusätzlich hat sich die Gewichtung der einzelnen Bereiche im Konzern verschoben. War der Bereich Elektrizitätserzeugung und -verteilung im Jahre 1985 noch mit weitem Abstand der umsatzstärkste innerhalb des Konzerns (1985: 16.634,4 Mio. DM; 1995: 21.560 Mio. DM) , so ist dies in 1995 der Bereich Mineralöl und Chemie (1985: 7.905,7 Mio. DM; 1995: 23.765 Mio. DM). Während der Kernbereich des Konzerns ein lediglich geringes Wachstum aufwies, hat sich der Umsatz des Bereiches Mineralöl und Chemie im Erhebungszeitraum verdreifacht. Wie in der Analyse der Entwicklung zwischen 1985 und 1995 gezeigt wurde, ist dies hauptsächlich auf Akquisitionen in diesem Geschäftsbereich zurückzuführen. Auch die Bereiche Bergbau und Rohstoffe und Bau, sowie der Bereich Maschinen-, Anlagen- und Gerätebau haben hauptsächlich durch Akquisitionen ein zunehmendes Gewicht innerhalb des Konzerns erlangt. Die Strategie der Stärkung der nicht-strombezogenen Geschäftsbereiche schlägt sich also in den Umsatzzahlen nieder, da alle genannten Bereiche relativ zum Bereich Elektrizitätserzeugung und –verteilung an Gewicht gewonnen haben.

2.4. Zusammenfassung RWE-Konzern

Anhand der obigen Ergebnisse kann nun der Entwicklungspfad des RWE-Konzerns deutlich gemacht werden. Im Jahre 1985 ist die RWE AG ein stark diversifizierter Konzern, der, bezogen auf Beteiligungen, Übernahmen und Neugründungen nur schwach internationalisiert ist.

Entwicklung der Diversifizierung

Ende der achtziger Jahre wird als strategisches Ziel die Stärkung nicht-strombezogener Geschäftsbereiche genannt und auch konsequent verfolgt. Im Zuge dieser Strategie wird das Engagement in den Bereichen Bergbau und Rohstoffe, Mineralöl und Chemie, Maschinen-, Anlagen- und Gerätebau und Bau wesentlich verstärkt. Diese Bereiche gewinnen innerhalb des Konzerns an Gewicht. Neu etabliert wurde der Bereich Entsorgung, der zum Ende des Erhebungszeitraums eine relevante Größe erreicht hat. Der Aufbau dieses Geschäftsbereiches erfolgt im wesentlichen über Beteiligungen und Übernahmen. Zum Ende des Erhebungszeitraumes wurde das strategische Ziel der Erschließung des Bereiches Telekommunikation etabliert. Die Umsetzung wurde durch erste Neugründungen, Beteiligungen und Akquisitionen betrieben, allerdings konnte die Entwicklung ob der Kürze des restlichen Erhebungszeitraum nicht sehr weit voranschreiten.

Entwicklung der Internationalisierung

In bezug auf die Internationalisierung des Konzerns wurden im Erhebungszeitraum zwei wesentliche Punkte genannt. Zum einen wurde mit der Öffnung Mittel- und Osteuropas die Erschließung dieser Märkte zum strategischen Ziel. Zum anderen sollten die wichtigen Märkte Nordamerikas und des asiatisch-pazifischen Raumes erschlossen werden. Das Ziel der Erschließung der Märkte Mittel-Ost-Europas konnte im Erhebungszeitraum nur in geringem Maße verfolgt werden, da, wie in den Zitaten der Geschäftsberichte gezeigt, zuerst infrastrukturelle Voraussetzungen geschaffen werden mußten. Die Erschließung der Märkte Nordamerikas und des asiatisch-pazifischen Raumes ist dagegen deutlich besser gelungen. Insbesondere in den USA wurden Beteiligungen erworben. Insgesamt wurde anhand der Zahlen des quantitativen Datensatzes gezeigt, daß das internationale Engagement des RWE-Konzerns durch Beteiligungen, Übernahmen und Neugründungen sowohl absolut als auch relativ zu den inländischen Beteiligungen deutlich zugenommen hat. Betrachtet man allerdings den Umsatz des Unternehmens, so zeigt sich, daß dieser zwar absolut im Ausland zugenommen hat, die Relation zwischen inländischem und ausländischem Umsatz im Erhebungszeitraum jedoch nahezu konstant blieb. Dies läßt den Schluß zu, daß die Versorgung der ausländischen Märkte zunehmend über Auslandsgesellschaften erfolgt, der Export also relativ abnimmt.

Der RWE-Konzern entwickelte sich im Erhebungszeitraum von einem stark diversifizierten zu einem sehr stark diversifizierten Konzern. War der Konzern im Jahre 1985 bezüglich der Beteiligungen nur schwach internationalisiert, so stieg das Engagement im Ausland im Erhebungszeitraum an.

2.5. Weitere Entwicklung des RWE-Konzerns

Die Darstellung der weiteren Entwicklung des RWE-Konzerns orientiert sich an den oben analysierten strategischen Leitlinien, die teils weiterentwickelt, teils aber auch verworfen wurden. Der Konzern behielt die Strategie des Mischkonzerns bei, das heißt, auch im weiteren wurde auf Diversifizierung und Verlagerung des Schwerpunktes weg vom Stammgeschäft Energie und Strom gesetzt.

Das Jahr 1997 als Einschnitt

Das Jahr 1997 war *„nach der Neuordnung des RWE-Konzerns 1989/90 das Jahr, in dem sich am meisten bewegte“ (Heck 1998, S. 267)*. So wurden in diesem Jahr mehrere, für den Konzern einschneidende, Entwicklungen beschritten. Zum einen gründete der Konzern zusammen mit VEBA das Telekommunikationstochterunternehmen o.tel.o GmbH. Ursprünglich war dies als Gemeinschaftsunternehmen von VEBA, RWE und Cable & Wireless plc. geplant, aber das britische Unternehmen zog sich im Laufe der Verhandlungen zurück. Ohne ausländischen Partner wurde die o.tel.o GmbH gegründet, an der Veba zu 40

Prozent und RWE zu 37,5 Prozent beteiligt waren. Der für Cable & Wireless vorgesehene Anteil sollte für einen internationalen Kooperationspartner bereitgestellt werden (vgl. FAZ 08.02.1997, S. 19). o.tel.o sollte zu einem Vollanbieter von Telekommunikationsdienstleistungen werden, in dem die Telekommunikationsgesellschaften von VEBA und RWE, Vebacom und RWE Telliance exklusive Talkline, aufgingen. Zu diesem Unternehmen gehörte auch der Anbieter von Mobilfunkdiensten E-Plus. Als Ziel von o.tel.o wurde ausgegeben, hinter der Deutschen Telekom die Nummer zwei im Bereich der Telekommunikationsdienstleistungen zu werden. RWE und Veba hatten sich zum Ziel gesetzt, *„bis zum Jahr 2005 einen Marktanteil von zwölf bis 17 Prozent zu erobern. Sie (RWE und VEBA, Anm. S. Sch.) wollen rund sieben Milliarden Mark in das gemeinsame Unternehmen o.tel.o investieren und mindestens 100000 direkte und indirekte Arbeitsplätze schaffen" (Heck 1998, S. 283).*

Kurze Zeit nach der Gründung von o.tel.o wurde die Talkline GmbH an die dänische Telefongesellschaft Tele Danmark AS verkauft. Als Grund wurden die möglichen Interessenkonflikte zwischen der Talkline GmbH und dem Anbieter eines Mobilfunknetzes E-Plus genannt. Talkline war eine Telefongesellschaft, die auf den Netzen Dritter ihren Verkehr abwickelte. (vgl. FAZ 14.06.97, S. 17)

Fusion Lahmeyer - Rheinelektra

Eine weitere wichtige Entwicklung im Jahre 1997 war die Fusion der beiden Führungsgesellschaften des Bereichs Maschinen-, Anlagen- und Gerätebau, Lahmeyer AG für Energiewirtschaft und Rheinelektra AG. Die neue Gesellschaft LAHMEYER AG war nicht mehr im operativen Geschäft tätig, sondern hatte als Führungsgesellschaft eine Holdingfunktion. (vgl. Heck 1998, S. 279) Die Fusion wurde notwendig, weil sich die ursprünglich gefundene Lösung mit zwei Führungsgesellschaften im Bereich Maschinen-, Anlagen- und Gerätebau als nicht praktikabel erwies. Die überlappenden Tätigkeitsfelder der beiden Unternehmen führten zu Reibungsverlusten durch doppelte Arbeit und Unklarheiten bezüglich der Kompetenzverteilung (vgl. Heck 1998, S. 279).

Umstrukturierung der Entsorgungssparte

Ein weiterer wichtiger Aspekt der Entwicklung im Jahre 1997 war die kritische Beurteilung der Sparte Entsorgung. Nach einer sehr schnellen Expansion wurde RWE Entsorgung Marktführer der privaten deutschen Entsorgungswirtschaft. Es wurden sehr schnell sehr viele Beteiligungen erworben, wobei sich im nachhinein herausstellte, daß die aufgebauten Unternehmensstrukturen ineffizient waren (vgl. Heck 1998, S. 278).

„Insgesamt stellte sich heraus, daß das Entsorgungsgeschäft zu schnell und zu unkontrolliert gewachsen war" (Heck 1998, S. 278).

Die Geschäftsleitung entschloß sich, große Teile der RWE Entsorgung zu verkaufen, so trennte sich diese Sparte von 35 Unternehmensgruppen (über zehn Prozent der Beteiligungsgesellschaften der RWE Entsorgung) (vgl. Heck 1998, S. 278f.). Mit diesem Einschnitt wurde die in Umwelt AG umbenannte Entsorgungssparte nach Meinung des Vorstandsvorsitzenden Kuhnt *„erfolgreich sa-*

niert und werden 1999 schwarze Zahlen schreiben" (Der Spiegel 26/1999, S. 80).

Abschaffung des Mehrheitsstimmrechtes
Ein letzter wichtiger Schritt im Jahre 1997 war die Initiative zur Abschaffung des Mehrstimmrechtes. Durch die Umwandlung der von kommunalen Aktionären gehaltenen Aktien mit zwanzigfachem Stimmrecht in Stammaktien mit einfachem Stimmrecht sollte der RWE-Konzern sich vom Einfluß der Städte und Kommunen befreien und so auch an der Börse attraktiver werden (vgl. FAZ 12.12.1997, S. 22; 25.09.1997, S. 25; 24.04.1998, S. 31).

„100 Jahre nach der Gründung schließt sich ein Kreis: Die Kommunen, die ihre aus den zwanziger Jahren stammende Stimmenmajorität durch Vorzugsaktien mit zwanzigfachem Stimmrecht zu konservieren wußten, verkaufen gerade über die Börse dieses Privileg. Nach Abschluß dieser Aktion werden die privaten Aktionäre wie in den ersten Jahrzehnten nach der Gründung wieder über die Hauptversammlungsmehrheit verfügen" (FAZ 24.04.1998, S. 31).

Die veränderten Eigentumsverhältnisse sollten den Handlungsspielraum des Konzerns, gerade in bezug auf die weitere Expansion außerhalb des Kerngeschäfts, erweitern.

Das Multi-Energy/Multi-Utility-Konzept als neues strategisches Konzept
Das Konzept des diversifizierten Konzerns mit internationaler Ausrichtung, welches sich Ende der achtziger Jahre etablierte, wurde im Jahre 1999 verworfen. Ausgerufen wurde das Multi-Energy/Multi-Utility-Konzept. Hinter diesem Titel verbirgt sich die Konzentration auf das Kerngeschäft Gas und Strom, zusätzlich sollten noch Wasserversorgung, Abfallentsorgung und technische Dienstleistungen angeboten werden. Ziel des Konzerns war, ein führendes Versorgungsunternehmen in Europa zu werden (vgl. FAZ 07.09.1999, S. 21). Angestrebt wurde also eine verstärkte Europäisierung des Konzerngeschäftes. Das Engagement im Ausland sollte dabei wesentlich durch Akquistion von Unternehmen verstärkt werden. Als bevorzugte Ziele wurden Spanien, Großbritannien, die Benelux-Staaten und Italien genannt. (vgl. FAZ 14.05.1999, S. 24; FAZ 02.09.1999, S. 22) Unternehmen, die nicht in dem oben beschriebenen Bereich des Multi-Energy/Multi-Utility-Konzeptes angesiedelt waren, sollten im weiteren entweder als reine Finanzbeteiligung gehalten oder verkauft werden. Als Finanzbeteiligungen, also ohne weiteren unternehmerischen Einfluß, sollten demnach die Hochtief AG im Bereich Bau und die Heidelberger Druck AG im Bereich Druckmaschinen gehalten werden (FAZ 14.05.99, S. 24). Das Halten dieser Beteiligungen wurde mit den hohen Steuern, die bei einem Verkauf zu bezahlen wären, begründet (vgl. FAZ 14.07.1999, S. 32). An anderer Stelle erklärt Vorstandsvorsitzender Kuhnt, wann Unternehmen außerhalb des Kernbereiches gehalten werden:

„Jetzt werden noch einmal alle Bereiche auf den Prüfstand gestellt. Das heißt jedoch nicht unbedingt, daß wir sie verkaufen. Es wird auch Tochterunternehmen geben, die wir als ergänzende Geschäftsfelder neben dem Kernbereich be-

halten. Vorausgesetzt, sie erwirtschaften die Renditeziele" (Der Spiegel 26/ 1999, S. 82).

Für den Wechsel der Strategie weg von einem diversifizierten Unternehmen hin zur Konzentration auf die Kernkompetenzen fand er folgende Begründung:

„Solange wir in Deutschland keine freien Energiemärkte hatten, gab es für RWE auch keine Expansionsmöglichkeiten. Also bot es sich an, unser Geld in neue Geschäftsfelder zu investieren, von denen wir heute profitieren" (Der Spiegel 26/1999, S. 80).

Letzten Endes begründet Kuhnt den Wechsel der Strategie des Konzerns mit den veränderten marktpolitischen Bedingungen in Deutschland und der Europäischen Union.

Abbau der Telekommunikationssparte

Die gemeinsame Telefongesellschaft von Veba und RWE wurde in Teilen verkauft. Das Festnetzgeschäft ging an Mannesmann Arcor. Offensichtlich wurde das strategische Ziel, o.tel.o zum wichtigsten Konkurrenten der Deutschen Telekom zu machen, insbesondere wegen der hohen Verluste und der Perspektive eines langfristigen Zuschußbetriebes, aufgegeben (FAZ 03.04.1999, S. 24). Zu diesem Zeitpunkt war dem Konzern nach an einen Verkauf auch des Mobilfunkbetreibers E-Plus nicht zu denken, vermeldete die FAZ am 14.05.1999 (FAZ 14.05.1999, S. 24). Allerdings bekannte Konzernchef Kuhnt im Interview mit dem Nachrichtenmagazin „Der Spiegel" schon ganz offen: *„Die Telekommunikation war nicht der große Renner. Wir sind mit dem Verkauf von Otelo aber noch rechtzeitig ausgestiegen" (Der Spiegel 26/1999, S. 80).*

Fusion RWE - VEW

Der nächste große Einschnitt in der Entwicklung des RWE-Konzerns erfolgte mit der Vorbereitung der Fusion von RWE und VEW. Nach einer Phase der Kooperation im Energiebereich (Die Welt 23.10.1998, WWW) wurde in Aufsichtsratssitzungen der beiden Konzerne Ende Oktober 1999 der Entschluß zur Aufnahme von Fusionsverhandlungen gefaßt. Der Plan zur Verschmelzung der Konzerne folgte der Zielsetzung, ein internationaler Konzern für Energie und energienahe Dienstleistungen zu werden (vgl. FAZ 20.10.1999, S. 21). RWE und VEW galten insofern als geeignete Partner, als sie beide mit der Strommarktliberalisierung die Konzentration auf das Energiegeschäft forcierten (vgl. FAZ 22.10.1999, S. 13). Die Durchführung der Verschmelzung beider Konzerne mit Wirkung zum 1. Juli 2000 wurde endgültig Ende Juni 2000 auf den beiden Hauptversammlungen beschlossen. Der Vorstand des RWE-Konzerns sah durch die Fusion große Vorteile entstehen. Entscheidend sei, daß RWE und VEW sich in den Kerngeschäftsfeldern ergänzten und daher ihre deckungsgleichen „Multi-Utility-Strategien" gemeinsam schneller umsetzen könnten. Durch den starken „strategischen und regionalen Fit" seien hohe Synergieeffekte zu erzielen (vgl. RWE Geschäftsbericht 99/00, S. 19). Mit der Fusion wurde der Konzern zum größten deutschen Stromversorger und zum drittgrößten in Europa. Im Gasgeschäft war der RWE-Konzern nach der Fusion national auf Rang zwei, im Wassergeschäft auf Rang eins, im Bereich Entsorgung war das Unternehmen in

Deutschland führend und europaweit auf Rang drei (vgl. Die Welt 24.02.2000, WWW).

Weiterer Verlauf der Multi-Energy/Multi-Utility-Konzept-Strategie
Neben der Fusion mit der VEW AG kann die Akquisition der Thames Water plc., London als Umsetzung der neuen Strategie des Konzerns gelten. Für das Ziel, ein weltweit agierendes Versorgungsunternehmen zu werden, war der Kauf von Thames Water ein großer Schritt in diese Richtung. Das britische Unternehmen ist zudem neben London auch in Chile, Australien und Asien tätig. Damit wurde der RWE-Konzern zum drittgrößten Wasserversorger der Welt (vgl. Die Welt 23.09.2000; 26.09.2000, WWW). Auch aufgrund der neuen strategischen Ausrichtung wurde der Chemiebereich Condea an die südafrikanische Sasol Ltd. verkauft. RWE-Vorstandsvorsitzender Kuhnt begründet den Verkauf folgendermaßen:

„Die Veräußerung von Condea ist ein weiterer wichtiger Schritt zur klaren Fokussierung des Konzerns auf die Kerngeschäfte Energie und Umwelt“ (Die Welt 12.12.2000, WWW).

Schließlich entledigte man sich mit dem Verkauf von E-Plus und TeleColumbus noch des letzten Restes der Telekommunikationssparte. Auch dieser Verkauf wurde als Teil der Multi-Energy/Multi-Utility-Strategie interpretiert:

„Wir desinvestieren Nicht-Kerngeschäftsfelder. Die Telekommunikationsaktivitäten haben wir mit E-Plus und TeleColumbus nahezu vollständig veräußert. Bis zum Ende des laufenden Geschäftsjahres trennen wir uns von weiterem Umsatzvolumen in Höhe von 3 Mrd. €. Bis 2002/03 verkaufen wir außerdem nicht betriebsnotwendige Immobilien im Marktwert von 750 Mio. €“ (RWE AG Geschäftsbericht 99/00, S. 5).

Was Kuhnt hier angekündigt, wurde in die Tat umgesetzt. Allerdings wurde das Mineralölgeschäft der RWE-DEA als Kerngeschäft definiert und im Konzern behalten[42]. Andere Sparten des Konzerns wie Bau und Druckmaschinen wurden weiterhin als Finanzbeteiligungen interpretiert. Mit dieser Umwertung der Nicht-Kerngeschäftsfelder erreichte der Konzern in bezug auf die Diversifizierungsstrategie einen Status wie zu Beginn der achtziger Jahre.

„Das RWE galt noch in den achtziger Jahren als ‚Stromversorger mit interessanten Beteiligungen‘ (...) Die Unternehmen außerhalb des Strom- und Braunkohlenbereichs wurden nicht strategisch geführt, sondern als Finanzbeteiligungen gehalten, in deren Geschäft die Konzernmutter nicht eingriff“ (Heck 1998, S. 263).

---

[42] Allzu lange hatte diese Definition allerdings nicht bestand, denn im März 2001 gaben Shell und DEA bekannt, das Downstream Ölgeschäft in ein Gemeinschaftsunternehmen einzubringen. Ab 2004 wird der Planung nach Shell der Mehrheitseigentümer sein, geplant ist sogar die gesamte Übernahme des Gemeinschaftsunternehmens. Tankstellen und Raffinerien gehen also an die Deutsche Shell GmbH, der Bereich Erdölförderung soll allerdings bei RWE-DEA verbleiben (vgl. Die Welt, 28.03.2001; RWE-DEA Pressemitteilung, 28.03.2001, WWW).

Eine Ausnahme bildet hierbei die Entsorgungssparte, wobei diese aber nahe am ursprünglichen Kerngeschäft des RWE-Konzerns liegt. Anders verhält es sich, betrachtet man die Internationalisierung und das Wachstum des Konzernes insgesamt. Hier zeigt sich ein stark auf den europäischen Markt ausgerichtetes Wachstum, daß in erster Linie Größe zum Ziel hat. Deswegen kann auch die Fusion mit der VEW AG in diesem Kontext genannt werden:

„Zeitgleich mit der Liberalisierung haben die Internationalisierung und Konsolidierung des Energiesektors erheblich an Dynamik zugelegt. Übernahmen und Zusammenschlüsse sind an der Tagesordnung, um kritische Masse und Kompetenz für den Wettlauf um europäische Marktanteile zu erlangen" (RWE AG Geschäftsbericht 1999/2000, S. 4).

Mit den genannten Großakquisitionen scheint der Konzern diesem Ziel näher gerückt. Allerdings existieren in der Wirtschaftspresse Zweifel, ob das neben der Multi-Utility-Strategie genannte Ziel der Internationalisierung nicht zu wenig konsequent verfolgt wurde. Insbesondere die Strategien für Übersee und Asien / Pazifik werden kritisch betrachtet:

„Eon und RWE sollten sich statt der finanziell und zeitlich aufwändigen Umwege über Unternehmenskäufe in Großbritannien und Spanien vielmehr direkt in den USA oder Südamerika engagieren" (Handelsblatt 24.02.2001, S. 22).

Insgesamt bewertet Vorstandsvorsitzender Kuhnt den Internationalisierungskurs als richtig und möchte diesen forcieren, aber er benennt auch die Probleme:

„Von den Schlüsselmärkten Europas sind derzeit nur Spanien und Großbritannien sowie einzelne Länder Osteuropas lohnenswerte Ziele für Akquisitionen. Auch Nordamerika beobachten wir aktiv" (Dietmar Kuhnt, Handelsblatt 01.03. 2001, S. 20).

Gerade in Nordamerika gestaltete sich der Einstieg in den Energiemarkt der USA wegen des „Public Utility Holding Company Act" bis heute schwierig, da nur Zukäufe von Unternehmen zugelassen werden, deren Umsatz zu mehr als achtzig Prozent mit Strom erwirtschaftet wird.

Nach 1995 entwickelte der Konzern ein neues strategisches Konzept, welches im folgenden auch konsequent umgesetzt wurde. Dieses Konzept sah eine Abkehr vom diversifizierten Unternehmen vor, hin zu einem Konzern für Energien und Umweltdienstleistungen, der starke Internationalisierung und Größenwachstum anstrebt. Begründet wurde dieser deutliche Strategiewechsel mit der Änderung des marktpolitischen Rahmens in Deutschland und der Europäischen Union, insbesondere die Liberalisierung des Strommarktes ist hier hervorzuheben.

3. Allianz Holding AG

3.1. Situation 1985

Die Allianz Holding AG ist schon im Jahre 1985 ein Konzern mit internationaler Ausrichtung. Im quantitativen Datensatz der Beteiligungen finden sich zu diesem Zeitpunkt 18 inländische und 13 ausländische Beteiligungen. Auf Basis dieses Indikators ist relativ zu den inländischen Beteiligungen eine deutliche Internationalisierung zu konstatieren. Eine klare Verschiebung des Inland-Ausland-Verhältnisses zeigt die Betrachtung der Summe des Grundkapitals aller Beteiligungen im quantitativen Datensatz. Während die Summe des Grundkapitals im Inland 5.882,84 Mio. DM beträgt, beläuft sich die Summe im Ausland auf 819,14 Mio. DM. Dieser Indikator zeigt den Konzern als deutlich weniger internationalisiert. Bei Betrachtung der Beitragseinnahmen und ihrer Verteilung auf In- und Ausland wird die relativ niedrige Internationalisierungsquote des Grundkapitalindikators bestätigt. Beitragseinnahmen in Deutschland beliefen sich im Jahr 1985 auf 14.200 Mio. DM., ausländische Beitragseinnahmen hatten dagegen den Umfang von 3.178 Mio. DM.

Auch die Betrachtung der Indikatoren der Allianz Holding AG zeigt deutliche Unterschiede der Internationalisierungsstärke. Je nach Indikator ergibt sich ein Verhältnis inländischer zu ausländischer Geschäftstätigkeit von 4,5 : 1 (Beitragseinnahmen), 1,4 : 1 (Anzahl der Beteiligungen), und 7,2 : 1 (Summe des Grundkapitals).

Tabelle 3: Situation der Allianz Holding AG 1985

Internationalisierung:		
Anzahl inländischer Beteiligungen:	18	
Anzahl ausländischer Beteiligungen:	13	
Summe des Grundkapitals inländischer Beteiligungen:	5.882,84	Mio. DM
Summe des Grundkapitals ausländischer Beteiligungen:	819,14	Mio. DM
Beitragseinnahmen Deutschland	14.200	Mio. DM
Beitragseinnahmen Europa:	1.082,9	Mio. DM
Beitragseinnahmen übriges Ausland:	2.095,1	Mio. DM
Diversifizierung:		
Diversifizierungsgrad (Quantitativer Datensatz):	5*	
Beitragseinnahmenaufteilung		
Schaden-/Unfallversicherung	9.323,5	Mio. DM
Lebens-/Krankenversicherung	7.025,6	Mio. DM

Quelle: Geschäftsbericht Allianz Holding AG, eigene Berechnungen

*Da keine Unterschiede in der quantitativen Erhebung zwischen Portfolio- und Direktinvestitionen getroffen werden können, ergibt sich hier möglicherweise ein verzerrtes Ergebnis.

Im Jahre 1985 ist der Allianz-Konzern wenig diversifiziert. Dies zeigt sich weniger am Diversifizierungsindikator des quantitativen Datensatzes als an der Aufteilung der Beitragseinnahmen. Der Indikator des quantitativen Datensatzes ist hier insofern irreführend, als er auch Branchen miteinbezieht, in denen die Allianz Holding AG Portfolio-Investitionen hält. Den geringen Diversifizierungsgrad belegt auch folgendes Zitat:

„In der Allianz Versicherungs-AG sind derzeit unterschiedliche Funktionen zusammengefaßt: Die Gesellschaft betreibt ein umfangreiches Erstversicherungsgeschäft und ist als Rückversicherer ihrer Konzern- und Beteiligungsgesellschaften tätig. Ferner hält sie zahlreiche Beteiligungen an Versicherungsgesellschaften im In- und Ausland sowie an Unternehmen aus anderen Wirtschaftszweigen" (Allianz Holding AG Geschäftsbericht 1984, S. 11).

Die Unternehmenstätigkeit beschränkt sich auf das angestammte Versicherungsgeschäft und das Beteiligungs-Management.

3.2. Entwicklung zwischen 1985 und 1995

Die Entwicklung des Allianz-Konzerns wird wie zuvor in der Untersuchung der RWE AG auf drei Ebenen nachvollzogen. Zum einen werden die in den Geschäftsberichten erwähnten Leitlinien dargestellt und analysiert. Zum anderen sollen die Motive der Beteiligungen, Übernahmen und Neugründungen erläutert und belegt werden. Schließlich werden für das Jahr 1995 noch die Beitragseinnahmen sowie Anzahl der Beteiligungen, Summe des Grundkapitals der Beteiligungen und Diversifizierungsgrad aus dem Beteiligungsdatensatz dargestellt.

3.2.1. Strategische Leitlinien des Allianz-Konzerns

Wie bei Versicherungskonzernen nicht anders zu erwarten, verweist die Allianz Holding AG schon 1984 auf die Schwerpunkte der internationalen Geschäftstätigkeit bei ausländischen Tochtergesellschaften:

„Der weitaus größte Teil internationaler Aktivitäten wird über ausländische Tochtergesellschaften abgewickelt"(Allianz Holding AG Geschäftsbericht 1984, S. 17).

Internationalisierung bei Handel und Dienstleistungen ist im wesentlichen nur durch Neugründungen, Beteiligungen und Übernahmen denkbar. Die schon zu Beginn des Erhebungszeitraums vorhandene Internationalisierung soll sowohl in Europa als auch in den USA und Asien fortgesetzt und verstärkt werden:

„Den Schwerpunkt unserer Bemühungen außerhalb Europas bilden die USA, wo wir nach wie vor attraktive Expansionsmöglichkeiten bei stabilen politischen Rahmenbedingungen sehen. Auch in den Ländern des Fernen Ostens mit ihrem beträchtlichen Potential für zukünftige Entwicklungen streben wir eine Verstärkung unserer Marktposition an" (Allianz Holding AG Geschäftsbericht 1988, S. 27).

Wie schon im zuvor untersuchten Fall des RWE-Konzerns werden als wichtige Zielmärkte die USA und Asien benannt. Wirtschaftliche Dynamik und wachsende Märkte werden auch in späteren Geschäftsberichten noch in Asien gesehen und als Ziel der Expansion betrachtet:

„Unsere Chancen nutzen wollen wir auch in den noch weiter östlich liegenden Märkten Asiens. Die wirtschaftliche Dynamik vor allem in Fernost und Südostasien zieht immer mehr industrielle Investitionen an, für deren versicherungsmäßige Abdeckung wir als internationaler Industrieversicherer zur Verfügung stehen wollen. Zusätzlich bieten diese Märkte mit zunehmendem Wohlstand breiter Bevölkerungskreise ein höchst attraktives Entwicklungspo-

tential für privates und gewerbliches Geschäft. Wenn sie sich stärker als bisher für ausländische Anbieter öffnen, werden wir unsere Möglichkeiten über die bisherigen Aktivitäten in Japan, Hongkong, Singapur, Thailand und Indonesien hinaus konsequent nutzen" (Allianz Holding AG Geschäftsbericht 1993, S. 7).

Und weiter:

„Den Industriekunden der Allianz kam der weitere Ausbau der internationalen Präsenz der Gruppe zugute, insbesondere in Ost- und Mitteleuropa sowie in Asien. Die gezielte Expansion in die zukunftsträchtigen Märkte Südostasiens dient darüber hinaus der Sicherung profitablen Wachstums. Sie verspricht eine weitere Verbesserung des Risikoausgleichs durch internationale Diversifizierung"(Allianz Holding AG Geschäftsbericht 1993, S . 9).

Neben der Erschließung der Märkte wird als weiteres Motiv die Versorgung der Industriekunden, die in dieser Region tätig sind, genannt. Die eigentliche Erschließung der Märkte wird auch 1993 noch als „Entwicklungspotential" gesehen.

Der Expansion folgt innerhalb des Konzerns immer auch eine Integration der hinzugekauften Unternehmen, denn mit dem angestrebten Wachstum sollen auch Synergien genutzt und Kosten gespart werden, was die folgenden Zitate belegen:

„Daneben werden wir das ausländische Firmennetz der Allianz, RAS und Cornhill weiter integrieren, um Synergien zu nutzen. Insgesamt erwarten wir für unsere bereits etablierten ausländischen Gesellschaften zufriedenstellende Umsätze und Ergebnisse" (Allianz Holding AG Geschäftsbericht 1988, S. 27).

Und an anderer Stelle:

„Übernahmeversuche und Zusammenschlüsse zu größeren, effizienteren und kostengünstiger arbeitenden Gruppen sollen eine bessere Position im Wettbewerb verschaffen" (Allianz Holding AG Geschäftsbericht 1990, S. 17).

Es zeigt sich auch hier, daß mit einzelnen Neugründungen, Beteiligungen oder Übernahmen mehrere Ziele gleichzeitig verfolgt werden können. Sowohl die Erschließung der Märkte als auch Synergie- und Größeneffekte, also Motive der Effizienz, werden angestrebt.

Im weiteren Verlauf wird aus den Geschäftsberichten deutlich, daß Diversifizierung in andere Geschäftsbereiche nicht Teil der Strategie ist:

„Im Gegensatz zu den Versicherungsbeteiligungen, bei denen die Allianz in der Regel eine Kapitalmehrheit bzw. die unternehmerische Führung anstrebt, erfolgen Investitionen in anderen Beteiligungen ausschließlich aus reinen Kapitalanlageüberlegungen. Unternehmerischer Einfluß wird nicht ausgeübt. Die direkten Anteilsquoten liegen deshalb bis auf wenige Ausnahmen nicht wesentlich über zehn Prozent des gezeichneten Kapitals" (Allianz Holding AG Geschäftsbericht 1993, S. 33).

Beteiligungen des Allianz-Konzerns, die nicht im Versicherungsbereich getätigt werden, sind laut Geschäftsbericht ausschließlich Portfolio-Investitionen. Sie werden also nicht erworben, um die Geschäftstätigkeit in andere Geschäftsbereiche zu diversifizieren, sondern dienen als Kapitalanlagen, auf die kein unternehmerischer Einfluß genommen wird. Diese Haltung wird auch im Jahre 1994 noch einmal bestätigt:

„Angesichts des weltweit zunehmenden Konkurrenzdrucks und wachsender Risiken bleibt die Gruppe im Hinblick auf den Ausbau ihrer Wettbewerbsfähigkeit und Ertragskraft weiter gefordert. Die hier 1994 in fast allen Konzerngesellschaften erzielten Fortschritte werden zusätzliche Kräfte freisetzen. Dabei werden wir uns nach wie vor auf unsere Kerngeschäftsfelder konzentrieren und keine Politik der versicherungsfremden Diversifizierung verfolgen" (Allianz Holding AG Geschäftsbericht 1994, S. 6).

Als weiteres strategisches Ziel wird im Jahre 1993 die Erschließung sowohl des ostdeutschen Marktes als auch der mittel- und osteuropäischen Märkte genannt. In diesem Bereich werden große Wachstumschancen gesehen:

„Die größten Wachstumspotentiale sehen wir weiterhin im Osten. Ihre Erschließung bleibt unser strategisches Ziel, das wir seit Jahren bei der konsequent vorangetriebenen Umgestaltung der Deutschen Versicherung-AG in den neuen Bundesländern und der Hungaria in Ungarn sammeln, leisten uns bei dem weiteren Ausbau unseres Engagements in den Ländern Mittel- und Osteuropas unschätzbare Dienste"(Allianz Holding AG Geschäftsbericht 1993, S. 7).

Insgesamt bleibt die Erschließung neuer Märkte im Ausland ein wichtiges strategisches Ziel des Allianz-Konzerns:

„Schließlich bleibt auch die Gewinnung stabiler und zukunftsträchtiger Marktpositionen in den für uns wichtigen Ländern, in denen wir noch gar nicht oder nur unzureichend vertreten sind, ein Ziel mit hoher Priorität" (Allianz Holding AG Geschäftsbericht 1994, S. 7).

Abbildung 2: Strategische Leitlinien der Allianz Holding AG im Zeitverlauf

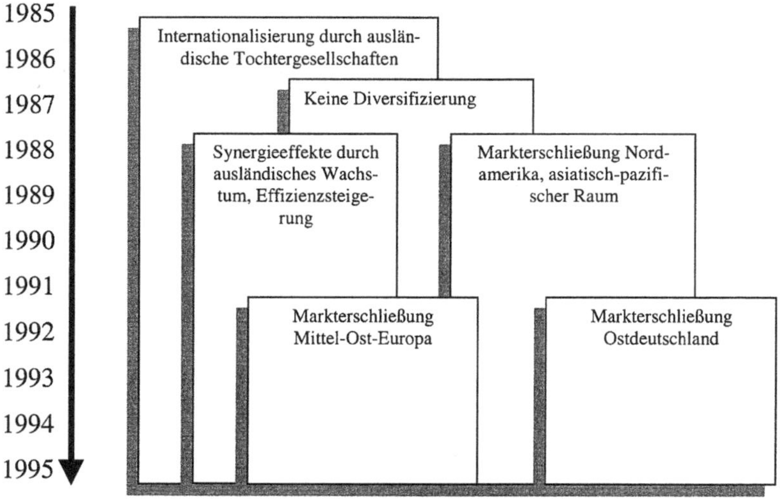

In Abbildung 2 sind die strategischen Leitlinien des Allianz-Konzerns im Zeitverlauf dargestellt. Auch hier wurde der Versuch gemacht, die propagierten strategischen Leitlinien hinsichtlich ihrer Erwähnung im Geschäftsbericht einzuordnen. Inwiefern die genannten strategischen Leitlinien in den Beteiligungen, Neugründungen und Übernahmen des Allianz-Konzerns ihre Entsprechung finden, wird im folgenden untersucht.

3.2.2. Motive der Beteiligungen, Neugründungen und Übernahmen des Allianz-Konzerns

Zwei der oben genannten Strategien, „Keine Diversifizierung" und „Internationalisierung durch ausländische Tochtergesellschaften", können nicht anhand der Motive überprüft werden. Die Strategie des Allianz-Konzerns, nicht zu diversifizieren, kann nur indirekt durch die Abwesenheit von Beteiligungen, Übernahmen und Neugründungen in anderen Bereichen nachgewiesen werden. Da hier nur Internationalisierung aufgrund von Beteiligungen, Übernahmen und Neugründungen untersucht wird, kann auch keine Aussage über das Verhältnis zu anderen Internationalisierungsformen getroffen werden.

Die strategische Leitlinie der Nutzung von Synergien und der Steigerung der Effizienz kann anhand eines Beispiels belegt und genauer erläutert werden. Zwei spanische Tochtergesellschaften des Allianz-Konzerns wurden in einer neuen, einzigen Tochtergesellschaft zusammengeführt. Aus Adriatica und Cresa wurde die Allianz RAS Seguros y Reaseguros S.A.:

„Für ein international expandierendes Unternehmen darf die konsequente Optimierungsarbeit im Hinblick auf Strukturen und Synergien bei ausländischen Unternehmenseinheiten keinen geringeren Stellenwert haben als das Eingehen neuer Engagements"(Allianz Holding AG Geschäftsbericht 1990, S. 9).

Den Akquisitionen von Unternehmen folgten zumeist Zusammenschlüsse innerhalb eines Landes. In diesem Fall wurden spanische Versicherungsunternehmen in Besitz des Allianz-Konzerns zusammengeführt zu einem neuen Unternehmen, welches zu einem späteren Zeitraum wiederum mit der Allianz Industrial fusionierte (vgl. Allianz Geschäftsbericht 1994, S. 31). Ziel war es, Synergien zu nutzen und höhere Effizienz zu erreichen. Diese Zusammenführung von Unternehmen in eine Gesellschaft oder unter dem Dach einer Holding konnte in der Schweiz sowie in Italien, Frankreich und Großbritannien beobachtet werden. In der Schweiz wurden alle Lebensversicherungsaktivitäten in der Allianz Cont. LV AG zusammengelegt (vgl. Allianz Geschäftsbericht 1992, S. 9). In Frankreich wurden die französischen Allianz-Gesellschaften mit den Unternehmen der Via/Rhin et Moselle-Gruppe unter dem Dach der neugegründeten Allianz Via Holding France zusammengeführt (vgl. Allianz Geschäftsbericht 1990, S. 9). In Großbritannien wurde im Jahre 1986 die Allianz (UK) Ltd. gegründet, die die neuerworbene Cornhill Insurance PLC sowie die Allianz International Insurance Company Ltd. und die Allianz Legal Protection Insurance Company Ltd. hält. In Italien fusionierten die Allianz Pace, Mailand, und die Unione Subalpina, Turin, zur Allianz Subalpina, Turin. Alle genannten Beispiele folgen demselben Muster der Zusammenführung der Unternehmen eines Landes unter einem Dach, wobei sowohl die zugekauften Unternehmen als auch die Allianz-Gesellschaften des Landes zusammengeführt werden, um Synergien zu nutzen und höhere Effizienz zu erreichen. Dies soll aber nicht darüber hinweg täuschen, daß die eigentlichen Akquisitionen als Motiv die Erschließung oder zumindest den erweiterten Zugang zu Märkten aufwiesen. Höhere Effizienz und die Nutzung von Synergien wurden erst in einem zweiten Schritt angestrebt.

Als weitere strategische Leitlinie wurde die Erschließung der Märkte Nordamerikas sowie Asiens genannt. Die Umsetzung dieser Leitlinie ist zumindest in Nordamerika in weiten Teilen gelungen. Als Beispiel dient hier die Akquisition der Fireman´s Fund Insurance Company, die folgendermaßen begründet wurde:

„Wir sehen uns damit einem unserer strategischen Ziele, auf allen bedeutenden und zukunftsträchtigen Versicherungsmärkten der Welt angemessen vertreten zu sein, erheblich nähergerückt“(Allianz Geschäftsbericht 1990, S. 8).

Und an anderer Stelle:

„Wichtiger ist vielleicht noch, daß die Allianz mit diesem bedeutenden und traditionsreichen Sachversicherer endlich eine auf Dauer tragfähige Position und landesweite Präsenz in dem größten Versicherungsmarkt der Welt erreicht hat“(Allianz Geschäftsbericht 1991, S. 9).

Mit dieser Akquisition hat der Allianz-Konzern das vorgegebene strategische Ziel der Erschließung des nordamerikanischen Marktes in die Tat umgesetzt. Die Vereinigten Staaten wurden damit zum größten Auslandsmarkt der Allianz. Mit der Erschließung verschiedener Märkte wird auch das Ziel der größeren Unabhängigkeit von Marktzyklen verfolgt:

„Der Ihnen vorgestellte Jahresabschluß zeigt eine veränderte Ergebnisstruktur, die sich hauptsächlich aus der weiter gestiegenen Internationalität unseres Geschäfts ergibt. Es wird darin aber auch deutlich, daß mit der stärkeren regionalen Diversifizierung der Ausgleich zwischen Märkten in unterschiedlichen Phasen ihrer Wachstums- und Ergebniszyklen immer mehr zu greifen beginnt“(Allianz Geschäftsbericht 1991, S. 9).

Während die Erschließung der Märkte Nordamerikas anhand der Geschäftsberichte gut nachgewiesen werden kann, ist dies für die Erschließung der Märkte Asiens nicht möglich. Dieses Ziel des Allianz-Konzerns ist bei weitem nicht so intensiv umgesetzt worden.

Schließlich wurden noch die Ziele „Erschließung des ostdeutschen Marktes“ und „Erschließung der Märkte Mittel- und Osteuropas“ in den Geschäftsberichten des Allianz-Konzerns identifiziert. In der Darstellung der strategischen Leitlinien wurde schon im dazu genannten Zitat auf die Existenz der Hungaria in Ungarn und der Deutsche Versicherungs-AG verwiesen:

„Die DVAG tritt in die bestehenden Verträge der Sach-, Haftpflicht- und Personenversicherungen mit Wirkung ab der auf den 30.6.1990 folgenden Beitragsfälligkeit ein“(Allianz Holding AG Geschäftsbericht 1989, S. 24).

Entscheidend ist hierbei weniger die Neugründung des Unternehmens, sondern die Übernahme sämtlicher bestehender Verträge in Ostdeutschland. Damit hatte der Allianz-Konzern den ostdeutschen Versicherungsmarkt übernommen und sich hervorragende Ausgangsbedingungen geschaffen. Das Ziel der Erschließung des ostdeutschen Marktes wurde somit konsequent verfolgt. Anders verhält es sich bei der Erschließung der mittel- und osteuropäischen Märkte. Hier kann außer der oben genannten Hungaria keine weitere Umsetzung dieses Ziels nachgewiesen werden. Die Umsetzung scheint hier deutlich weniger gelungen oder bis zum Ende des Untersuchungszeitraumes noch nicht so weit fortgeschritten wie im Falle Ostdeutschlands.

3.3. Situation 1995 des Allianz-Konzerns

Im Jahre 1995 erweist sich der Allianz-Konzern als stark internationalisiert, aber kaum diversifiziert. Während sich der Konzern also seit 1985 stark internationalisiert hat, ist er in bezug auf die Geschäftsinhalte im wesentlichen unverändert. Dies läßt sich anhand der in Tabelle 4 gezeigten Daten belegen. Der Datensatz der Beteiligungen, Übernahmen und Neugründungen weist im Jahre 1995 45 inländische und 65 ausländische Beteiligungen auf (1985: 18; 13). Der Allianz-Konzern hat insgesamt sehr stark expandiert, wobei das Wachstum im Ausland deutlich stärker ausgefallen ist. In bezug auf die Beteiligungen hat sich das Inland-Ausland-Verhältnis sogar umgekehrt (1985: 1,4 : 1 1995: 1 : 1,4). Diese Umkehrung des Inland-Ausland-Verhältnisses zeigt sich *nicht* bei Betrachtung der Summe des Grundkapitals der Beteiligungen. Die Summe des Grundkapitals aller Beteiligungen im Inland beträgt 54.175,84 Mio. DM (1985: 5.882,84 Mio. DM), im Ausland 34.225,67 Mio. DM (1985: 819,14 Mio. DM). Ebenso ist zu sehen, daß in- und ausländische Investitionen absolut sehr stark zunahmen, ausländische Beteiligungen aber relativ zu den inländischen Beteiligungen noch stärker forciert wurden (Inland-Ausland-Verhältnis: 1985: 7,2 : 1; 1995: 1,6 : 1), ein Übergewicht ausländischer Investitionen ist auf der Basis dieses Indikators aber nicht nachzuweisen. Offensichtlich sind die inländischen Beteiligungen im Durchschnitt größer als die ausländischen.

Tabelle 4: Situation der Allianz Holding AG 1995

Internationalisierung:		
Anzahl inländischer Beteiligungen:	45	
Anzahl ausländischer Beteiligungen:	65	
Summe des Grundkapitals inländischer Beteiligungen:	54.175,84	Mio. DM
Summe des Grundkapitals ausländischer Beteiligungen:	34.225,67	Mio. DM
Beitragseinnahmen Deutschland	38.976	Mio. DM
Beitragseinnahmen Europa:	21.232	Mio. DM
Beitragseinnahmen übriges Ausland:	10.340	Mio. DM
Diversifizierung:		
Diversifizierungsgrad (Quantitativer Datensatz):	7	
Beitragseinnahmenaufteilung:		
Schaden-/Unfallversicherung	40.386	Mio. DM
Lebens-/Krankenversicherung	30.162	Mio. DM

Quelle: Geschäftsbericht Allianz Holding AG, eigene Berechnungen

Auch bei Betrachtung der Beitragseinnahmen als Indikator der Internationalisierung können ähnliche Entwicklungen nachgewiesen werden. Im Jahre 1995 ergaben sich Beitragseinnahmen von 38976 Mio. DM im Inland (1985: 14.200 Mio. DM) und 31.572 Mio. DM im Ausland (1985: 3.178 Mio. DM). Insgesamt sind die Beitragseinnahmen im In- und Ausland also stark angestiegen, aber jene im Ausland stiegen stärker an. War das Verhältnis inländischer zu ausländischen Beitragseinnahmen im Jahre 1985 noch 4,5 zu 1, so sank es im Jahre 1995 auf 1,2 zu 1.

Für alle drei Indikatoren zeigt sich dieselbe Entwicklung in Richtung Expansion im In- und Ausland, sowie innerhalb dieses Gesamtwachstums ein stärkerer Anstieg der ausländischen im Vergleich zu den inländischen Investitionen. Es ist auch hier wie schon im Falle des RWE-Konzerns zu sehen, daß das Inland-Ausland-Verhältnis der drei Indikatoren konvergiert.

Am Ende des Erhebungszeitraumes ist der Allianz-Konzern weitestgehend nicht diversifiziert, das heißt, der Konzern ist wie zu Beginn der Erhebung im Jahre 1985 nur in der Versicherungsbranche tätig. Es muß auch hier wieder darauf hingewiesen werden, daß der Diversifizierungsindikator für den Allianz-Konzern insofern irreführend ist, als er auch die Branchen von Portfolioinvestitionen miteinbezieht. Die Aufteilung der Beitragseinnahmen zwischen Schaden-/Unfallversicherung und Lebens-Krankenversicherung hat sich im Erhebungszeitraum nur unerheblich verändert.

3.4. Zusammenfassung Allianz-Konzern

Der Entwicklungspfad des Allianz-Konzerns ist anhand der oben dargestellten Analysen klar geworden. Ausgangspunkt ist ein internationalisierter Konzern, der nicht diversifiziert ist.

Entwicklung der Diversifizierung

In den Geschäftsberichten finden sich Aussagen zu einer ablehnenden Haltung gegenüber jeglicher Diversifizierung in versicherungsfremde Bereiche. Die Untersuchung der Beteiligungen, Neugründungen und Übernahmen läßt den Schluß zu, daß diese Strategie der „Nicht-Diversifizierung“ konsequent eingehalten wurde. Es finden sich keine Beteiligungen, die auf Diversifizierung schließen lassen. Auch die Aufteilung der Beitragseinnahmen verweist in diese Richtung.

Entwicklung der Internationalisierung

In bezug auf die Internationalisierung wurden neben der nicht mehr erwähnten Erschließung der Märkte Westeuropas, die der Märkte Mittel-Ost-Europas, Nordamerikas und Asiens propagiert. Die Erschließung des US-amerikanischen Marktes wurde konsequent umgesetzt, was sich in der Relevanz dieses Marktes im Geschäft des Allianz-Konzerns niederschlug. Die Erschließung der Märkte des asiatisch-pazifischen Raumes konnte dagegen sowohl in den Geschäftsberichten als auch im Datensatz der Beteiligungen nicht nachgewiesen werden. Hier wurde das strategische Ziel offensichtlich nicht umgesetzt. Ähnliches gilt für die Erschließung der Märkte Mittel- und Osteuropas. In diesem Fall konnte nur eine einzige Beteiligung in den Geschäftsberichten gefunden werden. Auch die Umsetzung dieses strategischen Zieles hat sich zumindest verzögert. Insgesamt hat der Allianz-Konzern eine starke Internationalisierung durchlaufen, die sich aber auf Nordamerika, Südamerika und Westeuropa konzentrierte. Insbesondere in Westeuropa wurden im Erhebungszeitraum überdurchschnittlich viele Beteiligungen erworben.

Der Allianz-Konzern hat sich im Erhebungszeitraum von einem mäßig internationalisierten zu einem sehr stark internationalisierten Konzern entwickelt. Der Konzern war am Anfang wie am Ende des Erhebungszeitraumes nicht diversifiziert.

3.5. Weitere Entwicklung des Allianz-Konzerns

Der Allianz-Konzern hat die oben aufgezeigten strategischen Leitlinien zum Teil weiter verfolgt, zum Teil verändert oder verworfen und fügte noch andere hinzu. Im Geschäftsbericht 1999 werden fünf strategische Ziele benannt, die der Konzern verfolgt und in der Vergangenheit verfolgt hat.

1. Der Konzern soll in wichtigen Märkten zu den ersten fünf Anbietern gehören oder führend in Spezialmärkten sein.
2. In den aufstrebenden Märkten soll der Konzern sich als einer der führenden ausländischen Versicherer etablieren.
3. Das Lebens- und Krankenversicherungsgeschäft soll zügig ausgebaut werden.
4. Der Konzern strebt eine Spitzenstellung im internationalen Industrieversicherungsgeschäft an.
5. Das Asset Management soll zu einem neuen Kerngeschäftsfeld ausgebaut werden (vgl. Allianz Holding AG Geschäftsbericht 1999, S. 18ff.).

Internationalisierungsstrategien

Die ersten vier genannten Ziele können im weitesten Sinn als Internationalisierungsstrategien in verschiedenen Bereichen des Versicherungswesens betrachtet werden, die sich schon in den Strategien des Untersuchungszeitraumes nachweisen ließen. Auch nach 1995 wurde das Ziel der Erschließung und der stärkeren Präsenz auf den Märkten Nordamerikas und im asiatisch-pazifischen Raum propagiert und umgesetzt. Allerdings bezieht der Vorstandsvorsitzende Schulte-Noelle das Engagement im Ausland nicht ausschließlich auf die Versicherungsaktivitäten des Unternehmens:

„Von der Globalisierung profitieren wir in erster Linie mit unseren internationalen Versicherungsaktivitäten. Aber natürlich nutzt auch die Globalisierung der Kapitalmärkte, da sie uns zusätzliche Anlagemöglichkeiten einräumt. So haben wir das Problem, daß wir in Deutschland nicht genügend Möglichkeiten haben, um in zukunftszugewandte Branchen zu investieren. Solche Unternehmen

haben hier einfach nicht den geeigneten Nährboden" (Die Zeit 05.07.1996, S. 17).

Im weiteren Verlauf wurde die Internationalisierung des Konzerns weiter anhand von Akquisitionen vorangetrieben. Die vollständige Übernahme der Allianz Via Holding France erfolgte Anfang 1997 durch den Erwerb der restlichen 34 Prozent des Unternehmens von der Compagnie de Navigation Mixte (vgl. FAZ 25.01.1997, S. 21). Die spektakulärste und bis dahin größte Übernahme gelang allerdings 1998 mit dem Kauf der AGF Assecurance Generales de France S.A.. Mit dieser Akquisition wurde die Allianz zum größten Versicherer der Welt (vgl. FAZ 22.12.1997, S. 17). Dem Zuschlag ging allerdings ein heftiges Ringen um den drittgrößten französischen Versicherungskonzern voraus, denn neben der Allianz hatte auch die italienische Assicurazioni Generali SpA aus Triest ihr Interesse bekundet. Nach längeren Verhandlungen einigten sich die Kontrahenten und der zu übernehmende Konzern auf eine Übernahme durch den Allianz-Konzern, wobei AGF und Allianz aber im Gegenzug zusicherten, ihre Anteile an der AMB Aachener-und-Münchener-Gruppe an Generali zu veräußern und dem italienischen Konzern damit eine bedeutende Position auf dem deutschen Markt zu ermöglichen (vgl. FAZ 22.12.1997, S. 17). Mit dem Erwerb rückte die Allianz zusammen mit der von der AGF erworbenen Versicherung Athéna sowie der bisherigen Tochtergesellschaft Alliance France auf Platz 2 des französischen Versicherungsmarktes hinter Axa-UAP vor. Dies entsprach dem von Schulte-Noelle propagierten Ziel *„an jedem Markt unter den fünf besten Anbietern (zu) rangieren oder zumindest in einer Nische führend zu sein" (FAZ 11.07.1997, S. 19).* Der Erwerb von 51 Prozent der Anteile an der AGF war der teuerste Unternehmenserwerb der Allianz-Geschichte (30,4 Milliarden Franc). Die freundliche Übernahme sah relativ große Selbständigkeit der AGF vor, wobei sie auch die Führungsgesellschaft für Frankreich, die Beneluxstaaten, Lateinamerika, Afrika und den Mittleren Osten im Allianz-Konzern werden sollte, wie der Präsident der AGF, Antoine Jeancourt-Galigniani, mitteilte (vgl. FAZ 17.04.1998, S. 20). Der Allianz-Konzern legte wie schon bei RAS in Italien und Cornhill in England wert auf den Erhalt der eingeführten Marke der Tochtergesellschaften, Schulte-Noelle spricht von einer *„multilokalen Unternehmensgruppe" (FAZ 29.05.1998, S. 28).*

Wie bei früheren Akquisitionen auch, folgte dem Kauf die Neuordnung der Beteiligungen. So übernahm die britische Cornhill das Industrie- und Gewerbeversicherungsgeschäft der AGF in Großbritannien. Auch in Portugal, Polen, Kanada und Griechenland wurden die Gesellschaften der Allianz und der AGF fusioniert (vgl. FAZ 22.06.1998, S. 23). Dies deckt sich mit den oben gefundenen Entwicklungen der früheren Jahre. Der Akquisition von Unternehmen folgte zumeist die Fusion der „doppelt" vorhandenen Unternehmen des akquirierten Unternehmens und der Allianz bzw. ihrer Tochtergesellschaften.

Eine wichtige Akquisition für den amerikanischen Markt war die fünfunddreißigprozentige Beteiligung der Tochtergesellschaft Allianz Life Insurance Co. of North America, Minneapolis, an der Life USA Holding Inc., die ein auf Pflegeversicherungen spezialisierter Lebensversicherer ist. Mit dieser Akquisition wurde die Marktposition in Amerika verstärkt (vgl. FAZ 17.01.1998, S. 20). Auch auf dem asiatisch-pazifischen Markt wurden weitere, allerdings kleinere, Akquisitionen zur Erschließung des Marktes unternommen. In Südkorea wurde eine einundfünfzigprozentige Beteiligung an der First Life Insurance Co. erworben. Zum Zwecke der Erschließung des taiwanesischen Marktes wurde mit dem taiwanesischen Mischkonzern President Group ein Gemeinschaftsunternehmen gegründet und gleichzeitig Anteile an zwei Versicherungsgesellschaften in Taiwan erworben (vgl. FAZ 04.06.1999, S. 19). Allerdings stellt die FAZ auch im Juni 1999 noch fest, „... *im Grunde genommen ist der Konzern ein kontinentaleuropäisches Unternehmen" (FAZ 08.07.1999, S. 26).*

Aus der Situation im Jahre 1985 resultiert das relativ niedrig gesteckte Ziel des Allianz-Konzerns für die Region Asien-Pazifik, wonach bis Jahresende 2000 drei Prozent der gesamten Prämieneinnahmen der Gruppe aus dieser Region stammen sollten (vgl. FAZ 11.05.1999, S. 28). Bei Betrachtung der Verteilung der Prämieneinnahmen des Jahres 1999 zeigt sich, daß der Anteil von einem Prozent im Jahre 1998 auf 2,4 Prozent angestiegen ist. Wie stark der Konzern aber weiterhin in Europa verhaftet ist, zeigt der europäische Anteil von 82,5 Prozent inklusive Deutschland (40,8 %). Der zweitgrößte Anteil an den Prämieneinnahmen wurde in Nord- und Südamerika erwirtschaftet (15,1 %) (vgl. Allianz Geschäftsbericht 1999, S. 13). Der Konzern sieht sich in bezug auf das erstgenannte Ziel, zu den ersten fünf Anbietern der wichtigen Märkte zu gehören, zumindest in Europa auf dem richtigen Weg:

In 13 Ländern Europas haben wir dieses Ziel bereits erreicht. Der entscheidende Fortschritt 1999 war die erfolgreiche Integration der AGF Gruppe, die inzwischen nahezu abgeschlossen ist. Geräuschlos passten wir in den verschiedenen Märkten unsere Strukturen an die neue Gruppendimension an. Jetzt sind wir in Bezug auf Effizienz, Verkaufspotenzial und Motivation der lokalen Führungs- und Mitarbeiterteams wie vorgesehen ausgerichtet. Wir können uns nun in unserem europäischen Heimatmarkt ganz auf Wachstum und Mehrwert konzentrieren (Allianz Geschäftsbericht 1999, S. 13).

Auch in puncto Erschließung der aufstrebenden Märkte sieht der Konzern im Geschäftsbericht Fortschritte, wobei diese sich allerdings in engen Grenzen halten. Zusätzlich zu den oben beschriebenen Zukäufen in Taiwan und Korea wird noch auf den Auf- und Ausbau des Autoversicherungsgeschäftes in Tschechien verwiesen (vgl. Allianz Geschäftsbericht 1999, S. 14). Insgesamt muß aber attestiert werden, daß dieses Ziel noch nicht annähernd erfüllt ist.

Das dritte genannte Ziel, der Ausbaus des Lebens- und Krankenversicherungsgeschäftes, wurde vor allem in Nordamerika verfolgt. Im Geschäftsbericht hervorgehoben wird der Zukauf der Anteile an LifeUSA, der oben schon beschrieben wurde. Vor allem der internationale Ausbau, insbesondere in den USA, ist damit gelungen (vgl. Allianz Geschäftsbericht 1999, S. 13). Das letzte genannte Ziel in diesem Zusammenhang, der Ausbau des internationalen Industrieversicherungsgeschäftes, wird qualitativ interpretiert. In erster Linie wurden die Strukturen des Konzerns gestrafft und einzelne Unternehmensteile gebündelt (vgl. Allianz Geschäftsbericht 1999, S. 19).

Vermögensverwaltung als Kernkompetenz
Neben der Fortsetzung der Internationalisierung des Konzerns wurde im Geschäftsbericht des Jahres 1999 eine weitere zentrale strategische Entscheidung benannt, die Erweiterung der Kernkompetenzen des Konzerns um den Bereich Vermögensverwaltung d.h., der Konzern wollte *„auch Vermögen für Kunden, die nicht Versicherungskunden sind, in größerem Stil verwalten und dies zu einem Kerngeschäft ausbauen“ (FAZ 11.07.1997, S. 15).*

Mit der Entscheidung für den Einstieg in den Bereich Vermögensverwaltung rückten die Geschäftstätigkeit von Banken und Versicherungen enger zusammen:

„Sowohl Banken als auch Versicherer haben die Vermögensanlage zum Geschäft der Zukunft erklärt, die beiden einstmals so unterschiedlichen Zweige des Geldgewerbes ‚treffen hier frontal zusammen', sagt Breuer (Vorstandsvorsitzender der Deutschen Bank, Anm. S.Sch.). Wer das Vermögen der Kunden am besten mehrt, entscheidet den Wettbewerb für sich“ (Der Spiegel 31/1997, S. 68).

Zur Bestellung des Vermögensverwaltungsgeschäftes wurde Mitte des Jahres 1997 angekündigt, die Allianz Asset Management GmbH (AAM) zu gründen, die Mitte 1998 die Arbeit aufnehmen sollte. Aufgabe der AAM war zum einen das Management der Wertpapieranlagen der in- und ausländischen Allianz-Versicherungsgesellschaften, sowie zum anderen ein nach außen gerichtetes Vermögensverwaltungsgeschäft für Dritte. Im November des Jahres 1997 wurde die Augsburger Aktienbank übernommen, insbesondere um deren Vertriebswege für das Vermögensverwaltungsgeschäft zu nutzen (FAZ 11.11.1997, S. 28). In einem weiteren Schritt gründete der Konzern die Allianz Capital Partners GmbH, um Finanzierungslösungen für nicht an der Börse notierte Unternehmen anbieten zu können:

„Die Allianz Capital Partners GmbH paßt zur relativ neuen Strategie der Allianz, über das eigentliche Versicherungsgeschäft hinaus Finanzdienstleistungen anzubieten, und zwar dort, wo die Allianz bereits Kompetenzen erlangt hat“ (FAZ 04.02.1998, S. 23).

Im Zuge der weiteren Erschließung des Geschäftsbereiches wurde zudem ein Gemeinschaftsunternehmen mit der Dresdner Bank gegründet, welches die Kooperation im Vermögensverwaltungsgeschäft verstärken sollte. Trotz der Kooperation in der ADAM Service GmbH wurden weiterhin die jeweiligen Markennamen erhalten (vgl. FAZ 22.09.1998, S. 23).

Waren die bisher dargelegten Schritte zum Aufbau des Vermögensverwaltungsbereiches national geprägt, so wird mit der Übernahme des amerikanischen Vermögensverwalters PIMCO Advisors L.P., Newport Beach/Kalifornien nun die internationale Erweiterung vorangetrieben. Schulte-Noelle bezeichnete PIMCO als wichtige strategische Brücke in die Vereinigten Staaten. Des weiteren könne das Wissen von PIMCO sehr gut mit der Vertriebskraft der Allianz in Europa verbunden werden (vgl. FAZ 02.11.1999, S. 24). Der Vorstandsvorsitzende begründete die Akquisition des weiteren mit Skalen- und Verbundeffekten, die insbesondere in der internationalen Vermögensverwaltung durch Unternehmensgröße zu erzielen wären. Zusätzlich wird als Begründung für den Kauf das enorme Wachstumspotential in diesem Segment genannt:

„Die Allianz steht für profitables Wachstum. Im Berichtsjahr erhöhten wir das Ergebnis pro Aktie um 21,5 Prozent. Wir haben uns fünf Ziele gesetzt, die uns auf diesem Kurs strategisch leiten. Im Geschäftsjahr 1999 gelang uns mit dem Erwerb der renommierten Fondsgesellschaft PIMCO ein großer Schritt im Asset Management. Zusammen können wir nun diesen Wachstumsmarkt bedienen und damit unseren Unternehmenswert dauerhaft mehren" (Allianz Holding AG Geschäftsbericht 1999, S. 18).

Mit dem Kauf von PIMCO wurde die Allianz zum sechstgrößten Vermögensverwalter der Welt, gemessen am verwalteten Vermögen. (vgl. FAZ 02.11.1999, S. 24). Ein knappes Jahr später vermeldete die Allianz eine weitere Akquisition in den USA zur Stärkung des Vermögensverwaltungsgeschäftes, die Übernahme der Nicholas-Applegate, San Diego. Dieses Unternehmen ist ein privater Vermögensverwalter, der amerikanische, internationale sowie Investmentfonds aus emerging markets verwaltet. Mit dieser Akquisition wurde eine weitere Stärkung des neuen Geschäftsbereiches erzielt, sowohl global als auch insbesondere auf dem amerikanischen Markt. Joachim Faber, im Vorstand der Allianz zuständig für das Asset Management, beschreibt die Gründe folgendermaßen:

„Durch den Erwerb von Nicholas-Applegate bauen wir unsere Position unter den ersten zehn Vermögensverwaltern der Welt weiter aus. Mit Nicholas-Applegate bekommen wir in den USA auf der Aktienseite eine ideale Verstärkung (...) Das ist für uns eine perfekte Ergänzung zu PIMCO im festverzinslichen Bereich. Das Know-how von Nicholas-Applegate werden wir so schnell wie möglich in Allianz-Produkte einfließen lassen. Davon werden unsere privaten und institutionellen Kunden gleichermaßen profitieren" (Allianz Pressemitteilung, 18.10.2000, WWW).

Das Ziel des Ausbaus eines neuen Kerngeschäftes Vermögensverwaltung ist damit in relativ kurzer Zeit gelungen, weltweit verwaltete der Allianz-Konzern im Jahre 2000 750 Milliarden Euro und war damit unter den zehn größten Vermögensverwaltern der Welt.

Übernahme der Dresdner Bank

Ein weiterer zentraler Schritt war die Übernahme der Dresdner Bank durch den Allianz-Konzern. Neben der immensen Stärkung des Vermögensverwaltungsgeschäftes galt insbesondere der Erwerb von weiteren Vertriebskanälen als Anreiz zur Akquisition der Dresdner Bank. Des weiteren sahen die Konzerne im Angebot der Finanzdienstleistungen für Firmenkunden Potential:

„Firmenkunden beider Häuser haben künftig Zugang zu sämtlichen Dienstleistungen aus den Bereichen Versicherung und Bank: Von den klassischen Bankprodukten der Industrie- und Kreditversicherung über die betriebliche Altersvorsorge bis hin zu den Kapitalmarktprodukten aus dem Investmentbanking" (Allianz Pressemitteilung, 01.04.2001, WWW).

Gerade das Investmentbanking sollte innerhalb des Konzerns möglichst eigenständig agieren, um später einen Börsengang dieser Sparte möglich zu machen. Neben diesen naheliegenden operativen Gründen für die Übernahme gab es noch weitere triftige Gründe für die Akquisition. Zum einen galten die beiden gescheiterten Fusionsversuche der Dresdner Bank mit der Deutschen Bank und anschließend mit der Commerzbank als treibend für die Übernahme der Dresdner Bank durch die Allianz, da der Allianz-Konzern als größter Aktionär der Dresdner Bank großes Interesse an einer wirtschaftlichen Weiterentwicklung der Dresdner hatte. Zum anderen gab es handfeste politische Gründe, die für eine Übernahme der Dresdner Bank sprachen. Die geplante Rentenreform mit dem Kernstück der privaten kapitalgedeckten Altersvorsorge führte zu der Annahme, daß in diesem Bereich ein Markt mit hohen Wachstumsraten zu erwarten ist. Im Wettbewerb um die geschätzten 300 Milliarden Mark, die Bürger und Bürgerinnen mit staatlichen Förderungen in diesem Bereich investieren werden, sind die Filialen der Dresdner Bank sowie die Möglichkeit, den 17 Millionen Versicherungskunden der Allianz Fonds und Kredite der Dresdner Bank anzubieten ein großer Vorteil (vgl. Der Spiegel 14/2001, WWW). Diese politische Entscheidung kann als ausschlaggebend für die Übernahme der Dresdner Bank angesehen werden.

Eine weitere politische Maßnahme, die von allen Beteiligten und Kommentierenden als zentral für das Zustandekommen dieses Geschäftes angesehen wurde, war die Abschaffung der Besteuerung von Veräußerungsgewinnen. Nach Meinung Schulte-Noelles wurden *„damit Kräfte freigesetzt, die nur darauf warten, sich voll zu entfalten“ (FAZ, 3.4.2001, S. 22).* Tags zuvor betonte der Vorstandsvorsitzende der Allianz AG im heute-journal vom 2. April 2001, daß es *„ganz klar nicht dazu gekommen“*[43] wäre , wenn es diese neue Gesetzgebung nicht gegeben hätte. Zwei politische Maßnahmen waren in diesem Falle also zentral für die Entscheidung für die Akquisition, da sie günstige Rahmenbedingungen für den Kauf geschaffen haben, diesen so lukrativ erscheinen ließen.

Die Übernahme der Dresdner Bank durch die Allianz ist schon über ein Jahrzehnt lange Objekt von Spekulationen gewesen, zumal die Allianz schon lange Zeit ein Anteilspaket an der Bank von cirka 20 Prozent hielt. Zudem gab es tatsächlich schon Anfang der neunziger Jahre einen Versuch der Übernahme, der allerdings vom Kartellamt unterbunden wurde (vgl. FTD 30.3.2001, WWW). Auch in jüngerer Zeit wurde aufgrund der vorhandenen Beteiligung regelmäßig spekuliert, ob es zu einer Übernahme käme, was aber immer vom Vorstand dementiert wurde:

> *„Eine mehrheitliche Übernahme einer deutschen Großbank aber schloß er (Henning Schulte-Noelle, Anm. S.Sch) jetzt eindeutig und erstmals in dieser Klarheit aus. Man müsse keine Bank kaufen, um das sogenannte Asset-Management betreiben zu können“ (FAZ, 09.10.1997, S. 24).*

Auch nach der oben beschriebenen Kooperation zwischen Allianz und Dresdner Bank im Vermögensverwaltungsgeschäft wurde zunehmend spekuliert, ob sich eine Übernahme anbahnt, im weiteren wurden diese Spekulationen aber von

[43] Gemeint ist die Übernahme der Dresdner Bank.

den Versuchen, Deutsche Bank und Dresdner Bank, sowie später Commerzbank und Dresdner Bank, zu fusionieren, abgelöst.

Im neuen Konzern wurden sieben Geschäftsbereiche etabliert, wobei für den Allianz-Konzern die Bereiche Financial Services und Dresdner Kleinwort Wasserstein neu hinzukamen. Ob der Bereich Investmentbanking auf lange Sicht im Konzern verbleibt, scheint fraglich, der Verkauf dieses Bereichs wurde aber von Schulte-Noelle vehement abgestritten:

„Nichts wird abgestoßen, nichts wird zerlegt und weitergereicht. Es gibt auch im Firmenkundenbereich viel Potenzial für eine Zusammenarbeit. Die Allianz hat rund zwei Millionen Firmenkunden die Dresdner Bank rund 165.000, und viele interessieren sich für das Thema betriebliche Altersvorsorge, die mit der Rentenreform enorme Bedeutung gewinnt. Bank und Versicherung haben, wenn sie ihr Zusammenspiel gut organisieren, gerade den Firmenkunden viel zu bieten“ (Der Spiegel 15/2001, WWW).

Für die Zukunft des fusionierten Konzerns sind zwei Szenarien denkbar, zum einen die offizielle Version der Vorstände, ausgedrückt von Leonhard Fischer, Vorstand der Dresdner Bank:

„Wir positionieren uns als ein kompletter Finanzdienstleister, der den Kunden ins Zentrum des Geschäftes stellt. Wir bieten eine optimale Distributionsbreite über alle Kanäle und ein sehr gutes Produkt-Know-how. Damit tragen wir den veränderten Wünschen der deutschen Sparer Rechnung. Denn die Grenzen zwischen dem herkömmlichen Bank- und Versicherungsgeschäft sind längst aufgebrochen“ (Manager-Magazin, 02.04.2001, www).

Zum anderen gibt es die folgende, aus Perspektive des Autors wahrscheinliche Variante:

„Allianz und Dresdner Bank werden einen globalen Versicherungs- und Vermögensverwaltungskonzern mit angehängter ‚europäischer Beraterbank' bilden“ (FAZ, 3.4.2001, S. 17).

Es bleibt also abzuwarten, ob neben den Kernbereichen des vormaligen Allianz-Konzerns, Versicherung und Vermögensverwaltung, Platz für das Bankgeschäft der Dresdner bleibt, oder ob es nur ein Schattendasein fristet. Der Erhalt innerhalb des Konzerns scheint aber sicher, da die Filialen als Distributionskanäle ein zentraler Grund für den Erwerb der Dresdner Bank waren.

4. Resümee

In Teil C wurden zwei Konzerne auf ihre Entwicklung bezüglich Internationalisierung und Diversifizierung hin untersucht. Dabei lag der Schwerpunkt sowohl auf den strategischen Leitlinien als auch auf der tatsächlichen Umsetzung dieser durch Beteiligungen, Übernahmen und Neugründungen. Für die Analyse ausgewählt wurden der RWE-Konzern und der Allianz-Konzern. Im weiteren wird zuerst eine Typologie erstellt, die Konzerne auf einer gedachten Ebene, aufgespannt von Diversifizierung auf der einen, und Internationalisierung auf der anderen Seite, verorten soll. Um deutlich zu machen, zwischen welchen Eckpunkten sich die Entwicklung der Konzerne bewegt, werden im folgenden vier Idealtypen deutscher Konzerne genauer dargestellt[44], anschließend werden die Fallbeispiele darin verortet.

Trägt man in einem Koordinatensystem an der X-Achse den Grad der Internationalisierung und an der Y-Achse den Grad der Diversifizierung an, so kann man deutlich machen, welche Typen das Koordinatensystem „begrenzen“. Des weiteren kann man die möglichen Entwicklungspfade deutscher Konzerne zwischen diesen Typen aufzeigen (Abbildung 3).

Abbildung 3: Idealtypen deutscher Konzerne und Entwicklungspfade

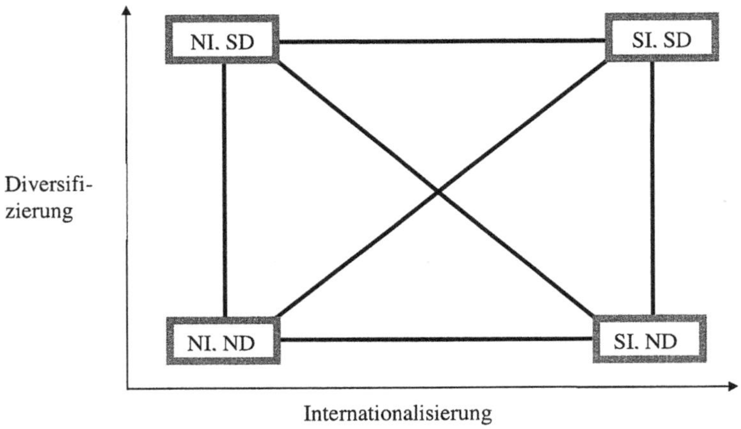

Alle Konzerne können also zwischen den Idealtypen

a) nicht internationalisiert, nicht diversifiziert (NI,ND)

b) stark internationalisiert, nicht diversifiziert (SI,ND)

c) nicht internationalisiert, stark diversifiziert (NI,SD)

und

d) stark internationalisiert, stark diversifiziert (SI,SD)

verortet werden.

---

[44] Es wird hier bewußt auf ein verkomplizierendes Zurückgreifen auf schon vorhandene Typologien der Internationalisierung und Diversifizierung verzichtet. Es geht hier lediglich um die Verdeutlichung des Verlaufs der Entwicklung der Konzerne, nicht um eine exakte Benennung. Für Typen der Internationalisierung sei in erster Linie auf Bartlett/Goshal 1989 verwiesen. In ihrer Typologie werden vier Typen von Unternehmen entwickelt. Die Verwendung dieser Typen ist aber keineswegs einheitlich (vgl. Hassel et al. 2000). Selbiges gilt für die Diversifizierung, auch hier wird nicht auf vorhandene Typologien zurückgegriffen. Denkbar wäre hier z.B. Chandler (1993), Rumelt (1974), Wrigley (1970), Ramanujam, V. and Varadajun, P. (1989) oder Markides (1995).

Anhand dieser Typologie sind auch die Entwicklungspfade von Konzernen nachvollziehbar. Als **Entwicklungspfad** soll die Entwicklung eines Konzerns über die Zeit von einem Typus zum anderen gelten. Ersichtlich werden soll, wie ein Konzern sich innerhalb dieser Eckpunkte über den Erhebungszeitraum entwickelt hat. Um ein genaueres Bild davon zu haben, zwischen welchen Extrema die Konzerne verortet werden, erscheint eine genauere Beschreibung der vier Idealtypen angebracht. Dabei soll auch Bezug genommen werden auf die Strategie dieser idealtypischen Konzerne.

1.) **Der nationale Ein-Branchen-Konzern (NEBK)**
Der NEBK zeichnet sich durch nationale Produktion innerhalb einer Branche aus. Als Absatzmarkt dient nur das Inland. Der Konzern produziert nur, was innerhalb seiner „Kernkompetenzen“ liegt. Umsatz wird nur im Inland erzielt, Beschäftigte existieren nur im Inland. Die Strategie des Konzerns beschränkt sich auf Wachstum im Inland. Beteiligungen werden nur im Inland erworben. Der Konzern ist weder internationalisiert noch diversifiziert.

2.) **Der internationale Ein-Branchen-Konzern (IEBK)**
Ein Konzern dieses Typs produziert auch nur in einer Branche, aber Produktion und Umsatz sind über die ganze Welt verteilt. Beschäftigung und Umsatz sind nur noch zu einem kleinen Teil in Deutschland. Die Strategie des Konzerns ist Produktion und Verkauf in der ganzen Welt, aber nur innerhalb der Kernbranche. Beteiligungen werden im In- und Ausland erworben. Der Konzern ist stark internationalisiert, nicht aber diversifiziert.

3.) **Der nationale Mehr-Branchen-Konzern (NMBK)**
Der NMBK beschäftigt nur innerhalb Deutschlands Personen. Der Umsatz wird auch nur national erwirtschaftet. Der Konzern arbeitet in mehreren voneinander unabhängigen Branchen. Die Strategie des Konzerns ist Diversifizierung, die Bildung eines Mischkonzerns, der verschiedene Standbeine in voneinander unabhängigen Branchen hat, sich aber auf den nationalen Markt konzentriert. Beteiligungen werden im Inland erworben. Der Konzern ist nicht internationalisiert, aber engagiert sich in mehreren voneinander unabhängigen Branchen.

4.) **Der internationale Mehr-Branchen-Konzern (IMBK)**
Der IMBK produziert und verkauft weltweit. Absatz und Beschäftigung sind nur noch zu einem kleinen Teil in Deutschland. Die Strategie des Konzerns sieht eine Muttergesellschaft im Inland vor, zudem gibt es aber eigenständige Gesellschaften in den verschiedenen Weltregionen. Es handelt sich um einen Mischkonzern, der Konzern steht also auf mehreren Standbeinen in voneinander unabhängigen Branchen. Beteiligungen werden im In- und Ausland zugekauft. Der Konzern ist stark internationalisiert, nur noch ein kleiner Teil des Umsatzes wird in Deutschland erzielt. Er ist stark diversifiziert, es ist kein Kernbereich mehr zu erkennen, Umsatz und Beschäftigung sind in mehreren unabhängigen Branchen angesiedelt.

Innerhalb dieser vier Idealtypen werden die beiden untersuchten Konzerne eingeordnet. Da die Entwicklung von 1985 bis zum Jahre 1995 Gegenstand der Untersuchung war, und darüber hinaus noch ein Ausblick der weiteren Entwicklung gegeben wurde, ist ein Entwicklungspfad innerhalb des weiter oben beschriebenen Koordinatensystems skizzierbar, wie für die zwei untersuchten Konzerne in Abbildung 4 geschehen.

In einem Koordinatensystem, aufgespannt durch den Grad der Internationalisierung in der Horizontalen und den Grad der Diversifizierung in der Vertikalen, wurden die beiden Entwicklungspfade der untersuchten Konzerne eingeordnet. Es sei darauf verwiesen, daß diese Abbildung auf die absolute Veränderung der Internationalisierung rekurriert. Die zwei untersuchten Entwicklungspfade unterscheiden sich in der Ursprungssituation, der Entwicklung im Untersuchungszeitraum, der Situation am Ende des Erhebungszeitraumes und dem Zustand im Jahre 2001.

Abbildung 4: Verortung der untersuchten Konzerne in der Typologie

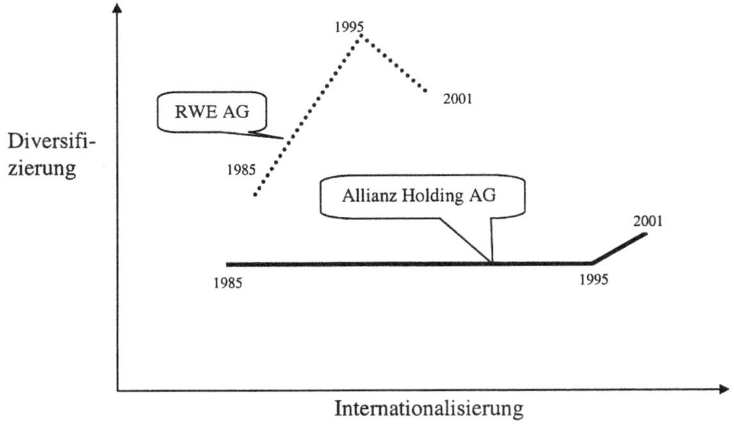

Der RWE-Konzern war schon im Jahre 1985 stark diversifiziert. Im Erhebungszeitraum wurden weitere Geschäftsbereiche etabliert, so daß der Konzern im Jahre 1995 noch stärker diversifiziert war. Dagegen war der Konzern im Jahre 1985 nur schwach internationalisiert, aber im Zeitraum der Untersuchung stieg das Engagement im Ausland, blieb jedoch auf relativ niedrigem Niveau. Insbesondere die Erschließung der Märkte im Asien-Pazifik-Raum und in Mittel-Ost-Europa sind nur wenig fortgeschritten. Im weiteren Verlauf änderte der Konzern seine Strategie grundlegend, indem er starke Einschnitte in der Diversifizierung vornahm, prominentestes Beispiel ist hier die restlos veräußerte Telekommunikationssparte, und statt dessen die Konzentration auf die Kernkompetenzen im sogenannten Multi-Energy/Multi-Utility-Konzept propagierte. Die Stärkung der Kernkompetenzen wurde insbesondere mit dem Erwerb der VEW AG forciert. Hier zeigt sich sehr deutlich, daß das Ziel des Unternehmens die Expansion des Kerngeschäfts im Inland wie im Ausland ist, der Wachstumsaspekt also im Vordergrund steht.

Der Allianz-Konzern war im Jahre 1985 nur mäßig internationalisiert, entwickelt sich aber im Zeitraum der Analyse zu einem sehr stark internationalisierten Konzern, dagegen war der Konzern am Anfang wie am Ende des Erhebungszeitraumes nicht diversifiziert. Die Untersuchung von strategischen Leitlinien und tatsächlichen Akquisitionen zeigt aber auch, daß die propagierten Ziele der Markterschließung Asien-Pazifik und Mittel-Ost-Europa nur sehr langsam vorankommen. Im weiteren Verlauf des Konzerns nach 1995 verändert sich die Strategie hin zum Entschluß der Diversifizierung in den Bereich Vermögensverwaltung, also eine bisherige Domäne von Banken. Diese strategische Entscheidung wurde durch Akquisitionen umgesetzt, bisheriger Endpunkt dieser Entwicklung ist die Übernahme der Dresdner Bank, wobei hier aber noch offen bleibt, ob der Allianz-Konzern sich tatsächlich zu einem Allfinanz-Unternehmen entwickelt, oder ob der Zukauf der Dresdner Bank in erster Linie als Zukauf von Distributionskanälen sowie zur Stärkung der Vermögensverwaltung geplant war.

Eine Gemeinsamkeit der beiden Konzerne ist, daß die Ziele der Markterschließung in Asien-Pazifik und Mittel-Ost-Europa propagiert, aber nur wenig umgesetzt werden, denn die Internationalisierung beschränkte sich im wesentlichen auf Nordamerika und Westeuropa. Die strategischen Leitlinien bezüglich Diversifizierung wurden anfangs dagegen sehr konsequent umgesetzt. Der RWE-Konzern diversifizierte in Entsorgung und Telekommunikation, während der Allianz-Konzern Diversifizierung explizit ausschloß und auch konsequent in dieser Weise verfuhr. Im weiteren Verlauf ändert sich das Bild allerdings grundlegend, da der RWE-Konzern die Diversifizierung des Konzerns stark verringert hat und sich auf die Kernkompetenzen konzentrierte, wohingegen der Allianz-Konzern die Palette der Konzernbereiche durch Hinzunahme des Vermögensverwaltungsgeschäftes und in einem weiteren Schritt des Bankgeschäftes durch die Übernahme der Dresdner Bank erweiterte. Für die beiden Konzerne sind also in der jüngeren Vergangenheit gegensätzliche Entwicklungen zu beobachten.

Schließlich wurde noch die unterschiedliche Entwicklung der untersuchten Konzerne im Verhältnis des inländischen zum ausländische Engagement aufgezeigt. Das Inland – Ausland – Verhältnis des RWE-Konzerns beschreibt ein deutliches Übergewicht des inländischen Engagements im Jahre 1985, während im Jahre 1995 der Vorsprung inländischen Engagements zurückgegangen ist. Eine in der Tendenz ähnliche, aber weitergehende Entwicklung durchlief der Allianz-Konzern. Gab es im Jahre 1985 noch eine deutliche Gewichtung zugunsten inländischen Engagements, so sind inländisches und ausländisches Engagement im Jahre 1995 gleich stark, in bezug auf den Indikator „Anzahl der

Beteiligungen“ war das ausländische Engagement sogar schon ausgeprägter als das inländische.

Die beiden untersuchten Konzerne sind, so kann man nach Betrachtung aller Ergebnisse feststellen, in bezug auf Internationalisierung, Diversifizierung und strategische Leitlinien sehr heterogen, es konnten aber auch Gemeinsamkeiten bezüglich der strategischen Leitlinien und ihrer Umsetzung gefunden werden. Insgesamt zeigt sich aber auch in den Fallbeispielen, daß die Entwicklung insbesondere von der Ausgangssituation der Konzerne abhängig ist, es kann also wiederum von einer hohen Pfadabhängigkeit gesprochen werden. Gleichzeitig konnte aber auch für beide Konzerne gezeigt werden, daß die politische Rahmengebung von immenser Wichtigkeit für die Entscheidung für oder gegen bestimmte Strategien war und ist. Dies war zu beobachten im Falle des RWE-Konzerns bei der Entscheidung, die Kernkompetenzen wieder in den Vordergrund zu stellen, welche begründet wurde mit der Liberalisierung des Strommarktes und dem Entstehen des EU-Binnenmarktes. Noch deutlicher wurde der Einfluß politischer Entscheidungen im Zuge der Übernahme der Dresdner Bank durch den Allianz-Konzern. Ohne die geplante Rentenreform mit dem Kernstück der privaten kapitalgedeckten Altersvorsorge und vor allem ohne die Abschaffung der Besteuerung von Veräußerungsgewinnen wäre dieser Zusammenschluß nach Meinung des Vorstandsvorsitzenden Schulte-Noelle nicht zustande gekommen.

Zusammenfassung

Zu Anfang dieser Arbeit wurden Fragen aufgeworfen, die nun anhand der gefundenen Ergebnisse der drei bearbeiteten Teile beantwortet werden können. **Teil A** untersuchte die Frage nach Ausmaß und Ziel der Internationalisierung deutscher Konzerne unter besonderer Berücksichtigung des inländischen Investitionsverhaltens. **Teil B** war der Ermittlung der Parameter der Investitionsentscheidung, also der Frage nach den Motiven für Direktinvestitionen gewidmet. **Teil C** galt der Verbindung von Motiven für Direktinvestitionen, den strategischen Leitlinien und der tatsächlichen Entwicklung, exemplarisch dargestellt anhand zweier Konzerne. Ziel war hierbei Entwicklungspfade der Konzerne aufzuzeigen.

Teil A entwickelte eine quantitative Analyse, die der Frage nachging, wo und in welchem Maße zwischen den Jahren 1985 und 1995 Internationalisierung durch Direktinvestitionen stattgefunden hat, und wie sich innerdeutsche Investitionen entwickelt haben. Basis der Untersuchung war ein Datensatz der Beteiligungen deutscher Konzerne im In- und Ausland. Im Untersuchungszeitraum ergab sich für beide verwendeten Indikatoren, Anzahl und Kapitalausstattung der Beteiligungen, ein absoluter Anstieg der Investitionen im In- und Ausland, aber die Relation zwischen in- und ausländischen Beteiligungen blieb nahezu konstant. Es konnte eine geographische Konzentration der Beteiligungen, Niederlassungen und Übernahmen innerhalb Nordamerikas und der Europäischen Union nachgewiesen werden, die über die Zeit sogar noch zunahm. Unterschiede zeigten sich zwischen Branchen, insbesondere der Anstieg des Anteils ausländischer an allen Beteiligungen in den Branchen Banken/Versicherungen, Stahl / Maschinenbau und in geringerem Umfang in der Branche Energie sind hier zu erwähnen, während absolut über alle Branchen ein Anstieg der Internationalisierung zu verzeichnen war. Die breiteste regionale Streuung weisen Unternehmen im Verarbeitenden Gewerbe auf, wobei aber für alle Branchen eine hohe Konzentration innerhalb Nordamerikas und der Europäischen Union gezeigt werden konnte. Außer im Baugewerbe stieg in allen Branchen der Anteil der Beteiligungen in West-Europa.

Weiter konnte gezeigt werden, daß im Erhebungszeitraum auf Konzernebene ein Anstieg der Anzahl der Beteiligungen im Aus- und Inland stattgefunden hat, wobei die Anzahl inländischer Beteiligungen im Durchschnitt des Jahres 1985 größer war als die Anzahl ausländischer Beteiligungen, diese nahm im Zeitverlauf aber auch relativ zu den inländischen Beteiligungen zu. Die meisten Konzerne haben den größten Anteil ihrer Beteiligungen in Nordamerika und der Europäischen Union, die weiteren Ergebnisse gaben zur Vermutung Anlaß, daß ein Stufenmodell zur Beschreibung der Vorgehensweise der geographischen Ausbreitung von Konzernen adäquat ist. Das entwickelte Modell verweist auf eine anfängliche Internationalisierung der Konzerne hauptsächlich innerhalb der Europäischen Union und Nordamerika, welche Voraussetzung ist für weitere Internationalisierungsschritte nach Osteuropa, Asien und Mittel-/Südamerika.

Genauso wie die Anzahl der Beteiligungen steigt auch deren durchschnittliche Kapitalausstattung im In- und Ausland, zwischen den Indikatoren sind nur geringe Unterschiede zu erkennen.

Die multivariate Analyse des Beteiligungsdatensatzes präzisierte die vorhergehenden Ergebnisse insofern, als ein Zusammenhang zwischen Größe des Unternehmens und Grad der Internationalisierung sowie Beteiligungsaufkommen im Inland nachgewiesen werden konnte. Konzerne der Branchen Energie sowie Einzelhandel sind unterdurchschnittlich internationalisiert, weisen aber überdurchschnittliches Engagement im Inland auf, umgekehrt ist es dagegen innerhalb der Branchen Chemie, Fahrzeugbau und Elektrotechnik/EDV. Lediglich in der Branche Banken/Versicherungen konnte sowohl im In- als auch im Ausland ein überdurchschnittliches Engagement nachgewiesen werden. Des weiteren ist als Ergebnis ein deutlich höheres Beteiligungsaufkommen im In- und Ausland bei Konzernen ohne Mehrheitseigentümer im Vergleich zum Durchschnitt aller Konzerne festzuhalten.

Das Hauptaugenmerk der multivariaten Analyse lag allerdings auf der Untersuchung des Zusammenhangs zwischen inländischem und ausländischem Beteiligungsverhalten sowie zwischen dem Zustand der Konzerne des Jahres 1985 und dem des Jahres 1995, da diese Aspekte für die Beantwortung zweier weiterer zu Beginn aufgeworfener Fragen von Bedeutung sind. Es konnte eine fundamentale Pfadabhängigkeit der Entwicklung von Konzernen nachgewiesen werden, die sich anhand der Erklärungskraft des Status Quo 1985 für den Status Quo 1995 zeigen läßt. Der Zustand 1985 hat die stärkste Erklärungskraft aller Variablen auf den Zustand 1995, dieses Ergebnis konnte sowohl für inländische als auch für ausländische Beteiligungen ermittelt werden. Die schon angedeutete Interpretation ist, daß die Rede von einem Globalisierungsschub insofern irreführend ist, als es sich um eine kontinuierliche Entwicklung der Konzerne handelt, die möglicherweise schneller verlief als vor dem Erhebungszeitraum, aber dennoch enorme Kontinuität aufweist.

Ähnlich stark ist der Zusammenhang zwischen dem Aufkommen inländischer und ausländischer Beteiligungen, noch bemerkenswerter ist allerdings, daß dieser Zusammenhang für das Jahr 1995 stärker ist als für 1985. Das Verhältnis zwischen in- und ausländischen Beteiligungen kann also mit einiger Sicherheit eher als komplementär denn substitutiv bezeichnet werden, denn andernfalls hätte der Zusammenhang zwischen in- und ausländischem Beteiligungsaufkommen stark abnehmen müssen, genau das Gegenteil ist aber der Fall.

Schließlich wurde zusätzlich der Zusammenhang zwischen Beteiligungsaufkommen in In- und Ausland und der Diversifizierung der Konzerne untersucht, festgestellt wurde ein substitutives Verhältnis von Internationalisierung und Diversifizierung sowie ein komplementäres zwischen inländischem Beteiligungsaufkommen und Diversifizierung. Es scheint, als würde Diversifizierung im Inland vollzogen, während stärkere Internationalisierung eher zu einer Verhinderung der Ausbreitung in andere Branchen führt. Da dieser Aspekt aber nur einen Randbereich der Arbeit betrifft, wurde auf diesen Zusammenhang nicht weiter eingegangen, hier besteht weiterer Forschungsbedarf.

In Schlagzeilen gefaßt sind folgende Ergebnisse zu vermerken:

- Konzerne ohne Mehrheitseigentümer haben überdurchschnittliche Investitionen im In- und Ausland und sind überdurchschnittlich diversifiziert.
- Je größer ein Konzern, desto stärker internationalisiert und diversifiziert ist dieser und desto mehr Beteiligungen hat er im Inland.
- Die Entwicklung von Konzernen ist stark pfadabhängig.
- Es existiert ein starker Zusammenhang zwischen in- und ausländischer Entwicklung, das Verhältnis zwischen dem Aufkommen inländischer und ausländischer Beteiligungen ist relativ stabil.
- Die Beteiligungen, Neugründungen und Übernahmen konzentrieren sich sehr stark innerhalb der Europäischen Union und Nordamerika.

Die Ergebnisse machen eine Beantwortung der Fragen nach der Art der Ökonomie und der Art der Unternehmen, wie sie im Sinne von Hirst/Thompson in der Einleitung gestellt wurden, möglich. In Teil A wurde eine Aufstellung der Eigenschaften der Idealtypen „inter-nationalisierte Ökonomie“ und „globalisierte Ökonomie“ (vgl. Teil A, Tabelle 1) vorgenommen, anhand derer man nun eine Einschätzung treffen kann. Die Weltwirtschaft ist auch weiterhin eine internationalisierte Ökonomie, da wesentliche Kriterien der globalisierten Ökonomie nicht erfüllt sind.

Erstes Kriterium der Unterscheidung war die Analyseeinheit der Ökonomie, also die Frage danach, ob die wesentlichen Einheiten innerhalb der Weltökonomie die Nationalökonomien sind, oder ob sie abgelöst werden von einem System internationaler Transaktionen und Prozesse. In der Untersuchung konnte zumindest für Deutschland gezeigt werden, daß die wesentliche Analyseeinheit durchaus noch die Nationalökonomie ist. Diese Erkenntnis stützt sich insbesondere auf die weiterhin starke Verankerung der untersuchten Konzerne innerhalb Deutschlands sowie den Befund des sich kaum veränderten Verhältnisses von inländischen zu ausländischen Beteiligungen, Übernahmen und Neugründungen. Allerdings muß relativierend hinzugefügt werden, daß, wie oben beschrieben, in einzelnen Branchen, insbesondere bei Banken/Versicherungen, auch in Relation zum Inland eine deutliche Internationalisierung vollzogen wurde, die allerdings von einem deutlich niedrigeren Niveau im Jahre 1985 aus begann. Es kann mit einiger Sicherheit davon ausgegangen werden, daß auf absehbare Zeit die Ökonomien innerhalb der Europäischen Union zu einer Ökonomie zusammenwachsen werden. Die zunehmende Verflechtung gerade innerhalb dieser Zone weist darauf hin und auch in den Geschäftsberichten wird immer wieder auf den „Heimatmarkt Europäische Union“ hingewiesen, trotzdem konnte im Untersuchungszeitraum weiterhin eine starke Verwurzelung innerhalb Deutschlands nachgewiesen werden.

Dieses Ergebnis der starken Verwurzelung der untersuchten Konzerne, also einer sehr starken Basis im Heimatland und die oben erwähnte Stabilität des Verhältnisses inländischer zu ausländischen Beteiligungen, ermöglicht es auch, einen zweiten Aspekt zu beleuchten und damit auch die zweite in diesem Zusammenhang aufgeworfene Frage zu beantworten, ob die untersuchten Konzerne dem Idealtypus des Multinationalen Unternehmens oder dem des Transnationalen Unternehmens näher sind. Diese Frage ist innerhalb der Thematik, welcher Art die Weltökonomie ist, von immenser Wichtigkeit, weil unter anderen Hirst /Thompson die Existenz von Transnationalen Unternehmen als zentrales Kriterium für eine globalisierte Ökonomie anführen. Neben dem Nachweis einer klaren Heimatbasis sowie der Konzentration der Direktinvestitionen in Nordamerika und der EU der untersuchten Unternehmen konnte deutlich gemacht werden, daß die Unternehmen auch weiterhin vom Heimatland aus kontrolliert werden. Dies zeigte sich insbesondere in der Untersuchung der Motive und Strategien der Konzerne. Keineswegs ist nach der hier vorgelegten Untersuchung von sogenanntem „footloose capital" auszugehen, welches ohne spezifische nationale Identifikation ist, auch dieser zentrale Punkt spricht also für die Nähe zum Modell der inter-nationalisierten Ökonomie.

Bezüglich der Einschätzung der Strategie der Unternehmen hat sich gezeigt, daß die Internationalisierung der untersuchten Konzerne verstärkt über Direktinvestitionen vonstatten geht, was insbesondere am starken Wachstum der Anzahl der Beteiligungen plausibel gemacht werden konnte. Wie im Modell der globalisierten Ökonomie angenommen, wird die Produktion offenbar immer stärker in die jeweiligen Märkte verlagert. Dies spricht aber nur bedingt für das Modell der globalisierten Ökonomie, da auch im Modell der inter-nationalisierten Ökonomie von der Ablösung der Handelsbeziehungen durch Investitionsbeziehungen ausgegangen wird. Eng verknüpft mit diesem Befund ist die Frage nach der Verbindung der Nationalökonomien, die dem Modell der globalisierten Ökonomie folgend keine eigentliche Verbindung zwischen einzelnen Ökonomien mehr wäre, sondern *ein* sozial entbettetes internationales System mit globalen Märkten und ebensolcher Produktion. Auch hier weisen die gefundenen Ergebnisse deutlich darauf hin, daß es zwar, wie im Modell der inter-nationalisierten Ökonomie beschrieben, eine wachsende Verbindung zwischen den Ökonomien durch Handel und Direktinvestitionen gibt, aber keinesfalls von globaler Produktion und globalen Märkten in einem internationalen System die Rede sein kann. Festzustellen ist diese Entwicklung aber möglicherweise auf der Ebene der Europäischen Union, da hier ein gemeinsamer Markt entstanden ist, bzw. der politische Rahmen dafür geschaffen wurde. Hier kann jedoch, wie es auch eine Prämisse der globalisierten Ökonomie ist, von sozialer Entbettung keine Rede sein, da die ökonomische Vereinigung innerhalb der Europäischen Union zwar wesentlich weiter fortgeschritten ist als die politische und soziale, diese Ebenen aber keineswegs ohne Einfluß sind. Viel eher steht zu vermuten, daß langfristig die Europäische Union die „Nationalökonomie" beziehungsweise der Heimatmarkt der europäischen und damit auch der deutschen Konzerne sein wird, deren politische und soziale Ausformung gewiß noch einige Zeit in Anspruch nehmen wird.

Von Interesse war im Rahmen dieser Arbeit aber nicht nur die quantitative Ausformung der Internationalisierung, sondern auch die Parameter der Investitionsentscheidung, also die Motive für Investitionen im In- und Ausland. Zu diesem Zwecke erfolgte eine qualitative Analyse der Geschäftsberichte. Grundlage der Verortung einzelner Beteiligungen, Übernahmen und Neugründungen war die Typologie der Direktinvestitionen von Dunning. Direktinvestitionen aus Gründen der Markterschließung oder Marktsicherung und solche aus strategischen Motiven wurden dabei als vorherrschend identifiziert, während jene aus Gründen der Effizienz oder zur Ressourcensicherung bzw. –erschließung praktisch keine Rolle spielten. Die Untersuchung des von Dunning eingeführten Typus der „strategic assets“ ließ eine genauere Identifizierung der strategischen Motive zu. Diese sind Stärkung eines Geschäftsbereiches, Diversifizierung in andere Branchen, Nutzung von Synergieeffekten sowie der Zukauf einer Marke oder eines Markennamens. Um zu überprüfen, inwiefern die Motive der Direktinvestitionen eine Frage des Standortes sind, wurde analog zur Untersuchung der Motive für ausländische Beteiligungen, Übernahmen und Neugründungen zusätzlich eine Analyse der Motive für inländische durchgeführt. Der Befund ist eine weitgehende Übereinstimmung der Ergebnisse für inländische und ausländische Motive, sowohl was die Verteilung über die vier Typen angeht, als auch in bezug auf die strategischen Motive innerhalb der „strategic assets“.

Die Kombination dieser Ergebnisse, zum einen der Typus der „strategic assets“ als zentraler Typus der Direktinvestitionen, zum anderen die Ähnlichkeit der Ergebnisse für inländische und ausländische Direktinvestitionen, führte zu der Einschätzung, daß nicht der Standort entscheidend für oder gegen eine Direktinvestition ist. Wesentliches Kriterium ist, ob mit dem zugekauften Unternehmen die strategischen Ziele erreicht werden können, gleich wo sich das Unternehmen befindet. In erster Linie ist also ein Unternehmenswettbewerb festzustellen.

Des weiteren wurde eine Unterscheidung getroffen zwischen dem Markt für Unternehmenskontrolle und dem Markt für Standorte.„Strategic assets“ werden im wesentlichen auf dem Markt für Unternehmenskontrolle gehandelt, und es ist anzunehmen, daß diese Art der Direktinvestitionen zunehmen wird. Während aber der Markt für Unternehmenskontrolle ein Wettbewerb in internationalem Rahmen ist, kann der Markt für Standorte tatsächlich als internationaler Wettbewerb bezeichnet werden. Es ist daher für einen wesentlichen und vermutlich zunehmenden Teil der Direktinvestitionen nicht plausibel von Standortwettbewerb zu sprechen, passend ist für diese Fälle das Bild vom Wettbewerb der Unternehmen, weitgehend losgelöst vom Standort.

Im dritten Teil der Arbeit wurde anhand der Fallbeispiele Allianz Holding AG sowie der RWE AG eine Verbindung zwischen der Entwicklung der Konzerne in bezug auf Internationalisierung und Diversifizierung, ihrer Strategie und den Motiven für Beteiligungen, Übernahmen und Neugründungen hergestellt, um Entwicklungspfade aufzeigen zu können. Die Analyse der beiden Konzerne verweist auf eine starke Heterogenität der Entwicklungspfade. Die Fallbeispiele bestätigen das Ergebnis der quantitativen Untersuchung, wonach eine starke Pfadabhängigkeit der Entwicklung von Konzernen existiert. Die Situation, in der sich ein Konzern zum Zeitpunkt t1 befindet, kann immer nur begrenzt auf den Konzern wirken, da die historisch gewachsene Struktur des Unternehmens eine stärkere Rolle für die weitere Entwicklung eines Konzernes spielt als das Setting zum Zeitpunkt t1.

Es kann des weiteren als Ergebnis festgehalten werden, daß in wesentlichen Punkten ein starkes Auseinanderfallen der strategischen Zielsetzungen einerseits und ihrer tatsächlichen Umsetzung andererseits zu beobachten war, beispielhaft soll hier noch einmal auf die zum einen stark propagierte Zielsetzung der Erschließung südostasiatischer Märkte und ihrer zum anderen sehr geringen Umsetzung verwiesen werden. Da lange Zeit vom Wachstumsmarkt Südostasien in Wirtschaft und Medien die Rede war, liegt die Vermutung nahe, daß hier ein allseits propagiertes und populäres strategisches Ziel in die Planung aufgenommen wurde, weil es eben diese Popularität besaß, gleich ob die Umsetzung geplant war oder nur gewünscht.

Ein weiter zentraler Aspekt der Arbeit sind die Befunde zur Rolle der politischen Rahmengebung für Investitionen im In- und Ausland. Anhand konkreter Beispiele konnte der starke Einfluß politischer Vorgaben auf die Entscheidung für oder gegen eine Fusion oder Beteiligung wie auch für die strategische Ausrichtung eines Konzernes aufgezeigt werden, und zwar sowohl im Falle der Allianz AG als auch der RWE AG. Beispielhaft werden noch einmal genannt die Übernahme der Dresdner Bank AG durch die Allianz Holding AG, sowie die Entscheidung der RWE AG, sich auf die Kernkompetenzen des Unternehmens zu konzentrieren. Beide Entscheidungen wurden explizit mit Änderungen der politischen Rahmengebung begründet.

Auf einige Einschränkungen der Ergebnisse soll in diesem Zusammenhang noch hingewiesen werden. Die hier präsentierten Ergebnisse der quantitativen Untersuchung sind im strengen Sinne nur für die größten deutschen Aktiengesellschaften gültig, da das Auswahlkriterium für das Sample eben diese Restriktionen hatte. Insbesondere die Ergebnisse der qualitativen Untersuchung sind nur bedingt verallgemeinerbar, da die kleine Fallzahl im statististischen Sinne natürlich nicht repräsentativ ist. Selbstverständlich gilt dies auch für die Untersuchung der Fallbeispiele. In dieser fehlenden Repräsentativität begründet sich auch der Forschungsbedarf, dem nachzukommen weitere Schritte der Untersuchung bedürften. So sollte die im wesentlichen qualitativ durchgeführte Untersuchung der Motive im weiteren auch quantitativ durchgeführt werden, um die Entwicklung der „strategic assets“ quantifizieren zu können. Was in dieser Arbeit auch nicht geleistet werden konnte, aber als weitere Vorgehensweise von Nutzen wäre, ist eine quantitative Untersuchung der Entwicklungspfade deutscher Konzerne, um in einem weiteren Schritt Rückschlüsse auf die Performance dieser ziehen zu können, insbesondere auf den Beschäftigungseffekt verschiedener Entwicklungen. Schließlich wäre es zusätzlich denkbar, den in dieser

Arbeit nur angedeuteten Zusammenhang zwischen Internationalisierung, inländischen Beteiligungen und Diversifizierung in das Zentrum einer weiteren Arbeit zu stellen.

„It's the economy, stupid!"[45]

Ein Aspekt soll hier abschließend hervorgehoben werden. In Teil A wurde unter anderem dargelegt, daß mit der Beurteilung der Quantität und Qualität der Globalisierung der Wirtschaft auch unterschiedliche Einschätzungen bezüglich der Konzepte und Möglichkeiten politischen Handelns verbunden sind. Im wesentlichen unterscheiden sich die Konzepte in der Bewertung des Einflusses politischen Handelns auf Ökonomie und Unternehmen, was auch plausibel erscheint, denn mit der Überzeugung, es gäbe Transnationale Unternehmen, die ihre Produktion dorthin verlagern, wo die Rahmenbedingungen am günstigsten sind, verbindet sich natürlich eine weitgehende Machtlosigkeit politischen Handelns. Mit einer inter-nationalisierten Wirtschaft im Sinne von Hirst und Thompson verbinden sich dagegen weitgehende Möglichkeiten politischer Einflußnahme. Diejenigen, die in heutiger Zeit die Perspektive der scheinbaren Unausweichlichkeit der ökonomischen Globalisierung vertreten, meinen, daß politisches Handeln nur noch in sehr beschränktem Maße wirksam und möglich ist, und zwar nur um möglichst günstige Rahmenbedingungen für ökonomisches Handeln zu schaffen, es ist folglich ein sehr passives Verständnis von Politik.

Es war ein Anliegen dieser Arbeit zu hinterfragen, ob die Annahmen, unter denen diese Machtlosigkeit attestiert wurde, nachzuweisen sind. Die Ergebnisse vermitteln ein anderes Bild, denn sowohl die starke Konzentration der Direktinvestitionen innerhalb der Europäischen Union als auch die festgestellten Motive für Direktinvestitionen lassen die Rede vom Standortwettbewerb zumindest als stark übertrieben erscheinen, und damit ist auch die geringe Einflußmöglichkeit politischen Handelns in Frage zu stellen. Gegen die Annahme der Machtlosigkeit von Politik spricht auch der Befund, nach dem es sich bei der untersuchten Globalisierung keinesfalls um ein neues, in seiner Ausprägung extraordinäres Phänomen handelt, sondern um einen schon seit langem zu beobachtenden Wachstums- und Konzentrationsprozeß. Weitere Unterstützung erfährt dieses Argument mit der Feststellung der weitgehenden Pfadabhängigkeit der Entwicklung von Konzernen.

Der ehemalige US-amerikanische Präsident Bill Clinton hatte in seiner Wahlkampagne des Jahres 1992 die oben beschriebene Haltung der Politik der Schaffung günstiger Rahmenbedingungen für die Wirtschaft mit seinem Slogan „It's the economy, stupid!" zum Programm erhoben, der Fokus der politischen Handlungen sollte auf der Unterstützung der US-amerikanischen Wirtschaft liegen. Entscheidend an diesem Statement ist, daß es politischer Wille war, der für diese Fokussierung sorgte.

Anhand einer Reihe von Beispielen wurde der wesentliche Einfluß politischer Entscheidungen auf das Investitionsverhalten bis hin zu strategischen Rich-

---

[45] Wahlkampfslogan des früheren US-amerikanischen Präsidenten Bill Clinton im Jahre 1992

tungsentscheidungen von Konzernen dargelegt. Angefangen mit der Entscheidung für die Europäische Union, die Planung und Umsetzung des EU-Binnenmarktes, die politische Wende Mittel-Ost-Europas bis hin zu politischen Einzelentscheidungen wie die geplante Rentenreform oder der Verzicht auf die Besteuerung der Beteiligungsveräußerungserlöse konnte der unmittelbare Einfluß politischer Handlungen auf Investitionsentscheidungen nachgewiesen werden. Die Beispiele verdeutlichen die Steuerungsmöglichkeiten politischen Handelns, aber es ist eine Frage des politischen Willens, ob und in welcher Weise diese Möglichkeiten genutzt werden. Dies gilt um so mehr, als ein großer Teil der Auslandsinvestitionen innerhalb der EU verortet ist, wo also der Rahmen für die politische Begleitung weiter Teile der ökonomischen Internationalisierung weitgehend vorhanden ist. Ob die politische und soziale Regulierung der ökonomischen Vereinigung Europas über die bisherigen Ansätze hinaus weiterentwickelt wird, entscheidet sich wesentlich auf der politischen Ebene. Die Möglichkeiten politischen Wirkens sind aber weitaus breiter, der Einfluß deutlich größer, als der Clintonsche Wahlkampslogan mit seiner Verengung auf Ökonomie suggeriert.

APPENDIX

Tabelle 1: In die Untersuchung einbezogene Unternehmen

Unternehmen	
Quantitative Untersuchung	**Qualitative Untersuchung**
A. Moksel AG	
Adam Opel AG	
AEG AG	
AGFA-GEVAERT AG	
AGIV Aktiengesellschaft für Industrie und Verkehrswesen	X
Alcatel SEL AG	
Allianz AG Holding	X
AMB Aachener und Münchener Beteiligungs-AG	
Aral AG	
Asea Brown Boveri AG	
ASKO Deutsche Kaufhaus AG	
AUDI AG	X
AVA Allgemeine Handelsgesellschaft der Verbraucher Aktiengesellschaft	X
Axel Springer Verlag AG	
Bankgesellschaft Berlin AG	
BASF AG	
Bayer AG	
Bayerische Hypotheken- und Wechsel-Bank AG	
Bayerische Motoren Werke AG	
Bayerische Vereinsbank AG	
Bayernwerk AG	
BayWA AG	
Beiersdorf AG	
Berliner Kraft- und Licht (Bewag)-AG	
BfG Bank AG	
Bilfinger + Berger Bauaktiengesellschaft	X
Bremer Vulkan Verbund AG	
Commerzbank AG	
Computer 2000 AG	
CONTIGAS Deutsche Energie-AG	
Continental AG	
Daimler-Benz Aerospace AG	
Daimler-Benz AG	X
DEA Mineralöl AG	
Degussa AG	
Deutsche Babcock AG	
Deutsche Bank AG	X
Deutsche Hypothekenbank Frankfurt – Bremen AG	

Deutsche Lufthansa AG	
Deutsche SB-Kauf AG	
Deutsche. Renault AG	
Deutsche.Shell AG	
Douglas Holding AG	
Dresdner Bank AG	
Dyckerhoff & Widmann AG	
Dynamit Nobel AG	
Ed. Züblin AG	
EDEDKA ZENTRALE AG	
Energie –Versorgung Schwaben AG	
ESSO AG	
Ferrostaal AG	
Fichtel & Sachs AG	
FORD – WERKE AG	
FPB Holding AG	
Fried. Krupp AG Hoesch-Krupp	
GEHE AG	
Gerling Versicherungs-Beteiligungs-AG	
Grundig AG	
Hamburg-Mannheimer Versicherungs-AG	
Hapag-Lloyd AG	
Heidelb.Zement AG	
Heilit + Woerner Bau-AG	
Helm AG	
Henkel KgaA	
Hochtief AG	
Hoechst AG	X
Hüls AG	
Kaiser`s Kaffee-Geschäft AG	
Karstadt AG	X
Kaufhof Holding AG	X
Klöckner-Werke AG	
KM-kabelmetal AG	
Kölnische Rückversicherungs-Gesellschaft AG	
Linde AG	
MAN AG	
MAN Nutzfahrzeuge AG	
Mannesmann AG	X
Mannesmann Demag AG	X
Mannesmann Handel AG	X
Mannesmannröhren-Werke	X
Metallgesellschaft AG	
Mobil Oil AG	
Münchener Rückversicherungs-Gesellschaft	
Neckermann Versand AG	
Nestlé Deutschland AG	

Philipp Holzmann AG	
Phoenix AG	
Preussag AG	
Preussag Stahl AG	
PreussenElektra AG	
PWA Papierwerke Waldhof-Aschaffenburg AG	
RAAB KARCHER AG	
REWE-Zentral-AG	
Rheinisch Westfälische Kalkwerke AG	
Ruhrgas AG	
Ruhrkohle AG	
Rütgerswerke AG	
RWE AG	X
RWE-DEA AG für Mineraloel und Chemie	
Saarbergwerke AG	
Schering AG	
Schmalbach-Lubeca AG	
Siemens AG	X
Siemens Nixdorf Informationssysteme AG	
SKW Trostberg AG	
SPAR Handels-AG	
STEAG AG	
Stinnes AG	
STRABAG AG	
Südzucker AG	
TCHIBO Holding AG	
Thyssen AG	
Thyssen Handelsunion AG	
Thyssen Industrie AG	
Thyssen Stahl AG	
VAW Aluminium AG	
VEBA AG	
VEBA OEL AG	
Vereinigte Elektrizitätswerke Westfalen AG	
VIAG AG	
Volkswagen AG	X
Walter Bau-AG	
Wella AG	
Wintershall AG	
ZF FRIEDRICHSHAFEN AG	

Tabelle 2: Anzahl und prozentualer Anteil der Beteiligungen im Ausland nach Region und Jahr

Region	Anzahl der Beteiligungen			Anteil der Beteiligungen an allen ausländischen Beteiligungen (in Prozent)		
	1985	**1990**	**1995**	**1985**	**1990**	**1995**
EU	193	280	446	54,67	58,21	63,90
USA/Kanada	94	124	150	26,63	25,78	21,49
Europa West nicht EU	17	20	29	4,82	4,16	4,15
Mittel- und Südamerika	13	13	15	3,68	2,70	2,15
Mittel- und Osteuropa	0	1	8	0,00	0,33	1,15
Afrika	3	4	3	0,85	0,83	0,43
Asien/Australien	33	39	47	9,35	8,11	6,73
Gesamt	353	481	698	100	100	100

Literaturverzeichnis

Afheldt, Horst 1994: Wohlstand für niemand? : die Marktwirtschaft entläßt ihre Kinder, München, Kunstmann

Agarwal, Jamuna Prasad 1996: Does Foreign Direct Investment Contribute to Unemployment in Home Countries? - An Empirical Survey, Kiel, Kiel Institute of World Economics

Aharoni, Yair 1966: The Foreign Investment Decision Process, Boston, Harvard Univ.

Albert, Michel 1992: Kapitalismus contra Kapitalismus, Frankfurt/Main [u.a.], Campus-Verl.

Alderson, Arthur S. 1997: Globalization and Deindustrialization: Direct Investment and the Decline of Manufacturing Employment in 17 OECD Nations. In: Journal of World-Systems Research, Vol. 3, Nr 1, S. 1-34

Altvater, Elmar; Mahnkopf, Birgit 1996: Grenzen der Globalisierung : Ökonomie, Ökologie und Politik in der Weltgesellschaft, Münster, Westfälisches Dampfboot

Bane, W.T.; Neubauer, Franz-Friedrich 1981: Diversification and the Failure of New Foreign Activities. In: Strategic Management Journal, Vol.2, S. 219-233

Bartlett, Christopher A.;Ghoshal, Sumantra 1990: Internationale Unternehmensführung : Innovation, globale Effizienz, differenziertes Marketing, Frankfurt/Main u.a., Campus-Verl.

Beck, Ulrich; Giddens, Anthony; Lash, Scott 1994: Reflexive Modernization, Cambridge, Polity Press

Beck, Ulrich 1997: Die neue Macht der multinationalen Unternehmen. In: Frankfurter Rundschau 09.01.1997, S. 12

Beck, Ulrich 1997: Was ist Globalisierung?, Frankfurt a. Main, Suhrkamp

Behrman, Jack N. 1972: The Role of International Companies in Latin American Integration, Lexingtion (MA), Lexington Books

Bendix, R. 1969: Modernisierung in internationaler Perspektive, In: Zapf, W. (Hrsg.), Theorien des sozialen Wandels, Köln/Berlin, Kiepenheuer, S. 505-512

Berger, Johannes 1996: Was behauptet die Modernisierungstheorie wirklich - und was wird ihr bloß unterstellt? In: Leviathan, H. 1, Jg. 24, S. 45-62

Beyer, Jürgen 1998: Managerherrschaft in Deutschland?, Opladen/Wiesbaden, Westdeutscher Verlag

Beyfuß, J.; Kitterer, H.-J. 1990: Deutsche Direktinvestitionen im Ausland. Bestandsaufnahmen und Ergebnisse einer Unternehmensbefragung, Köln, Deutscher Instituts-Verlag

Bornschier, Volker; Trezzini, Bruno 1996: Jenseits von Dependencia- versus Modernisierungstheorie: Differenzierungsprozesse in der Weltgesellschaft und ihre Erklärung. In: Müller, Hans-Peter (Hrsg.): Weltsystem und kulturelles Erbe, Berlin, Reimer, S. 53-79

Bornschier, Volker 1980: Multinationale Konzerne, Wirtschaftspolitik und nationale Entwicklung im Weltsystem, Frankfurt a.M./New York, Campus-Verlag

Bornschier, Volker 1976: Wachstum, Konzentration und Multinationalisierung von Industrieunternehmen, Frauenfeld/Stuttgart, Campus-Verlag

Boyer, Robert; Drache, Daniel 1996: States Against Markets - The Limits of Globalization, London, Routledge

Brock, Ditmar 1997: Globalisierung und Regionalisierung. In: Hradil, Stefan (Hrsg.): Differenz und Integration, Frankfurt/New York, Campus

Brown, Wilson B. 1976: Islands of Conscious Power: MNC´s in the Theory of the Firm. In: MSU Business Topics, Vol.24, S. 37-45

Buckley, Peter J.; Casson, Mark 1976: The Future of the Multinational Enterprise, London, Macmillan

Buckley, Peter J.; Casson, Mark 1985: The Economic Theory of the Multinational Enterprise, London, Macmillan

Bühner, Rolf 1987: Assessing International Diversification of West German Corporations. In: Strategic Management Journal, Vol. 8, S. 25-37

Bühner, Rolf 1991: Grenzüberschreitende Unternehmenszusammenschlüsse deutscher Unternehmen, Stuttgart, Poeschel

Caves, Richard E. 1971: Industrial Economics of Foreign Investment. In: Journal of World Trade Law, Vol.5, S. 303-314

Chandler, Alfred D. 1986: The Evolution of Modern Global Competition. In: Porter, Michael: Competition in Global Industries, Boston, Harvard Business School Press, S. 405-448

Chandler, Alfred D. 1993: Strategy and structure : chapters in the history of the industrial enterprise. - 18. print, Cambridge (Mass.), London, MIT Press

Chase-Dunn, Christopher 1990: Global Formation: Structures of the World Economy, Cambridge, Basil Blackwell

Coase, Ronald H. 1937: The Nature of the Firm. In: Economica, Vol.4, S. 386-405

Deutsche Bundesbank 1987: Die Entwicklung der Kapitalverflechtung der Unternehmen mit dem Ausland in den Jahren 1976 bis 1985. In: Monatsbericht März 1987, S. 21-34

Deutsche Bundesbank 1987: Die Kapitalverflechtung der Unternehmen mit dem Ausland nach Ländern und Wirtschaftszweigen 1979 bis 1985. Beilage zu „Statistische Beihefte zu den Monatsberichten der Deutschen Bundesbank", Reihe 3, Zahlungsbilanzstatistik, Nr.4, April 1987

Deutsche Bundesbank 1989: Die Kapitalverflechtung der Unternehmen mit dem Ausland – Stand Ende 1987 und aktuelle Entwicklung. In: Monatsbericht April 1989, S. 23-33

Deutsche Bundesbank 1989: Die Kapitalverflechtung der Unternehmen mit dem Ausland nach Ländern und Wirtschaftszweigen 1981 bis 1987. Beilage zu „Statistische Beihefte zu den Monatsberichten der Deutschen Bundesbank", Reihe 3, Zahlungsbilanzstatistik, Nr.4, April 1989

Deutsche Bundesbank 1991: Die Entwicklung der Kapitalverflechtung der Unternehmen mit dem Ausland von Ende 1987 bis Ende 1989. in: Monatsbericht April 1991, S. 28-36

Deutsche Bundesbank 1991: Die Kapitalverflechtung der Unternehmen mit dem Ausland nach Ländern und Wirtschaftszweigen 1983 bis 1989. Beilage zu „Statistische Beihefte zu den Monatsberichten der Deutschen Bundesbank", Reihe 3, Zahlungsbilanzstatistik, Nr.4, April 1991

Deutsche Bundesbank 1993: Die Entwicklung der Kapitalverflechtung der Unternehmen mit dem Ausland von Ende 1989 bis Ende 1991. In: Monatsbericht April 1993, S. 33-49

Deutsche Bundesbank 1993: Die Kapitalverflechtung der Unternehmen mit dem Ausland Juni 1993. Beilage zu „Statistische Beihefte zu den Monatsberichten der Deutschen Bundesbank“, Reihe 3, Zahlungsbilanzstatistik, Nr.6, Juni 1993

Deutsche Bundesbank 1995: Die Entwicklung der Kapitalverflechtung der Unternehmen mit dem Ausland von Ende 1991 bis Ende 1993. In: Monatsbericht Mai 1995, S. 45-60

Deutsche Bundesbank 1995: Kapitalverflechtung mit dem Ausland, Statistische Sonderveröffentlichung 10, Mai 1995

Deutsche Bundesbank 1997: Kapitalverflechtung mit dem Ausland, Statistische Sonderveröffentlichung 10, Mai 1997

Deutsche Bundesbank 1997[a]: Entwicklung und Bestimmungsgründe grenzüberschreitender Direktinvestitionen. In: Monatsbericht August 1997[a], S. 63-82

Deutsche Bundesbank 1997[b]: Die Entwicklung der Kapitalverflechtung der Unternehmen mit dem Ausland von Ende 1993 bis Ende 1995, In: Monatsbericht Mai 1997[b], S. 63-77

DiMaggio, Paul J.; Powell, Walter W. 1983: The Iron Cage Revisited: Institutional Isomorphism and Collective Rationality in Organizational Fields. In: American Sociological Review, Vol.48, S. 147-160

Dörre, Klaus; Elk-Anders, Rainer; Speidel, Frederic 1997: Globalisierung als Option - Internationalisierungspfade von Unternehmen, Standortpolitik und industrielle Beziehungen. In: SOFI-Mitteilungen Nr.25, S. 43-70

Dunning, John H. 1979: Explaining Changing Patterns of International Production: In Defence of the Eclectic Theory. In: Oxford Bulletin of Economics and Statistics, Vol. 41, Heft 4, S. 269-295

Dunning, John H. 1981: Explaining the International Direct Investment Position of Countries: Towards a Dynamic or Developmental Approach. In: Weltwirtschaftliches Archiv, Vol. 117, Heft 1, S. 30-64

Dunning, John H. 1983: Changes in the Level and Structure of International Production: The Last One Hundred Years. In: M. Casson (Hrsg.): The Growth of International Business, London, S. 84-139

Dunning, John H. 1993: Multinational enterprises and the global economy, Wokingham, Addison-Wesley

Dunning, John H. 1998: Location and the Multinational Enterprise: A Neglected Factor? In: Journal of International Business Studies, Vol. 29, Heft 1, S. 45-66

Flick, Uwe (Hrsg.) 1995: Handbuch qualitative Sozialforschung : Grundlagen, Konzepte, Methoden und Anwendungen, Weinheim, Beltz, Psychologie-Verl.-Union

Fox, John 1997: Applied regression analysis, linear models, and related methods, Thousand Oaks, Calif. u.a., Sage

Freeman, Richard 1995: Are Your Wages Set in Beijing? In: Journal of Economic Perspectives 9, S. 15-32

Fröbel, Folker et al. 1977: Die neue internationale Arbeitsteilung, Hamburg, Rororo

Fröbel, Folker et al. 1986: Umbruch in der Weltwirtschaft, Hamburg, Rororo, 1986

Galtung, Johan 1971: A Structural Theory of Imperialism. In: Journal of Peace Research 8, S. 81-117

Giddens, Anthony 1995: Konsequenzen der Moderne, Frankfurt/M., Suhrkamp

Harrison, Bennett; Bluestone, Berry 1988: The Great U-Turn, New York, Basic Books

Härtel, Hans-Hagen; Jungnickel, Rolf et al. 1996: Grenzüberschreitende Produktion und Strukturwandel - Globalisierung der deutschen Wirtschaft, Baden-Baden, Nomos Verl.-Ges.

Hassel, Anke; Höpner, Martin; Kurdelbusch, Antje; Rehder, Britta; Zugehör, Rainer 2000: Zwei Dimensionen der Internationalisierung: Eine empirische A-nalyse deutscher Großunternehmen. In: Kölner Zeitschrift für Soziologie und Sozialpsychologie, Jg. 52, S. 500-519

Heck, Heinz 1998: Das RWE vom Stromkonzern zur Zukunftsgruppe 1988 – 1998. In: Schweer, Dieter; Thieme, Wolf [Hrsg.]: „Der gläserne Riese“: RWE – ein Konzern wird transparent, Wiesbaden, Gabler

Hirsch, Joachim 1995: Der nationale Wettbewerbsstaat, Berlin, Edition ID-Archiv

Hirsch-Kreinsen, Hartmut 1997: Globalisierung der Industrie: ihre Grenzen und Folgen. In: WSI Mitteilungen 7/1997, S. 487-494

Hirst, Paul; Thompson, Grahame 1996: Globalization in Question: The International Economy and the Possibilities of Governance, Cambridge, Polity Press

Hosmer, David W.; Lemeshow, Stanley 1989: Applied logistic regression, New York, Wiley

Hymer, Stephen H. 1976: The International Operations of National Firms: A Study of Direct Foreign Investment, London, MIT Press

Ifo 1996: Umfang und Bestimmungsgründe einfließender und ausfließender Direktinvestitionen ausgewählter Industrieländer – Entwicklung und Perspektiven, Gutachten im Auftrag des Bundesministeriums für Wirtschaft, München

Imbusch, Peter 1990: Das moderne Weltsystem, Marburg, Verlag Arbeit und Gesellschaft

Jahrreiß, Wolfgang 1984: Zur Theorie der Direktinvestition im Ausland, Berlin, Duncker und Humblot

Johnson, Harry G. 1970: The Efficiency and Welfare Implications of the International Corporation. In: Kindleberger, Ch. P. (Hrsg.): The International Corporation, Cambridge (Mass.), London, MIT Press, S. 35-56

Jungnickel, R.; Koopmann, G. et al. 1974: Die Deutschen Multinationalen Unternehmen, Frankfurt/Main, Athenäum Verlag

Kindleberger, Charles. P. 1969: American Business Abroad, New Haven, London, Yale University Press

Knickerbocker, Frederick T. 1973: Oligopolistic Reaction and Multinational Enterprise, Boston, Harvard Univ.

Kojima, Kiyoshi 1978: Foreign Direct Investment, London, Croom Helm

Kojima, Kiyoshi 1982: Macroeconomic versus International Business Approach to Direct Foreign Investment. In: Hitotsubashi Journal of Economics, Vol. 23, S. 630-640

Krugman, Paul 1994: Does third world growth hurt first world prosperity? In: Harvard Business Review, July-August, S.113-121

Krugman, Paul 1996: Wettbewerbsfähigkeit: Eine gefährliche Wahnvorstellung. In: Jahrbuch für Arbeit und Technik 1996. Bonn, Dietz, S.37-49

Küchle, Hartmut 1996: Deutschlands Position auf dem Weltmarkt. In: WSI-Mitteilungen 5/1996, S. 295-303

Kurz-Scherf, Ingrid 1997: Wenn Arbeit entbehrlich wird. Zur „Krise der Arbeitsgesellschaft" im „Zeitalter der Globalisierung". In: WSI-Mitteilungen Sonderheft, S.41-56

Luttwak, Edward N. 1994: Weltwirtschaftskrieg : Export als Waffe - aus Partnern werden Gegner, Reinbek bei Hamburg, Rowohlt

Lütz, Susanne 1997: Die Rückkehr des Nationalstaates? Kapitalmarktregulierung im Zeichen der Internationalisierung von Finanzmärkten. In: Politische Vierteljahresschrift 38, S. 475-497

Markowitz, Harry M. 1952: Portfolio Selection. In: The Journal of Finance, Vol. 7, S. 77-91.

Markides, Constantinos C. 1995: Diversification, Restructuring and Economic Performance. In: Strategic Management Journal 16(2), S. 101–118.

Martin, Hans-Peter; Schumann, Harald 1996: Die Globalisierungsfalle : der Angriff auf Demokratie und Wohlstand, Reinbek bei Hamburg, Rowohlt

Marx, Karl; Engels, Friedrich 1962: Manifest der Kommunistischen Partei. In: Marx, Karl: Die Frühschriften, Stuttgart, Kröner, S. 525-560

Mayring, Philipp 1995: Qualitative Inhaltsanalyse. In: Flick, Uwe [Hrsg.]: Handbuch qualitative Sozialforschung : Grundlagen, Konzepte, Methoden und Anwendungen, Weinheim, Beltz, Psychologie-Verl.-Union, S. 209-213

Mayring, Philipp 1996: Einführung in die qualitative Sozialforschung : eine Anleitung zu qualitativem Denken. Weinheim, Beltz, Psychologie-Verl.-Union

Narr, Wolf-Dieter; Schubert, Alexander 1994: Weltökonomie : die Misere der Politik, Frankfurt am Main, Suhrkamp

OECD 1997: International Direct Investment Statistics Yearbook, Paris, OECD

Ohmae, Ken'ichi 1992: Die neue Logik der Weltwirtschaft : Zukunftsstrategien der internationalen Konzerne, Hamburg, Hoffmann u. Campe

Ohmae, Ken'ichi 1996: Der neue Weltmarkt : das Ende des Nationalstaates und der Aufstieg der regionalen Wirtschaftszonen, Hamburg, Hoffmann und Campe

Parsons, Talcott 1969: Evolutionäre Universalien der Gesellschaft. In: Zapf, W.: Theorien des sozialen Wandels, Köln/Berlin, Kiepenheuer, S. 56-74

Ramanujam, Vasudevan and Varadarajan, P. Rajan 1989: Research on Corporate Diversification: A synthesis. In: Strategic Management Journal 10, S. 523–551

Reich, Robert B. 1993: Die neue Weltwirtschaft : das Ende der nationalen Ökonomie, Frankfurt/M u.a., Ullstein

Ringlstetter, Max; Skrobarczyk, Peter 1994: Die Entwicklung internationaler Strategien. In: Zeitschrift für Betriebswirtschaft, 64. Jg., Nr. 3, S. 333-357

Rumelt, Richard P.: Strategy, Structure, and Economic Performance, Cambridge, Massachusetts, Harvard University Press, 1974

Rugman, Alan M. 1975: Motives for Foreign Investment: The Market Imperfections and Risk Diversification Hypotheses. In: Journal of World Trade Law, Vol.9, S. 567-573

Rugman, Alan M. 1979: International Diversification and the Multinational Enterprise, Toronto, Lexington Books

Rugman, Alan M. 1981: Inside the Multinationals, London, Croom, 1981

Schief, Sebastian 2000: Investitionen im Ausland – Eine Frage des Standortes? In: Dörrenbächer Christoph, Plehwe, Dieter [Hrsg.]: Grenzenlose Kontrolle? Berlin, Edition Sigma

Schoppe, Siegfried (Hrsg) et al. 1991: Kompendium der internationalen Betriebswirtschaftslehre, München, Wien, Oldenbourg

Skopcol, Theda 1979: Wallerstein´s World Capitalist System: A Theoretical and Historical Critique. In: AJS 82, S. 1075-1090

Smith, David; White, Douglas 1992: Structure and Dynamics of the Global Economy: Network Analysis of International Trade 1965-1980. In: Social Forces 70, S. 857-893

Schweer, Dieter; Thieme, Wolf (Hrsg.) 1998: „Der gläserne Riese“: RWE – ein Konzern wird transparent, Wiesbaden, Gabler

Teece, David J. 1981: The Multinational Enterprise: Market Failure and Market Power Considerations. In: Sloan Management Review, Vol. 22, S. 3-18

Teece, David J. 1983: Technological and Organisational Factors in the Theory of the Multinational Enterprise. In: Casson, M. (Hrsg.): The Growth of International Business, London, George Allen & Unwin S. 51-62

Tesch, Peter 1980: Die Bestimmungsgründe des internationalen Handels und der Direktinvestitionen, Berlin, Duncker und Humblot

Thurow, Lester C. 1993: Kopf an Kopf : wer siegt im Wirtschaftskrieg zwischen Europa, Japan und den USA? Düsseldorf u.a., ECON-Verl.

Thurow, Lester C. 1996: Die Zukunft des Kapitalismus, Düsseldorf u.a., Metropolitan-Verl.

UNCTAD 1991: World Investment Report 1 1991, New York, United Nations

UNCTAD 1996: World Investment Report 5 1995, New York, United Nations

Vernon, Raymond 1966: International Investment and International Trade in the Product Cycle. In: Quarterly Journal of Economics, Vol. 80, S. 190-207

Vernon, Raymond 1974: The Location of Economic Activity. In: Dunning, J. H. (Hrsg.): Economic Analysis and Multinational Enterprise, London, George Allen & Unwin, S. 89-114

Wallerstein, Immanuel 1979: The Capitalist World-Economy, Cambridge University Press

Wallerstein, Immanuel 1974: The Modern World-System I, New York, Academic Press

Wells, Louis T. Jr. (Hrsg.) 1972: The Product Cycle in International Trade, Boston, Harvard Univ.

Williamson, Jeffrey 1996: Gobalization, Convergence, and History. In: Journal of Economic History 56, S. 277-306

Williamson, Oliver E. 1975: Markets and Hierarchies, London u.a., Free Press

Windolf, Paul 1994: Die neuen Eigentümer. Eine Analyse des Marktes für Unternehmenskontrolle. In: Zeitschrift für Soziologie, Jg. 23, Heft 2, S. 79-92

Windolf, Paul; Beyer, Jürgen 1995: Kooperativer Kapitalismus. Unternehmensverflechtungen im internationalen Vergleich. In: Kölner Zeitschrift für Soziologie und Sozialpsychologie, Jg. 41, S. 1-36

Windolf, Paul; Schief, Sebastian 1999: Unternehmensverflechtung in Ostdeutschland. In: Kölner Zeitschrift für Soziologie und Sozialpsychologie, Jg. 51, S. 260-282

Wortmann, Michael 1997: Kaufen und konzentrieren. In: Mitbestimmung 5/97, S. 21-24

Wortmann, Michael; Dörrenbächer, Christoph 1997: Multinationale Konzerne und der Standort Deutschland. In: Jahrbuch Arbeit und Technik 1997, Bonn, Dietz, S. 28-42

Wortmann, Michael 1999: Externes und interses Auslandswachstum multinationaler Unternehmen – empirische Befunde und theoretische Implikationen. In: Stierle, Michael H. (Hrsg.): Globalisation: Effects on Enterprises. Employment and Government – Tagungsband zur INFER-Tagung 1999, Berlin, Verlag für Wissenschaft und Forschung

Wrigley, Leonard 1970: Divisional Autonomy and Diversification. Doctoral dissertation, Harvard Business School

Zapf, Wolfgang 1996: Die Modernisierungstheorie und unterschiedliche Pfade der gesellschaftlichen Entwicklung. In: Leviathan 1, S. 63-77

Zapf, Wolfgang 1995: Modernisierungstheorien in der Transformationsforschung. In: PVS Sonderheft 29, Opladen, Westdeutscher Verlag, S. 169-181

Zolberg, Aristide R. 1980/81: Origins of The Modern World System: A Missing Link. In: World Politics 33, S. 254-281

Zeitungen, Magazine und Pressemitteilungen

Bildzeitung

28.3.2001, S. 1: „Shell und DEA zusammen Deutschlands Nr. 1".

05.04.2001, S. 1: „Allianz schluckt Dresdner Bank".

Der Spiegel

Nr. 31/1997, S. 66 - 68: „Ein genialer Coup".

Nr. 26/1999, S. 80 – 83: „Nichts beim alten lassen".

Nr. 14/2001, URL: http://www.spiegel.de/spiegel/0,1518,125860,00.html, Reuter, Wolfgang: „Operation Regenschirm".

Nr. 15/2001, URL: http://www.spiegel.de/spiegel/0,1518,127189,00.html, „Bist Du auf dem richtigen Weg?".

Die Welt

23.10.1998, URL: http://www.welt.de/daten/1998/10/23/1023wi80153.htx, „RWE und VEW kooperieren".

24.02.2000, URL: http://www.welt.de/daten/2000/02/24/0224un153645.htx, „Fusion RWE mit VEW auf der Zielgeraden".

23.09.2000, URL: http://www.welt.de/daten/2000/09/23/0923un192536.htx, „RWE setzt auf Wasser statt Mineralöl".

26.09.2000, URL: http://www.welt.de/daten/2000/09/26/0926wi192929.htx, Wintermann, Jürgen H.: „Raus aus dem Öl und rein ins Wasser".

12.12.2000, URL: http://www.welt.de/daten/2000/12/12/1212un208625.htx, Wintermann, Jürgen H.: „RWE trennt sich von Chemie-Sparte".

04.02.2001, URL: http://www.welt.de/daten/2001/03/28/0328wi243705.htx, „Shell und DEA bilden zusammen größtes Tankstellennetz".

Die Zeit

05.07.1996, Nr. 28, S. 17: „Die bedrohliche Zukunft ist schon da", Köpfe der Zeit: Manager im Gespräch, Interview mit Henning Schulte-Noelle.

05.04.2001, Nr. 15, S. 1: „Himmelsstürmer Allianz. Mit dem Kauf der Dresdner Bank besiegelt die Versicherung das Ende der Deutschland AG".

Financial Times Deutschland

30.03.2001, URL: http://www.ftd.de/ub/fi/FTDGBVBNWKC.html?nv=se, Burgmaier, Stefanie; Baulig, Christian: „Allianz: Keine glückliche Hand".

Frankfurter Allgemeine Zeitung

1997

25.01.1997, Nr. 21, S. 21: „Die Allianz übernimmt französische Via ganz".

08.02.1997, Nr. 33, S. 19: „Veba und RWE gehen mit Otelo auf den Telekommunikationsmarkt".

14.06.1997, Nr. 135, S. 17: „RWE verkauft seine Telefongesellschaft Talkline an Tele Danmark".

11.07.1997, Nr. 158, S. 15: „Allianz mit Allfinanz".

11.07.1997, Nr. 158, S. 19: „Bis 2000 will die Allianz 100 Milliarden DM Umsatz erreichen".

25.09.1997, Nr. 223, S. 25: „Kommunale RWE-Aktionäre fordern mindestens 1,15 Milliarden DM".

09.10.1997, Nr. 234, S. 24: „Allianz gründet eigenständige Gesellschaft zur Vermögensverwaltung".

11.11.1997, Nr. 262, S. 28: „Allianz übernimmt Augsburger Aktienbank".

12.12.1997, Nr. 289, S. 22: „Eine Mehrheit kommunaler RWE-Aktionäre ist für den Aktientausch".

22.12.1997, Nr. 297, S. 17: „Allianz einigt sich mit Generali über Neuordnung der europäischen Versicherungswirtschaft".

1998

17.01.1998, Nr. 14, S. 20: „Die Allianz Life stärkt ihre Position in Amerika".

04.02.1998, Nr. 29, S. 23: „Allianz erweitert Finanzdienstleistungen".

17.04.1998, Nr. 89, S. 20: „Die Allianz besitzt jetzt den drittgrößten Versicherer Frankreichs".

24.04.1998, Nr. 95, S. 31: „Ein Industriekonzern steht seit hundert Jahren unter Strom".

29.05.1998, Nr. 123, S. 28: „Allianz steigt mit großem Wachstumsschritt zum Weltmarktführer auf".

22.06.1998, Nr. 141, S. 23: „Allianz und AGF ordnen neu".

22.09.1998, Nr. 220, S. 23: „Allianz und Dresdner kooperieren in Vermögensverwaltung enger".

1999

03.04.1999, Nr. 78, S. 24: „Da waren es nur..."

11.05.1999, Nr. 108, S. 28: „Ausländer steigen nun auch in asiatischen Versicherungsmarkt ein".

14.05.1999, Nr. 110, S. 24: Sturbeck, Werner: „RWE plant Konzernumbau zum Multi-Energie-Unternehmen".

04.06.1999, Nr. 126, S. 19: „Unternehmensnachrichten".

08.07.1999, Nr. 155, S. 26: „Neue Allianz".

14.07.1999, Nr. 160, S. 32: Peitsmeier, Henning: „Auf dem Weg zurück in die Zukunft".

02.09.1999, Nr. 203, S. 22: „Der RWE-Konzern sieht sich nicht unter Zugzwang".

07.09.1999, Nr. 207, S. 21: „Avanza ist Ansatz für breites Energieangebot".

20.10.1999, Nr. 244, S. 21: „RWE und VEW planen offenbar Fusion".

22.10.1999, Nr. 246, S. 13: „RWE und VEW steuern eine Fusion an".

02.11.1999, Nr. 255, S. 24(1): „Mit Pimco gehört die Allianz zu den größten Vermögensverwaltern".

02.11.1999, Nr. 255, S. 24(2): „Eine Handvoll Vermögensverwalter dominiert das globale Geschäft".

2001

3.4.2001, Nr. 79, S. 17: Dunsch, Jürgen: „Der Befreiungsschlag der Allianz".

3.4.2001, Nr. 79, S. 22: „Allianz will die Übernahme der Dresdner bis Juli abschließen".

Manager-Magazin

02.04.2001, URL: http://www.manager-magazin.de/unternehmen/artikel/0,2828,125992,00.html, „Dieser Deal passt", Interview mit Paul Achleitner (Allianz) und Leonhard Fischer (Dresdner Bank)

Pressemitteilungen

18.10.2000, Allianz Pressemitteilung, URL: http://www.allianz.com/presse/c_TK_39fedc8b_4ef40_UnBeteiligungen.html, „Allianz übernimmt den US-Asset Manager Nicolas-Applegate".

28.03.2001, RWE-DEA Pressemitteilung, URL: http://www.cs.rwe.com/rwe_presse/mitteilungen/aktuelle_mitteilungen/text.php3?datei=1832, „RWE-DEA und Deutsche Shell: Zwei starke Unternehmen bündeln ihr Mineralölgeschäft zur Nr. 1 auf dem deutschen Markt".

01.04.2001, Allianz Pressemitteilung, URL: http://www.allianz.com/presse/c_TK_3ac739a0_1d770_UnBeteiligungen.html, „Allianz und Dresdner Bank schaffen führenden Finanzdienstleister".

Reinhard Hildebrandt

Staat und Gesellschaft unter dem Einfluss der Globalisierung

Frankfurt/M., Berlin, Bern, Bruxelles, New York, Oxford, Wien, 2002. 104 S.
ISBN 3-631-38715-6 · br. € 23.–*

Die in jeder Gesellschaft existierende strukturelle Gewalt erhält mit der Globalisierung einen neuen Schub. Der soziale Frieden soll mit geringeren finanziellen Mitteln aufrecht erhalten werden. Die Politik antwortet nicht mehr nur mit neoliberal inspirierter Deregulierung, sondern sucht zivilgesellschaftliche Elemente gegen die weitere Durchökonomisierung der Gesellschaft zu aktivieren. Wie realistisch ist der Versuch zur Zurückeroberung der Hegemonie im Globalisierungsdiskurs und zur Neustrukturierung des Ensembles relativ stabiler sozialer und staatlicher Formen? Auf dem Hintergrund einer zivilgesellschaftlichen Interpretation wird der Kampf gegen zunehmende Gefährdungen des strukturlosen Gegenhalts dargestellt und bewertet. Technologische Entwicklungen, Veränderungen im industriellen Produktionsprozess und das stärkere Gewicht Europas erhöhen die Chance zur Durchsetzung zivilgesellschaftlicher Konzepte.

Aus dem Inhalt: Position des Staates in der Gesellschaft · Marktgesellschaft versus Zivilgesellschaft · Shareholder Value: Ein Weg zur absoluten Herrschaft? · Verarmung der Diskursvielfalt gleich Abschaffung der Demokratie? · Staat und Zivilgesellschaft · DaimlerChrysler versus VW? · Bildung als Voraussetzung für Teilnahme am öffentlichkeitswirksamen Diskurs

FSC
www.fsc.org
MIX
Papier | Fördert
gute Waldnutzung
FSC® C083411

Kolibri 360 GmbH
Ferdinand-Jühlke-Straße 7
99095 Erfurt, Deutschland
produktsicherheit@kolibri360.de

Druck:
CPI Druckdienstleistungen GmbH
im Auftrag der
Kolibri 360 GmbH
Ferdinand-Jühlke-Str. 7
99095 Erfurt